Das Schweigen der Männer

Und die Stimme der Frauen

Sarah Sylvia Hiener

Das Schweigen der Männer

Und die Stimme der Frauen

Partnerschaftskonflikte, Hintergründe und Lösungen
aufgezeigt an 10 Beispielen aus der Praxis

Bibliografische Information der Deutschen Nationalbibliothek

Die Deutsche Nationalbibliothek verzeichnet diese Publikation in der Deutschen Nationalbibliografie; detaillierte bibliografische Daten sind im Internet über http://dnb.d-nb.de abrufbar

Titelbild: Das Schweigen der Männer
Aquarell von Sarah Hiener

Herstellung:
PublikationsService.de – Produktion & Verlag
Armin Zupan, München

Dieses Buch wurde auf chlor- und säurefreiem
Papier gedruckt
Printed in EU

978-3-936904-81-9

Unsre schlimmste Angst ist die
Furcht verletzt zu werden,
wenn wir lieben!

Paulo Coelho

Inhaltsverzeichnis:

Die universellen Gesetze in unseren Beziehungen

Die Geistigen Gesetze in Zusammenfassung

Epilog

Literaturliste

Vorwort

Über das Thema Beziehungen sind schon unendlich viele Bücher geschrieben worden. In den Regalen der Buchläden stapeln sich Publikationen über dieses Thema. Wozu also noch ein Buch darüber?
Mir war es immer ein Anliegen, ein schwieriges Thema leicht verständlich und trotzdem realitätsnah darzustellen. Gerade weil es unterhaltsam und flüssig zu lesen ist, berührt es und prägt sich ein. Je komplizierter die Darstellung, je schwieriger ist es, dran zu bleiben, umso schneller vergisst man wieder und fällt in seinen gewohnten Trott zurück.

Deshalb ist es mein Wunsch, dass Sie sich in der einen oder anderen Geschichte wieder finden, dass es Sie berührt, Sie nachdenklich werden, so nachdenklich, dass Sie den Mut aufbringen, etwas verändern zu wollen, Sie realisieren, dass es viel leidvoller und Energie raubender ist, die ausgetretenen Pfade beizubehalten, als diese Energie in einen neuen Weg zu investieren, was zwar anstrengend ist, aber Ihre Lebensqualität letztendlich verbessert.
Ich möchte, dass Sie vielleicht auch merken, was Sie mit Ihren Worten und Taten bei anderen Menschen auslösen und sich Gedanken machen über ein Verhalten, das bisher immer gleich schlecht funktioniert hat, aber es war so selbstverständlich, dass Sie gar nicht darüber nachdachten, es schien zu Ihnen zu gehören.
Und ich möchte, dass Sie sich automatisch an das erinnern, was Sie gelesen haben – im Alltag, wenn eine ganz bestimmte, gut bekannte Situation eintritt, die bisher immer in der gleichen unbefriedigenden Form ablief. Wenn Sie dann innehalten und auf einmal realisieren: “ Moment mal, das kennst du doch, du weißt doch eigentlich ganz genau, dass das so nie das gebracht hat, was du eigentlich wolltest – probier doch mal was ganz anderes, versuch mal den Vorschlag aus diesem Buch“. Dann kommt die Kehrtwende – denn Ihr Verhalten ist Ihnen bewusst und Sie können wählen. In dem Moment, in dem wir erfahren, dass eine neue Variante uns auch ein besseres Ergebnis liefert, verliert das alte Verhalten, die so tief eingeschliffene Gewohnheit, an Boden. Und jedes Mal, wenn wir den neuen Weg gehen und immer wieder spüren, wie viel besser es uns damit geht,

verliert das alte Muster an Macht. Allerdings – Rückfälle sind auf einem neuen Weg unvermeidlich! Geben Sie dann um Himmels Willen nicht auf – im Gegenteil – jetzt erst recht ist es wichtig, weiterzumachen!
Sie haben nicht an einem Tag Laufen oder Autofahren gelernt. Wie oft sind Sie damals als kleines Kind hingefallen, wie oft haben Sie während der Fahrschule vergessen, in den Rückspiegel zu schauen oder haben zu scharf gebremst – und doch können Sie heute laufen und Autofahren! Ebenso sind neue Verhaltensweisen Lernprozesse und brauchen Zeit! Erlauben Sie sich diesen Lernweg und bleiben Sie einfach dran! Ich verspreche Ihnen, es kommt der Tag, an dem Sie sagen werden: „Ich kann mir gar nicht mehr vorstellen, so zu leben – wie konnte ich das so lange aushalten?"

Ich wünsche mir aber auch, dass Sie auf Ihrem Weg entdecken, dass Sie nicht der einzige sind, der sich mit dem Thema herumschlägt. Da gibt es ganz viele Menschen, die ähnliche Probleme haben und vielleicht entdecken Sie sogar: Das ist ja ein kollektives Thema, nicht nur mein ganz persönliches. Es geht nicht darum, dass Sie sich verurteilen, sondern im Gegenteil: Seien Sie froh und dankbar, dass Sie klar sehen, woran es liegt. Das gibt Ihnen die Chance, etwas zu verändern – und zwar bei Ihnen selbst, nur da ist Ihnen der Erfolg sicher. Alle Versuche, das Außen zu verändern, führen immer zum gleichen Frust, denn sie sind von vorneherein zum Scheitern verurteilt! Sie selbst würden genauso wenig von einem andern verändert werden wollen, nur weil der glaubt, dann wäre alles besser!
Jede Veränderung beginnt von Innen nach Außen, niemals umgekehrt. So wie Sie Ihr Spiegelbild nur verändern können, wenn Sie zuerst Ihr Aussehen verändern. Da würden Sie auch nie auf die Idee kommen, zuerst die Veränderung im Spiegel zu erwarten!

Ich wünsche mir, dass Sie sich in den Fluss des Lebens werfen und Veränderung als ein Zeichen des Lebendigseins annehmen. Es ist ein erhebendes Gefühl, zu erkennen, dass sich die Anstrengung lohnt und Sie etwas bewegen können, dass diese Investition an Ausdauer, Selbstdisziplin und Energieaufwand sich genauso auszahlt, als würden Sie in ein berufliches Projekt investieren – mit einem Unterschied: Die Investition in ein Projekt wirkt sich nicht unbedingt auf Ihre Persönlichkeit aus, aber die Inves-

tition in Ihre Persönlichkeit hat sehr wohl Einfluss auf berufliche Investitionen, denn wenn sich Ihr Auftreten, Ihr Selbstbewusstsein verändert, wachsen auch Ihre Chancen, mit weniger Aufwand mehr zu erreichen.
Ihre Ausstrahlung beeinflusst sehr wohl auch Ihr berufliches Gegenüber, denn mit einem selbstbewussten, gelassenen Menschen macht man viel lieber Geschäfte als mit einem arroganten, verkrampften, gestressten Gegenüber.
Ich wünsche Ihnen die Fähigkeit und die Ehrlichkeit, sich frei von Verdrängungsmechanismen zu betrachten und bereit zu sein, Ihr Leben, so wie Sie es jetzt führen, als Indikator dafür zu nehmen, wo Änderungen anstehen.
Ihr Außen ist nichts anderes als das Spiegelbild Ihres inneren Zustands. In den Bereichen, in denen es Probleme gibt, wo Sie nicht vom Fleck kommen, wo belastende Umstände im Außen bestehen, da ist Handlungsbedarf im Innen!

Die neuen amerikanischen Techniken des Coaching gehen inzwischen immer von der Veränderung des Selbstbildes aus, um im Beruf erfolgreich sein zu können. Irgendwelche Verhaltensrezepte, die angelernt werden, um Erfolg zu haben, sind längst überholt und sowieso nur von kurzer Dauer. Strategien wirken nur dann, wenn derjenige, der für die Strategien verantwortlich ist, sich selbst mit verändert und das, was er sagt und tut, nicht zur Manipulation seines Gegenübers benutzt, um etwas zu erreichen, sondern in tiefer Überzeugung voll hinter seinen Worten und Handlungen steht. Leider ist dieser Weg in Europa noch nicht so populär – setzt er doch voraus, dass ein Coach sich selbst reflektiert – und das ist in dieser Branche leider noch nicht allgemein üblich – da klafft ein tiefer Abgrund zwischen Theorie und Praxis.
Aber die Zeit, sich und anderen etwas vorzumachen, ist vorbei. Viele spirituelle Richtungen sind der Überzeugung, dass es bei dem 21.12.2012 nie um den Weltuntergang ging, sondern um das Ausklingen einer Ära, die man auch „Das dunkle Zeitalter“ nennt. Betrug, Manipulation, Überheblichkeit und Besserwisserei verlieren an Boden. Die Zeit zwischen Ursache und Wirkung verkürzt sich immer mehr, so dass es immer offensichtlicher wird, wenn wir die Naturgesetze missachten, weil wir die Folgen unsres Tuns sehr schnell zu spüren bekommen.

Jeder von uns kann dazu beitragen, das Heraufdämmern einer neuen Zeit zu unterstützen und zu beschleunigen, indem er vor seiner eigenen Haustüre kehrt. Und es gibt wohl kaum eine bessere Möglichkeit, als in unseren Paarbeziehungen anzufangen – sie spiegeln uns am deutlichsten und unbarmherzigsten, wo es bei uns hakt.

Ich wünsche Ihnen bei dieser Lektüre neben Selbsterkenntnis die Fähigkeit, über sich selbst zu schmunzeln, wenn Sie sich in einer der Geschichten wieder erkennen. Wenn wir uns für unsre Fehler und Schwächen verurteilen, bringt uns das nichts weiter als Bitterkeit und Selbsthass oder Verzweiflung. Fehler und Schwächen sind ein Teil des Evolutionsprozesses, die manchmal sogar eine Voraussetzung für den nächsten Evolutionsschritt darstellen.
Die Welt ist nie stehen geblieben, wie viele Spezies – wie zum Beispiel die Dinosaurier – sie mussten niedergehen, damit die nächste, höher entwickelte kommen konnte. Viel wichtiger, als sich über das Zurückliegende zu ärgern, ist, etwas Neues und Besseres daraus entstehen zu lassen. Damit bekommt auch der scheinbar unverzeihlichste Fehler einen Sinn, eine ganz neue Bedeutung. Je weniger verbohrt und verärgert wir sind, umso mehr zeigt sich eine neue Perspektive, die wir in unsrer Begrenztheit vorher gar nicht wahrnehmen konnten.

Sie haben jederzeit die Wahl: Umstände und Situationen als gegeben hinzunehmen und weiter vor sich hin zu vegetieren oder sie als Chancen erkennen, sich zu verändern.
Nehmen Sie diese Botschaft an und machen Sie sich auf den Weg zu neuen Ufern – das Leben ist viel zu kurz, um in einem stehenden, stinkenden Tümpel zu versauern, nur weil wir uns da am besten auskennen. Außerdem gibt es da draußen so viel Schönes und Neues zu entdecken.
Wenn wir es wagen, unsere bekannte, aber eigentlich unbefriedigende Bequemlichkeitszone zu verlassen, erwartet uns da draußen eine faszinierende, bunte Welt.
Dennoch – und das ist auch gut so – niemand auf der Welt, egal wie mächtig er auch sein mag, kann diese Entscheidung für uns treffen! Das ist unser aller freier Wille – kein unergründbares Schicksal ist schuld, sondern wir tragen die Verantwortung, was aus unserm Leben wird – ein lang-

weiliger, ausgetretener Pfad oder eine spannende Reise!

Einleitung

Wie dieses Buch entstand

Seit über 25 Jahren arbeite ich nun als Heilpraktikerin in eigener Praxis. Ich hatte nie vor, psychotherapeutisch zu arbeiten, und es war für mich nicht nachzuvollziehen, warum viele meiner Kollegen Psychotherapie als etwas besonders Exklusives anstrebten, obwohl sie an sich selbst kaum etwas veränderten. Schon die klassische Homöopathie, mit der ich von Anfang an meine Patienten erfolgreich behandle, zeigt mir immer wieder, dass ich den Patienten nur so gut wahrnehmen kann, wie ich mich selbst wahrnehme.
Ein auf den Menschen abgestimmtes Konstitutionsmittel findet der Behandler nur dann, wenn er die Essenz dessen nachvollziehen kann, weswegen der Patient zu ihm kommt.
Viele klassische Homöopathen scheitern daran, dass sie sich mehr auf das Repertorisieren (das Einstufen der Symptome) und ihr dazu dienendes Computerprogramm verlassen als auf ihre sensible Wahrnehmung, die es ermöglicht, das Gegenüber in seiner Gesamtheit zu erfassen.
Die klassische Analyse war und ist für mich immer unzureichend, weil sie zwar das Leben des Klienten zerlegt, aber wenig Hilfen in der Umsetzung der Erkenntnisse im Alltag anbietet. Für unsre heutige schnelllebige Zeit ist sie viel zu umständlich und zu langwierig. Das, was letztendlich dabei heraus kommt, steht in keinem Verhältnis zu dem zu betreibenden Zeitaufwand.
So entsteht auch die Gefahr der Abhängigkeit vom Therapeuten. Das ist das totale Gegenteil von dem, was eigentlich erreicht werden soll: Den Patienten zur Selbstständigkeit und zur Eigenverantwortung zu führen.

Als überzeugte Naturwissenschaftlerin – als die ich mich bis heute noch sehe – konnte ich mit diesem theoretischen Wissen herzlich wenig anfangen. Wir hatten in unserem Studium gelernt, dass die Theorie in der Praxis umsetzbar sein müsse, um sie anerkennen zu können. Während meine Kommilitonen der Geisteswissenschaften ihre Semesterferien zum Jobben, Faulenzen oder Wegfahren nutzten, standen wir in den Labors der chemischen oder biologischen Fakultät und absolvierten die verschiedensten Praktika, ohne deren Nachweis wir keine Prüfung hätten ablegen können. Ein Chemiker, der nicht gelernt hat, mit Reagenzgläsern und den entsprechenden Versuchsreihen umzugehen, ein Biologe, der nicht selbst Tiere seziert oder Pflanzen untersucht hat oder ein Mikroskop bedienen kann, würde nicht zur Diplomarbeit zugelassen werden.

Aber ein Diplompsychologe braucht nicht mal eine eigene Therapie, um auf die Menschheit losgelassen zu werden. Erst dann – wenn er eine Kassenzulassung anstrebt, muss er sich um einen Platz in einer anerkannten Praxis bemühen. Und es werden nur die klassischen, althergebrachten Therapieformen wie Analyse oder Verhaltenstherapie anerkannt.

Die Psychologie, die Ärzte dringend bräuchten, um mit Kranken angemessen umzugehen, ergibt sich auch nur dann, wenn denn einer ein Naturtalent ist, allmählich durch die jahrelange Praxis oder selbst gewählte freiwillige Fortbildungen.

Andererseits hat die Naturwissenschaft längst nachgewiesen, dass Psyche und Soma im direkten Zusammenhang zueinander stehen.

Die Versuche, den Hormonspiegel von Mäusen zu untersuchen, die man unter Stress gesetzt hat, sind längst an jeder Uni ein Klassiker. Hans Selye hat bereits in den Dreißigern des zwanzigsten Jahrhunderts die Feedback – Mechanismen von Stress und den Einfluss auf sämtliche Organsysteme nachgewiesen – auch sein Buch „Stress“ ist inzwischen ein Klassiker.

Die Psychoneuroimmunologie hat Selyes Ansatz erweitert. Jeder Neurobiologe weiß, dass wir Menschen über das gleiche neurohormonale System verfügen wie höhere Säugetiere, aber die Erkenntnisse wurden von der klassischen Schulmedizin belächelt, ignoriert oder stillschweigend aus Behandlungsformen ausgeklammert.

Die Hirnforschung weiß schon lange, dass unser Tagesbewusstsein nur zwischen 1 und 5% der Großhirnmasse beansprucht, was wir dann als unseren Verstand und als logisches Denken bezeichnen, aber die restlichen 95 bis 99 Prozent sind für diesen Verstand gar nicht fassbar. Ein Hirnforscher hatte dafür einen treffenden Vergleich: Unsren Verstand kann man gleichsetzen mit einem kleinen Ruderboot, das versucht, sich auf einem riesigen Ozean des Unterbewusstseins zu behaupten – wehe, wenn ein Sturm aufkommt.

Die Quantenphysik sieht es inzwischen als erwiesen und deshalb als selbstverständlich an, dass alles Erschaffene eigentlich nur aus Energie besteht. Atome, die Bausteine aller Materie, zeigen sich als winzige energetische Strukturen, deren Bestandteile – Protonen, Elektronen und Neutronen – wiederum aus gebündelten Wellen bestehen.
Sie sind die kleinsten Einheiten all dessen, was dieses Universum ausmacht. Nur die Verdichtung der Energie macht den Unterschied zwischen dem so genannten leeren Raum und der Materie.
Und das so genannte Vakuum entpuppt sich als die kraftvollste, wenn auch nicht fassbare Energieform, die den Physikern noch große Rätsel aufgibt, weil es sogar die Zeit beeinflussen kann.
Also sind wir letztendlich nichts anderes als Energiewesen, die anziehen oder abstoßen und die lernen können, was sie anziehen und abstoßen, indem sie lernen, ihre eigene Energie dementsprechend zu steuern.
Und wo wird diese Energie gesteuert? In diesen 95 Prozent unseres Bewusstseins, denen wir so wenig Beachtung schenken.
Das macht sich jetzt eine Richtung zu Nutze, die sich „Energetische Medizin" nennt und die die Ursache aller Krankheiten als Ungleichgewicht im Energiesystem des Menschen sieht, ausgelöst durch die höchste Energie – die Kraft der Gedanken.
Sie entwickelt oder erklärt Techniken, die genau dort ansetzen: Dazu gehört zum Beispiel die Akupunktur, eine uralte Heilmethode, bei der die Energiebahnen behandelt werden, die im Ungleichgewicht sind.
Unsre Gedankenmuster können durch die älteste Sprache der Menschheit, durch innere Bilder verändert werden. Auch die Visualisierung kannte man bereits in alten Hochkulturen und nutzte sie, um Krankheiten zu heilen.
Die Kinesiologie – die Methode des Muskeltests – hat inzwischen gezeigt, dass wir unsre Denkmuster verändern können, wenn wir uns ihrer bewusst werden, denn vieles haben wir schon als Babys übernommen und reflektieren das Muster erst dann, wenn etwas in unsrem Leben nicht funktioniert. Der Patient spürt die Resonanz sehr deutlich, wenn der Therapeut mit dem Munkeltest das richtige Thema abfragt.
Je öfter man energetische Methoden anwendet, umso deutlicher kann man spüren, was stimmt. Die Intuition wird dadurch intensiviert. Unser so genannter sechster Sinn, der genauso zu uns gehört wie die fünf andern, aber

nicht beachtet wird, steht uns wieder zur Verfügung.

Wozu erwähne ich dies alles und das noch im Hinblick auf den Buchtitel?

In unserm täglichen Leben werden wir überflutet vom technischen Fortschritt. Jeder muss sich heute mit Computern, Mobiltelefonen und sonstigen technischen Hilfsmitteln auseinandersetzen, weil er sonst überhaupt nicht mehr alltagstauglich ist.
Wir forschen, analysieren und berechnen in der Technik alles, was man sich vorstellen kann, und die Entwicklung geht in einem so rasanten Tempo vonstatten, dass man als Nichtfachmann kaum mithalten kann. Schon die Anleitung für einen MP3 – Player kann zur Hirngymnastik ausarten, Computer gehören selbstverständlich in unsern Alltag, ob wir sie ablehnen oder nicht, sie gehören nun mal dazu.
Aber was ist mit uns selbst? Wir haben keine Ahnung, wie wir selbst funktionieren! Wir wissen nicht, wer wir sind und was wir bewirken durch unser Denken oder unsere Handlungen.
Das interessiert die meisten Menschen recht wenig, solange ihr Alltag halbwegs funktioniert. Während wir für die Technik alle erdenklichen Experten haben, erleben wir unseren Alltag als ein Lotteriespiel, das von Zufällen oder äußeren Umständen bestimmt wird, auf die wir keinen Einfluss zu haben scheinen.
Wir kommen höchstens dann auf die Idee, dass wir etwas ändern könnten an unserer momentanen Lebenssituation, wenn wir einen schweren Schicksalsschlag erleiden. Der Mensch ist enorm leidensfähig. Er bringt alle nur möglichen Opfer an Lebensqualität, wenn er dadurch erreicht, dass er seine Bequemlichkeitszone nicht verlassen muss.
Erst wenn ihm der Boden unter den Füßen weggezogen und er zur Veränderung gezwungen wird, bewegt er sich und schlägt einen neuen Weg ein.

Aber wir könnten uns so viel Elend ersparen, wenn wir ein paar einfache Überlegungen zuließen:
Keiner zeigt uns, was man braucht, um gute Eltern zu werden. Jeder schleppt die eigenen Erfahrungen seiner Kindheit mit sich herum und bastelt daraus zusammen mit ein paar kulturellen oder gesellschaftlichen Ver-

haltensweisen ein System, das mehr oder weniger gut funktioniert.
Nur wenige machen sich Gedanken darüber, dass unsere Kinder von heute einmal unsere Technik, unsere Wirtschaft, unsere Politik und unsere Gesellschaft gestalten werden und dass Eltern und Schulen es in der Hand haben, was wir ihnen zur Bewältigung ihrer Aufgaben mitgeben und wie alltagstauglich diese Werkzeuge dann sein werden.
Aber das ist nur ein Aspekt. Unsre Partnerwahl verläuft genauso unklar. Es fängt damit an, dass wir in einem undefinierbaren Hoch von Verliebtheit unseren Partner wählen, um dann nach dem Abflauen der erhebenden Gefühle in die Nüchternheit des Alltags zu purzeln und oft mit Erschrecken erkennen, dass die Beziehung keine tragfähige Basis hat. Noch nie waren die Scheidungszahlen in Europa so hoch. Aber was ist das – eine tragfähige Basis?
Wir machen uns eher Gedanken über die Funktion unseres Computers als über die Mechanismen, die unsere Beziehung steuern. Wenn überhaupt, dann fangen wir erst dann an, uns Gedanken zu machen, wenn es Probleme gibt.
Keiner von uns erwartet von sich, dass er auf Anhieb Radfahren kann oder ein Auto steuert, wenn er zum ersten Mal auf dem Fahrersitz Platz nimmt.
Im Bereich der Psyche muss das alles einfach funktionieren, da stolpern wir durchs Leben wie ein kleines Kind, das man mit Algebra konfrontiert. Die meisten fangen gar nicht erst an, sich mit dieser „Seelenklempnerei“ zu beschäftigen, weil das ja sowieso nur „Humbug“ ist – wie unlogisch und vor allem wie unrealistisch.
Bei jedem Auto sucht man die Fehlerquelle, wenn es nicht richtig fährt, der TÜV ist gesetzlich vorgeschrieben, um die Verkehrssicherheit zu gewährleisten.
Nur bei uns Menschen kommt man nicht mal auf die Idee, sich zu überprüfen, da fährt man eben im zweiten Gang, wenn der dritte nicht geht!
Und wenn dann die Warnlampe aufleuchtet – also Schwierigkeiten auftauchen – dann schraubt man einfach das Warnlämpchen raus.
Eigentlich ist das unvorstellbar und nicht nachvollziehbar, aber – genau so leben wir.
Wir haben sogar schlimme Umstände, Schicksalsschläge und Krankheiten zu einem Teil unsres Lebens gemacht. Es ist völlig normal, Pillen zu

schlucken, wenn etwas nicht stimmt, notfalls wird das Organ, das Probleme macht, herausgeschnitten, was hat das schon mit der Lebenseinstellung zu tun? Es ist halt so – da kann man nichts machen, nur gerade so viel, dass man das Leiden noch aushalten kann. Irgendwie wird es schon weitergehen.

Wenn ich am Anfang einer Therapie meinen neuen Patienten frage, wie er sich in einer Heiratsanzeige charakterisieren würde und – im Gegensatz dazu – in einer Bewerbung für eine neue Stelle, findet er auf letzteres recht schnell eine Antwort, aber er kommt meist in Schwierigkeiten, wenn es darum geht, sich zu beschreiben – es sei denn, er hat schon vorher an sich gearbeitet.
Wie wollen wir uns in eine Beziehung einbringen, wenn wir nicht einmal selbst wissen, wer wir sind, wenn wir nur durch Stimuli von außen merken, ob wir cholerisch oder besonnen, ängstlich oder streitlustig auf eine Provokation reagieren und – wie wollen wir dann entscheiden, ob uns unser Verhalten dient oder nicht?
Im Notfall ist sowieso das Gegenüber schuld: Hätte der sich nicht so oder so verhalten, dann … !
Aber vielleicht haben wir auch als Kind bitter lernen müssen, dass man Gefühle nicht zeigt, dass man sich beherrschen muss, egal, was es kostet. Die Dressur hat gegriffen und ist uns so in Fleisch und Blut übergegangen, dass wir nicht einmal merken, wie gut wir dressiert sind – noch schlimmer, wir verlangen von unseren engsten Familienmitgliedern, dass sie sich bitte genauso zu verhalten hätten – als anständige Menschen – wirklich? Wir regen uns dann auch noch über den aufmüpfigen Sprössling auf, dem der Respekt vor den Eltern abgeht, anstatt zu überlegen, ob der nicht einfach spürt, wie wenig seine Eltern das leben, was sie von ihren Kindern erwarten.

Der Sinn der Selbstreflexion

Und jetzt kommen wir zu meiner Therapiemethode: Es gibt Naturgesetze, nach denen nachweislich die ganze Schöpfung funktioniert: Wir säen Erbsen und ernten Erbsen, niemand würde auf die Idee kommen, Bohnenpflanzen zu erwarten.

Dasselbe geschieht in der Psyche: Wir setzen Ursache und bekommen Wirkung.
Wenn wir unleidlich und mürrisch sind, können wir wohl kaum ein Lächeln von unseren Mitmenschen erwarten. Im Gegenteil – in einer leitenden Funktion stecken wir damit noch alle Untergebenen an.
Mobbing als Folge einer bestimmten Firmenpolitik – wäre doch mal überlegenswert oder nicht?
Und wo fängt die schlechte Laune an? Im Geiste. Es ist meine Entscheidung, ob ich mich über etwas aufrege, mir die Laune verderben lasse. Wir sind es gewohnt, auf äußere Einflüsse zu reagieren. Man muss bei mir nur einen bestimmten Knopf drücken – und ab geht es, immer im gleichen Muster.
Wo bleibt da der freie Wille? Wir entscheiden jede Minute aufs Neue, ob wir ihn in Anspruch nehmen, ob wir uns beherrschen lassen oder selbst die Regie führen in unserem Leben.

Das gilt für alle unsere Beziehungen und am meisten für unsere Partnerschaften.
Kein anderer schafft es, so zielsicher unsere geheimsten Knöpfe zu drücken, die wir selbst zu verdrängen versuchen, keiner kann so laserscharf das Übelste in uns ans Tageslicht holen wie unser Partner.
Partnerschaft ist nicht da, um Honeymoon zu erleben, Partnerschaft ist Training – wie mein Lehrer Dr. Hans Endres immer wieder betonte.
Und das ist eigentlich die beschämendste Erkenntnis – wir wissen nicht wirklich, was Beziehung für uns bedeutet. Wie träumen von dem Seelengefährten, dem Traumprinzen, der Traumprinzessin.
Die Medien überfluten uns mit harmonischen Bildern von Paaren, die in Wirklichkeit Models oder Schauspieler sind und in ihrem persönlichen Leben mit den gleichen Problemen konfrontiert werden wie wir. Natürlich wollen die meisten eine Familie, viele wollen auch Kinder, wir wollen möglichst nicht alleine alt werden – doch wie?
Nur eine Minderheit von Paaren wird zusammen aus Überzeugung und in Liebe alt.
Entweder es kommt zur Scheidung, man bleibt allein oder man resigniert schließlich und findet sich mit dem ab, was man hat!
Die Versorgungsehe unserer Eltern können wir nicht mehr übernehmen,

wir sind nicht mehr materiell auf Gedeih und Verderb aneinander gekettet, wir haben die Wahl. Scheidung bedeutet heute keine gesellschaftliche Ächtung mehr, aber wir haben auch kein tragfähiges Bild für das, was Beziehung ausmacht. Wir wissen mehr über unser Auto, unser Handy, unsern Fernseher als über uns selbst.

Das Ziel dieses Buches

1) Die persönliche Lebensqualität

Es kann doch nicht der Sinn unsres Lebens sein, dass wir uns durch den Tag schleppen, einen Beruf ausüben, der uns kaputt macht, den wir nur beibehalten, weil wir Geld verdienen müssen. Es kann doch nicht sein, dass unser Körper uns ständig neue Symptome schickt, die wir mit Medikamenten bekämpfen, die noch mehr Symptome zur Folge haben. Es kann doch nicht der Sinn unsrer Existenz sein, dass wir unsre Beziehung irgendwann nur noch als ein „Aushalten" empfinden, weil ja Kinder da sind und weil ein gemeinsam erworbener Besitz existiert oder – und das ist wohl die schlechteste Entscheidung – weil man resigniert hat! Für die meisten von uns ist der Alltag ein nie enden wollender Kampf, der aber keinen Sieg kennt. Irgendwann geben wir auf, wenn wir keinen Sinn mehr sehen und auch keine Kraft mehr haben zum Kämpfen.

Nur weil wir es so als Kinder von den Eltern gelernt haben, dass man etwas aushalten muss, nur weil wir keine Alternative sehen, heißt das noch lange nicht, dass das Leben so sein muss.

Das setzt voraus, dass wir uns nicht abfinden mit dem, was ist, sondern da anfangen, wo wir am meisten erreichen können – bei uns selbst!

Natürlich macht das Arbeit, es ist das mühsam und anstrengend, aber wenn wir uns abfinden mit widrigen Lebensbedingungen, wenn wir uns ständig verletzen lassen, uns ärgern, ausrasten, schlucken oder uns gar vormachen, dass doch alles wunderbar ist, dann kostet das genauso viel Energie, aber es führt zu nichts – es ist ein Fass ohne Boden.

Wenn wir an uns arbeiten und Veränderungen beobachten können, dann erleben wir dieses Erfolgsgefühl, das uns beflügelt, dann erleben wir durch eigene Erfahrung, dass sich der Aufwand gelohnt hat. Das motiviert und gibt neue Kraft und eine ganz neue Freiheit.

Ich kann etwas tun, ich bin nicht das Opfer, ich bin in der Lage mein Leben zu gestalten – was für gutes Lebensgefühl, was für eine Lebensqualität !

2) Das Ende eines Krieges

Der Krieg der Geschlechter, der in den patriarchalisch bestimmten Generationen üblich war, dient uns heute nicht mehr. Im Film „Der Rosenkrieg“ wird überzeichnet gezeigt, welche destruktive Kraft sich da ausbreitet. Diese Polarisierung ist schlichtweg eine Lüge – es gibt kein besseres oder schlechteres Geschlecht.
Im althergebrachten Krieg der Geschlechter zeigt sich die stille Rache der Frau, dass sie ihm, wo immer sie kann, eine reinwürgt. Sie passt sich zwar scheinbar den Wünschen des Mannes an und lässt ihrem Hass dann freien Lauf, indem sie bei ihren Freundinnen über diesen Idioten, Schlappschwanz oder Möchtegern – Napoleon herzieht. Oder sie schließt ihn einfach aus gewissen Bereichen ihres Lebens aus, nach dem Motto: “Sag das bloß meinem Mann nicht, der macht dann wieder so ein Theater. Das muss der gar nicht wissen!“
Beim Mann wird dann am Stammtisch über Frauen im Allgemeinen lauthals geschimpft, indirekt natürlich, um in Wirklichkeit den Frust über die eigene Ehefrau loszuwerden. Denn sich die Blöße zu geben, dass man zu Hause nicht alles im Griff hat, trauen sich die meisten nicht! Und dieses Klischee, dass der Mann stark sein muss und nur ein Weichei Schwächen hat, gilt heute noch unvermindert.
Meist aber schluckt „Mann“ seinen Ärger und wird immer miesepetriger und bitterer und versucht, sich so wenig wie möglich zu Hause blicken zu lassen – wie gut, dass man so viel arbeiten muss!
Genau diesen schmerzvollen, krank machenden Krieg gilt es zu beenden, denn dabei sind beide nur Verlierer. Es gibt kein schlechter oder besser in einer Ehe, beide Teile tragen zu dem bei, was diese Beziehung ausmacht. Aber sehr oft sehen wir in unsrem Zorn, unsrer Enttäuschung und unsrer Verbitterung die Situation unsres Partners nicht mehr, schlimmer noch, wir merken gar nicht mehr, dass da etwas nicht stimmt. Diese ständigen Querelen, diese wechselseitig ausgeführten Seitenhiebe gehören dann bei den einen genau so zum Alltag wie das „Sich anschweigen“ bei den anderen – und das, bis der Tod sie gnädig scheidet.
Ist das nicht eine grauenvolle Vision? Lohnt es sich da nicht, sich ein paar Gedanken zu machen, bevor – wie man so schön sagt – der Zug abgefahren ist, weil einer der beiden so krank oder so hinfällig geworden ist, dass

man nichts mehr ändern kann.

Gehen Sie mit mir auf eine Reise – eine Reise durch die Tiefen der Beziehungsformen, der Illusionen, der zerbrochenen Träume, der Missverständnisse und der schmerzhaften Selbstverleugnung und vielleicht bis hin zur bitteren Erkenntnis, dass es keine gemeinsame Zukunft mehr gibt. Aber haben Sie den Mut, gehen Sie mit mir auch den Weg der Erkenntnis und des Verstehens. Auch wenn es vielleicht bedeutet, lieb gewonnene Bequemlichkeiten aufgeben zu müssen, bedeutet es doch vielleicht einen Schritt näher zu uns selbst. Und je authentischer, je echter wir sind, umso größer wird auch die Chance, eine ganze neue, vielleicht völlig unkonventionelle Lösung zu finden für eine Beziehung, die längst totgesagt war.

3) Verantwortung für die nächste Generation

Sicher kennen viele der Leser die Aussage ihrer Eltern:
„Wir möchten, dass es Dir mal besser geht als uns!" Unsre Elterngeneration hat diesen Wunsch erfüllt, indem sie es geschafft hat, den Boden zu bereiten für 60 Jahre Frieden, zum ersten Mal in den letzten 200 Jahren haben wir die Chance, statt ums Überleben zu kämpfen, ein menschenwürdiges, erfülltes Leben zu führen, zumindest wir, die wir in der westlichen Welt leben.
Das haben unsre Ahnen mit unendlich viel Leid, Qual und Tod vorbereitet. Ihre bitteren Erfahrungen haben uns geholfen, dieses sinnlose Blutvergießen nicht mehr zu wiederholen. Unsre Ahnen haben mit zwei Weltkriegen teuer bezahlen müssen – machen wir etwas aus ihren Tränen und ihrer Verzweiflung! Der Friede im Außen ist nicht alles!
Die Gefahr ist damit nicht vollständig gebannt. Wir sind aufgerufen, diesen Weg weiter zu gehen, der Tod all derer, die so viel Elend durchmachen mussten, sollte nicht umsonst gewesen sein.
Es geht heute darum, diese subtilen Ego-Programme, die Missverständnisse, die Sucht, die Gier nach Geld und die Machtbedingungen zu erkennen. Das funktioniert aber nur, wenn wir bei uns selbst anfangen und es der nächsten Generation vorleben, wenn wir uns nicht auf dem ausruhen, was unsere Ahnen erreicht haben, sondern ihre Erfahrung nutzen und

weiterentwickeln, indem wir an uns selbst arbeiten und uns selbst verbessern, jetzt wo wir den Freiraum haben und nicht mehr um die Grundbedürfnisse wie Essen und Wohnen kämpfen müssen.
Anstatt immer mehr anzuhäufen – ob in der Technik oder im Wohlstand, wäre es eigentlich an der Zeit, auf Qualität statt auf Quantität zu achten. Auch das ist ein Naturgesetz: Nichts steht still, alles fließt – das gilt auch für unser Bewusstsein. Es ist höchste Zeit, uns nicht nur auf unsre fünf Sinne zu verlassen, sondern unsre Intuition, unsern sechsten Sinn zu schärfen – das was im Zeitalter der Technik als Spinnkram abgetan wurde. Und dennoch haben alle großen Köpfe – Erfinder wie Wissenschaftler – Unglaubliches möglich gemacht, weil sie über Intuition und Kreativität verfügten.
Karl Benz, der Erfinder des Automobils, die Brüder Wright, Urväter der Flugzeuge, haben uns gezeigt, dass es genau diesen sechsten Sinn braucht, um neue Dimensionen zu erobern. Jedes Haus, selbst jeder Stuhl, jede Tasse waren einmal nur reine Ideen in einem menschlichen Kopf, die umgesetzt wurden und uns heute dienen. Unsre jungen Leute brauchen dringend Lebensweisen, die ihnen Hilfen für ihren eigenen Weg geben, Vorbilder, an denen sie sich orientieren können und die ihnen zeigen, wie man dem Leben einen Sinn gibt, statt irgendwelchen Götzen wie Anerkennung, Geld oder Macht das eigene Seelenheil zu opfern.
Dann bekommt das Leid der Ahnen einen Sinn! Wie Bert Hellinger, Vater der Familienaufstellung, es so klar formulierte: „Wir können Leid nicht ungeschehen machen – aber wir können was Gutes darauf aufbauen, dann verliert das Leid seine Schwere.“
Jeder Einzelne ist heute dafür verantwortlich, wie die Welt morgen aussieht!
Viele Wassertropfen bilden einen Ozean! – Was für einen wollen wir?

4) Der Lebenssinn in der Beziehung

Wir haben gelernt, dass das Leben schwer und mühsam ist, dass wir uns ja nicht einbilden sollen, Glück sei von Dauer, wenn, dann ist das ein kurzer Lichtblick in einem wolkenverhangenen Himmel oder – so wie meine Großmutter oft sagte: „Der Vogel, der am Morgen singt, den frisst am

Abend die Katze."
Wir jagen trotzdem ständig dem Glück hinterher, aber wir glauben eigentlich gar nicht daran. Wir wünschen uns den Traumpartner, aber ein anderer unterbewusster Teil hat erfahren, dass das gar nicht sein kann, weil sich die Eltern ja nie oder nur schlecht vertragen haben.
Bewusst sind wir überzeugt, dass wir ein gutes Leben wollen und wir haben viele Wünsche und Träume, aber unsre unterbewusste Programmierung boykottiert ständig unsre Bemühungen. Und wenn wir dann das eine erreicht haben, wird uns etwas anderes genommen, geht etwas anderes schief und wir erleben es als ein ungerechtes Schicksal, als einen grausamen Gott oder sogar einen nicht nachvollziehbaren Zufall.
Im Laufe unsres Leben häufen sich dann die Beweise, dass das, was wir uns gewünscht haben, Illusionen sind und wir entschließen uns, auf dem Boden der Tatsachen zu bleiben und uns zufriedenzugeben, mit dem wenigen, was möglich ist. Wir schließen immer mehr faule Kompromisse oder verdrängen die unangenehme Realität. Wir sind klein und stehen allein auf der einen Seite und müssen ständig gegen diese Welt da draußen auf der anderen Seite kämpfen. Das strengt an und ermüdet und führt schließlich zu Resignation.
Und weil in unsrer Gesellschaft alle so denken, kommen wir gar nicht auf die Idee, dass wir was völlig Falsches gelernt haben. Wir führen nur diese falschen Denkweisen fort, die immer zu diesem entmutigenden Ergebnis führen müssen. Und wir merken gar nicht, wie tief sie in unserm Unterbewusstsein einprogrammiert sind!
Es bedarf einer neuen Sichtweise, um aus dem Sumpf herauszukommen. Wer sagt, dass das Leben so mühsam sein muss? Wer sagt, dass Glück nur von kurzer Dauer ist? Nur weil irgendwelche Menschen in irgendeiner Vergangenheit das so festgelegt haben und Bücher wie die Bibel, die Torah oder andere Weisheitsbücher wissentlich oder unwissentlich fehlinterpretiert haben, müssen wir das noch lange nicht übernehmen.
Das Ganze hat nur einen Haken: Dann müssen wir selber denken, können uns nicht mehr auf die Meinung irgendwelcher Obrigkeiten verlassen. Und – wir müssen das, was wir denken auch noch selbst ausprobieren. – Das bedeutet Arbeit, sehr viel Arbeit, das ist total unbequem, denn diese alten Programme sind zäh!
Das Leben kann sehr reich und erfüllend sein, wenn wir neue Perspekti-

ven zulassen und bereit sind, auch mal ein Risiko einzugehen, völlig neue Wege einschlagen. Denn – das vergessen wir leider nur zu gerne – wir treffen auch eine Entscheidung, wenn wir es vermeiden, uns zu entscheiden. Warum fällen wir dann nicht wenigstens eine Entscheidung, zu der wir stehen können?

Aber dann kommt die Angst vor Fehlern, doch ohne Fehler können wir nicht lernen.

Wie viele Fehler machen wir, bevor wir richtig schreiben und lesen können – ohne Fehler zu riskieren, wären wir heute noch Analphabeten. Aber wir bleiben zeitlebens – Analphabeten, weil wir da plötzlich anfangen, zu werten und zu urteilen. Fehler, die trotz guter Überlegung entstehen, sind immer Lernchancen und bringen uns weiter. Das Gefühl, etwas erreicht zu haben, macht uns dann glücklich. Glück finden wir nicht im Lottogewinn oder in der Karriere oder in der Macht über andere. Glück erleben wir immer dort, wo wir authentisch sind und wo wir andere Menschen dabei unterstützen, es auch zu sein.

In dem Maß, indem ich authentisch werde und weiß, wer ich bin und was ich für meine Verwirklichung brauche, in dem Maß ziehe ich auch einen Partner an, der zu mir passt und mit dem ich gemeinsam weiter wachsen kann.

Es gibt keine intensivere Wachstumsmöglichkeit als Beziehung. Mein Gegenüber hilft mir, mich selbst immer neu zu erfahren und mich weiterzuentwickeln – eine Lebensqualität, die auf Ergänzung, nicht auf Anpassung basiert, in der beide Partner für den anderen, aber auch für sich selbst weiter wachsen. Dann ist Glück nicht ein kurzes Aufblitzen, sondern ein wohlverdienter Weg, der sich ständig weiter entfaltet, auch wenn man noch nicht um die nächste Kurve schauen kann.

Geschichten, die das Leben schrieb

Bevor wir uns im Detail mit dem beschäftigen, was ich das Schweigen der Männer nenne, möchte ich Ihnen an einigen Beispielen aus meiner Praxis zeigen, wie so etwas im Alltag ablaufen kann. Wenn Sie sich in der einen oder anderen Geschichte wieder erkennen, ist das genau meine Absicht. Allerdings habe ich vieles so verfremdet, dass die Patienten, die Ausgangspunkt dieser Geschichten waren, auf viele zutreffen können und dadurch die „Originale“ anonym bleiben. Ich habe Patientenbeispiele so verallgemeinert, dass sie viele Menschen ansprechen – Themen, die in unsrer Gesellschaft kein Einzelfall sind.

Auch bei meinen drei Büchern „Der homöopathische Seelenspiegel“ haben mir viele gesagt, sie hätten sich in den Beispielen wieder gefunden oder es hätte sie an jemand erinnert, den sie kennen, obwohl ich diese Leute mit Sicherheit nie persönlich getroffen habe. Das zeigt, dass wir mit unsren Schicksalen, unsren Gefühlen nicht die einzigen sind, dass es viele gibt, denen es ähnlich geht. Hinter den Gartenzäunen und den gepflegten Fassaden verbergen sich sehr oft genauso tragische Schicksale wie in den Hochhaussiedlungen und den Slums, von denen wir als Außenstehende keine Ahnung haben.

Deshalb tun wir gut daran, andere nicht zu beneiden oder gar zu verurteilen. Egal, wie sich ein Mensch auch verhält – es stehen immer eine Geschichte und Ursachen dahinter. Je mehr wir lernen, uns selbst zu verstehen und zu verändern, um so selbstbewusster werden wir, um so besser können wir andere verstehen und um so toleranter und gelassener gehen wir mit den Unzulänglichkeiten unsrer Mitmenschen um.

Obwohl ich die Patientenschicksale so abgeändert habe, dass die Anonymität der Betroffenen gewahrt bleibt, versuchte ich das hervorzuheben, was der Kern dieser Therapie war, so dass sich der Leser mit dem einen oder anderen Schicksal identifizieren kann und vielleicht auf diese Weise eine neue Perspektive in seiner Situation erkennt, die zu einer Lösung seines ganz individuell gelagerten Problems führen kann.

Ich habe diese Geschichten in eine ganz bestimmte Reihenfolge gebracht. Die Schicksale werden von Geschichte zu Geschichte immer vielschichtiger und belasteter. Ich spreche eine immer tiefere Schicht unsres Wesen

und der dazugehörigen Einflüsse an, aber ich gebe zu jeder Geschichte Lösungsansätze und praktische Hilfen. Am Ende des Buches finden sie auch eine Literaturliste, die Ihnen weitere Einblicke geben kann.
Vielleicht wird Ihnen aber auch beim Lesen der Geschichte bewusst, dass Sie die Aufarbeitung nicht alleine schaffen können – dann zögern Sie nicht, sich Hilfe zu suchen. Therapie heute hat nichts damit zu tun, dass Sie vielleicht nicht richtig ticken, es geht heute vielmehr um Unterstützung bei der Verbesserung Ihrer Lebensqualität. Ein Patient formulierte das sehr deutlich: „Ich sehe Sie weniger als meine Therapeutin, ich sehe Sie vielmehr als meinen „Lifecoach". Es gibt viele Kollegen und Kolleginnen, die ähnlich arbeiten – machen Sie sich auf die Suche, wenn Sie wirklich wollen – Sie werden sie finden!
Lassen Sie sich also ein auf ein Abenteuer – eine Reise in die Tiefe der menschlichen Seele. Wann immer eine Geschichte Sie besonders berührt – positiv oder negativ – hat sie etwas mit Ihnen zu tun. Lassen Sie diese Gefühle erst mal zu, denn sie sind ein Zeichen, dass Sie lebendig sind. Roboter lassen sich nicht berühren und haben kein Gefühlsleben. Selbst wenn uns unsre Emotionen manchmal unangenehm sind, machen sie doch unsre Besonderheit aus, denn wir sind die einzige Spezies auf diesem Planeten, die nicht instinktiv reagieren muss, wie es ihrer Art entspricht – wir allein haben einen freien Willen, wir allein sind nicht gebunden an Verhaltensabläufe und an eine bestimmte Gruppenzugehörigkeit.
Und – wir müssen aufhören, uns und andere zu be- oder verurteilen. Kaum jemand verletzt einen anderen aus reiner Böswilligkeit, dahinter stecken viel kompliziertere Mechanismen aus unserem Unterbewusstsein, die aus unterschiedlichen Schichten stammen, auf die ich noch eingehen werde. Es gibt in keiner Beziehung einen Schuldigen und einen Unschuldigen, zu jeder Krise gehören immer zwei! Allerdings – verändern können wir nur uns selbst – nie den Partner! Wir allein – als menschliche Wesen – können uns verändern, haben die Fähigkeit, über uns hinauszuwachsen zu der bestmöglichen Form unsres Wesens.
Nutzen wir doch unsere Möglichkeiten – denn dazu sind wir hier: Unsern gottgegebenen schöpferischen Kern zu entfalten und selbst in Verantwortung Mitschöpfer zu werden.
Auch wenn es ein unendlich langer Weg zu sein scheint – wie heißt ein chinesisches Sprichwort so schön:

Auch eine Reise von vielen tausend Meilen beginnt mit einem einzigen Schritt!

Deshalb bewegt sich der Umgang mit den Geschichten auf verschiedenen Ebenen:
Zuerst die Geschichte selbst, deren Inhalt den einen oder anderen Leser berührt, in der er sich selbst wieder findet.
Danach kommt die tiefere Bedeutung – der Blick hinter die Kulissen, der zeigt, wie vielschichtig die Gründe sein können, die sich zu einer Problematik oder einem Trauma entwickeln.
In einer dritten Ebene schauen wir uns die Gesetzmäßigkeiten an, die im Hintergrund das Ganze steuern – wie in der Technik und Elektronik, aber auch wie das Drehbuch und die Regieanweisungen, die ein Theaterstück ausmachen.
So wie ein Theaterstück eine sehr vielschichtige Struktur braucht, bis es bühnenreif wird, so gibt es auch in unserem Leben Prinzipien, die in allem wirken – im Universum, in der Natur, aber auch in uns. Nichts ist Zufall, wir sind nur durch die Vielschichtigkeit der Situation und die eigene Betroffenheit nicht in der Lage, zu erkennen, mit welchen Prinzipien wir es zu tun haben. Das wird dann in der dritten Stufe entschlüsselt.
Wir sind die Regisseure unsres Lebensfilms, wir können entweder ein Chaos daraus machen oder wir können lernen, wie man ein guter Regisseur wird – es liegt ganz an uns. Den Film allerdings müssen wir machen – wir sind schon mittendrin – und es ist nie zu spät, das Filmniveau anzuheben.

Da diese Geschichten auf Ihre Psyche eine intensive Wirkung haben können, empfiehlt es sich, das Buch wohl dosiert zu lesen.
Wenn eine Geschichte Sie besonders umtreibt, Sie eine starke Sympathie oder Antipathie für einen Partner haben, oder Sie finden, dass ich das unfair beurteile, oder wenn Sie an eine Geschichte immer wieder denken müssen, dann hat diese ganz speziell etwas mit Ihnen zu tun!
Erlauben Sie sich, diese Geschichte noch einmal zu lesen und lassen Sie zu, wo es Sie am meisten trifft – das kann helfen, einen Aspekt in sich zu entdecken und zu transformieren, indem Sie sich zugestehen – ja, das bin

ich auch.
Versuchen Sie einen neuen Blickwinkel, ein anderes Verhalten.
Wenn Sie aber das Gefühl haben, selbst nicht weiterzukommen, nehmen Sie sich die Freiheit, professionelle Hilfe in Anspruch zu nehmen.
Wie heißt es so treffend in der kabbalistischen Psychologie:
Was kennzeichnet einen Weisen? Er ist bereit, um Hilfe zu bitten.

Also – fangen wir an – das ganze Leben sollte ein spannender Film, ein spannendes Abenteuer sein – und wir sind Hauptdarsteller und Regisseur! (B. Proctor)

Geschichte 1

Die Vogel-Strauß-Haltung

Die beiden kannten sich noch nicht lange. Nennen wir sie Petra und Holger.

Sie war meine Patientin, kam zu mir nach einer Brustkrebsdiagnose und einer noch glimpflich verlaufenen Operation, sie wollte hinter die Ursache der Diagnose kommen.

Sie war – wie ich auch – überzeugt, dass Krebs immer in der Seele anfängt. Also machten wir uns auf die Suche.

Nach einer gescheiterten Ehe hatte sie Holger kennen gelernt. Auch er hatte eine langjährige Beziehung hinter sich. Sie war da gerade mitten in den Behandlungen – Chemotherapie und Bestrahlung – und es ging ihr dementsprechend schlecht. Sie fühlte sich schwach und erschöpft, kämpfte mit ihren Ängsten und Zweifeln.

Holger hatte sich rührend um sie bemüht, er fuhr mit ihr zu allen Behandlungen, tröstete sie, unterstützte sie in ihrem Haushalt und war rund um die Uhr immer für sie da.

So allmählich ging es wieder bergauf, sie fühlte sich kräftiger und das wollten sie feiern – alles entwickelte sich so positiv.

Es hätte die Beziehung fürs Leben werden können – aber sie erzählte mir dann folgendes Ereignis, das ihr immer noch zu schaffen machte und eine tiefe Kerbe in ihre Liebe zu ihm geschlagen hatte:

Die beiden wollten sich ein schönes Wochenende machen, zusammen ein paar Tage wegfahren, einfach mal das wieder gefundene Leben feiern. Jedoch erwies sich das Hotel,

das sie im Internet ausgesucht hatten, als Flop. Holger sagte nichts zu dem Desaster. Er hockte nur schweigend im Hotelzimmer, während sie ihrer Wut freien Lauf ließ. Es war auch keine Antwort aus ihm rauszukriegen, als sie fragte, was sie nun machen sollten.

Also übernahm sie es, an der Rezeption ihrem Ärger Luft zu machen, das Zimmer zu stornieren. Sie fuhren weiter, fanden dann noch ein wunderschönes Hotel, das all ihre Erwartungen erfüllte. Man hätte denken können, jetzt war das Wochenende gerettet.

Aber Holger verhielt sich weiterhin wortkarg. Petra versuchte, die Ursache für sein Schweigen aus ihm herauszulocken, zuerst mit liebevollen Fragen, schließlich aggressiv und fordernd, provozierte sogar einen Streit, nur um endlich ein Gespräch in Gang zu bringen. Holgers Reaktion war, dass er seine Jacke nahm und ging. Er tauchte nach ein paar Stunden wieder auf – schweigend. Am Abendessen redeten sie nur das Nötigste. In der Nacht drehte er sich demonstrativ auf die andere Seite, sie wusste nicht mal, ob er wirklich schlief.
Sie selbst konnte kein Auge zutun, es war grauenhaft. Sie grübelte, suchte in ihrem Gedächtnis, ob sie etwas falsch gemacht hatte, zerbrach sich den Kopf über mögliche Ursachen für sein Schweigen. Morgens früh hielt sie es nicht mehr aus und packte ihre Sachen zusammen, er kam wortlos mit, sie fuhren Richtung Heimat – ohne dass einer ein Wort sagte.
Erst als sie kurz vor ihrem Haus zufällig ein paar Bekannten begegneten und sich mit ihnen unterhielten, löste sich das Schweigen allmählich. Bis zu dem Zeitpunkt, als sie mir die Geschichte erzählte, wusste sie nicht, was die Ursache für seine Wortlosigkeit gewesen war, es wurde nie mehr darüber gesprochen. Beide gingen wieder zum Alltag über.

Ihr erster Mann war damals ihr Ein und Alles gewesen, sie war immer für ihn da, sie hatte sich ganz auf ihn eingestellt, bis er ihr eines Tages eröffnete, dass er sie verlassen wolle, er habe jemand anderes kennen gelernt. Sie war wie vor den Kopf geschlagen, sie hatte nichts, aber auch gar nichts gemerkt. Drei Monate nach der Scheidung heiratete er wieder. Bis heute hatte es nie ein Gespräch über die Gründe für die Trennung gegeben, warum eine andere Frau in sein Leben getreten war, was ihn an ihr störte. Es war unmöglich, ihn zu einer Aussprache zu bewegen und sie hatte es inzwischen aufgegeben.
Sie hätte es so begrüßt, wenn ihr jetziger Partner mal mit zu mir gekommen wäre. Aber er sah dafür überhaupt keinen Grund. Er tat doch alles für sie, damit sie gesund werden konnte. Aber genau da begann das Problem: Je mehr sie wieder zu Kräften kam, je mehr sie sich Gedanken machte, was der Auslöser ihrer Krankheit gewesen war, umso konfliktgeladener gestaltete sich die Beziehung.
Sie lernte sich selbst immer besser kennen und stellte fest, dass sie gar nicht diese stille angepasste Frau war, zu der sie ihre Mutter erzogen hat-

te. Die Eltern hatten ein Geschäft gehabt, jeder im Ort kannte die Familie, da war ein anständiges Benehmen oberstes Gebot. Und meine Patientin tat, was man von ihr erwartete. Sie heiratete nicht ihre Jugendliebe, weil dieser Mann den Eltern nicht genehm war, sie heiratete den, den ihre Eltern akzeptierten.
Sie wurde die treu sorgende, stille Ehefrau, wie ihre Mutter – aber durch die Erkrankung lernte sie sich neu kennen: eine temperamentvolle, lebenslustige Frau, voller Neugierde, was das Leben so alles zu bieten hat. Sie wollte keinen Butler, der sie hinten und vorne bediente, mit dem man aber weder streiten noch Neues entdecken konnte, der das alles nur als Bedrohung sah oder es machte, weil sie darauf bestand. Indem er etwas für sie tat, ihr diente, ihr etwas schenkte, versuchte er dann den Frieden wiederherzustellen. Für sie wurde das immer unerträglicher – sein unterwürfiges Verhalten löste in ihr nur noch Verachtung aus.

Als er endlich zu mir kam, war es eigentlich schon zu spät, sie hatte ihm eröffnet, sie wolle sich trennen. „Mein armes Mädchen, sie hat den Verstand verloren!“ Das waren seine ersten Worte bei mir. Eine halbe Stunde erzählte er nur von ihr und was er alles tat, damit sie sich wohlfühlte – und jetzt!
Es dauerte, bis ich ihn dazu brachte, auch mal sich zu sehen. Da gab es nicht so furchtbar viel aus seiner Sicht. Ein Mann war dazu da, die Frau zu versorgen und glücklich zu machen, Streit vermied man am besten : „Das gibt nur Scherben, am besten wartet man, bis der Sturm vorüber ist. Das sind nun mal Frauen, die beruhigen sich schon wieder.“
So hatte er es gelernt im Elternhaus und so lebte er. Wenn er sich auf eine Frau einließ, dann passte er sich vollkommen an und hoffte, dass er dafür auch die Dankbarkeit und die Liebe der Partnerin bekam.
Auf weiteres Nachfragen erzählte er mir, dass er einmal eine Beziehung gehabt habe, da habe sich die Frau an ihn angepasst, sie habe ihn angehimmelt, ihm jeden Wunsch von den Lippen abgelesen. Es sei ihm in dieser Beziehung so langweilig geworden, dass er – das einzige Mal – schließlich fremdging, um einen Grund zu haben, sich zu trennen.
Sonst war es immer umgekehrt gewesen – warum diesmal schon wieder? Nie wieder wolle er nach dieser wunderbaren Frau noch eine Beziehung haben!

Die tiefere Bedeutung

Stichworte: Sprachlosigkeit, Verdrängung, Konfliktvermeidung, Anpassung

Holgers Anteil

Die Sprachlosigkeit beherrschte in Holgers Leben alles. Auch wenn wir täglich mit moderner Technologie selbstverständlich umgehen und Informationen aus der ganzen Welt zu jeder Zeit abrufbar sind, heißt das noch lange nicht, dass wir gelernt haben, miteinander zu kommunizieren. Holger war dafür ein ganz typisches Beispiel, exemplarisch für unendlich viele Familien, die mir in meiner Praxis oder im Alltag begegnet sind und auch immer wieder begegnen:
In landwirtschaftlich geprägten Familien gilt es als selbstverständlich, dass man arbeitet, statt zu quatschen, das ist verlorene Zeit. Wenn man redet, dann geht es um praktische Angelegenheiten – Planungen, Arbeitsabläufe – Gespräche, die unumgänglich sind, um den Hof zu organisieren. Sich schlecht zu fühlen – das hat da keinen Platz, das gilt nur, wenn man eine schwere Krankheit bekommt, die man auch sehen kann – bei einem Unfall, einer Infektion.
Wie formulierte das mal eine Patientin:
Bei uns zu Hause hieß es dann immer: „Schaff was, dann vergehen dir die Flausen!"
Das führt dazu, dass man als Erwachsener ein schlechtes Gewissen hat, wenn man mal nicht funktioniert und man auch gar nicht gelernt hat, zu spüren, warum, geschweige denn, diesem Gefühl so viel Raum zu geben, dass man es in Worte fassen kann.
Aber das alles war in Holgers Familie nicht der Fall. Es wurde sehr viel gesprochen.
Wenn er mir zum Beispiel von seinem Hobby erzählte, Modellflugzeuge zusammenzubauen, die hinterher auch noch mit einer Fernlenkung exzellent fliegen konnten, hatte er keinerlei Probleme, sich auszudrücken.
Er verfügte über einen großen Wortschatz und konnte sehr lebendig er-

zählen, auch wenn es darum ging, mir zu schildern, was er mit seiner Partnerin schon alles unternommen hatte. Es lag nicht an seiner Ausdrucksmöglichkeit, wenn er verstummte. Er hatte es in seiner Kindheit nicht gelernt, über Gefühle zu reden, schon gar nicht über seine eigenen.
Als ich ihn fragte, warum er an dem besagten Wochenende geschwiegen habe, meinte er, er hätte nichts kaputt machen wollen. Petra war sowieso schon außer sich, da wäre jedes Wort eine Gefahr gewesen, Öl ins Feuer zu gießen.
Ich fragte ihn, ob er erlebt habe, dass seine Eltern sich stritten. Darauf er: „Meine Mutter war manchmal ungehalten, aber dann ist mein Vater einfach verschwunden und später gingen sie wieder zum Alltag über".
Und Zärtlichkeiten, körperliche Berührungen? Er konnte sich nicht daran erinnern.
Auch dass er als Kind in den Arm genommen wurde – das war ihm nicht bewusst.
Er lebte sein Bedürfnis nach Zärtlichkeit in der Sexualität – die war ihm extrem wichtig.
Oder indem er seiner Freundin Blumen kaufte, für sie etwas Schönes kochte oder ihr eine Arbeit abnahm.
Er kannte in seinen Beziehungen nur die Extreme: Nähe über Sexualität oder für die Frau sorgen, so hatte es auch sein Vater gemacht. Seine Mutter musste sich nicht quälen, alle schweren, alle handwerklichen Dinge habe er gemacht.
In mehreren Familienaufstellungen, die ich mit ihm machte, zeigte sich deutlich seine Verschmelzung mit seinem Vater. Verschmelzung bedeutet, dass er das Leben seines Vaters lebte und nicht sein eigenes. Er wusste nicht mal, was sein eigenes Leben war.
Immer, wenn er in einer festen Beziehung gelebt hatte, hatte er sich vollkommen an die Partnerin angepasst und versucht, ihr ein schönes Leben zu ermöglichen.
Seine Angst vor Konflikten war riesig, denn er wusste zum einen gar nicht, wofür er kämpfen oder warum er sich abgrenzen sollte, weil er sich nicht erlaubte, seine eigenen Wünsche zuzulassen und zum Zweiten hatte er nie gelernt, konstruktiv mit Konflikten umzugehen. Daraus entwickelte sich noch eine Baustelle in seinem Leben:
Er hatte die früheren Beziehungen nie sauber beendet. Einmal war er ein-

fach verschwunden, ohne sich zu verabschieden, hatte auf keinen Brief, keinen Anruf geantwortet und die Trennung „ausgesessen", das heißt, irgendwann hatte es die damalige Freundin aufgegeben, ihn zur Rede zu stellen.

Eine andere Exfreundin wohnte jetzt noch in der Wohnung, für die er den Mietvertrag unterschrieben hatte. Da sie arbeitslos geworden war, zahlte sie ihm die Miete nur sehr sporadisch. So war er ständig in Geldnöten, obwohl er dazu nicht verpflichtet war, aber er scheute eine Klärung und mögliche Auseinandersetzung und sie tat ihm ja auch leid.

Es bedurfte einiger Sitzungen, bis er überhaupt in der Lage war, zu spüren, was er brauchte, was er wollte, was ihm gut tat und was nicht.

Dafür war bisher immer die Partnerin an seiner Seite zuständig gewesen und die Phasen zwischen den Beziehungen hielten sich in Grenzen, meist löste die eine die andere ab.

Da Petra nicht mehr zu einer Versöhnung bereit gewesen war, hatte er sich – auch auf mein Drängen hin – endlich eine eigene Wohnung gesucht.

Er schaffte es, ein halbes Jahr lang zwischen den Kisten zu hausen – von Wohnen konnte man da nicht sprechen. Obwohl er ein geschickter Handwerker war, hielt er es nicht für nötig, sich einen Schrank oder ein Regal zum Selbstaufbau zu kaufen. Er flüchtete sich in seine Arbeit, hockte lieber bei Freunden und benutze seine Wohnung als Schlafstätte. Obwohl er eine gemütliche Atmosphäre sehr schätzte, war er es sich nicht wert, sich diese zu schaffen.

Hätte eine Freundin ihn darum gebeten – dann hätte er das im Handumdrehen erledigt.

Das ist der lange Schatten des Patriarchats: Diese Männer existieren nur als Beschützer und Versorger, so wie die Frauen damals vom Einkommen des Mannes abhängig waren, so waren es die Männer von den Frauen, was die Organisation des Alltags betraf.

Eine Patientin sagte mir: „Mein Vater wusste nicht mal, wie es aussieht, wenn Wasser kocht. Erst nach dem Tod meiner Mutter hat er sich überhaupt mit der Küche beschäftigt."

Aber heute ist diese Unselbstständigkeit, diese Abhängigkeit viel subtiler: Holger war ein begeisterter Hobbykoch, er war ein begnadeter Handwerker, aber nur für andre, nie für sich selbst.

Aber erfolgreiche Frauen wollen heute keine Männer mehr, die keine ei-

gene Individualität besitzen, sie wollen nicht nur bekocht und bedient werden, sie wollen ein Gegenüber, das auch Widerstand bietet, an dem man selbst wachsen kann.
Sie wollen einen Partner, der auch Initiative ergreift, der eigene Vorstellungen hat, mit dem man sich streiten und wieder versöhnen kann.
Sie brauchen kein großes Kind, das dann auch noch Ansprüche stellt in der Sexualität.
Ein Diener ist sexuell unattraktiv, ein großes Kind ebenso. Eine Frau, die immer Mama sein muss, verliert erst das Interesse am Sex mit einem solchen Mann. Und dann auch das Interesse an der Beziehung.
Die Trennung war endgültig und Petra sagte mir, sie sei nach der ersten Ablösungsphase nur noch erleichtert gewesen.
Ihre Krebsmarker waren in der Krise mit Holger wieder gestiegen, um dann, als sie sich entschieden hatte, wieder auf Normalniveau zu sinken.
Aber es gibt keinen Sündenbock – was war Petras Anteil?

Petras Anteil:

Wie oben bereits erwähnt, war Petra in einem kleinen Städtchen aufgewachsen, in dem ihre Eltern auch noch einen Laden führten. Die Familie war im Ort deshalb den meisten Bürgern bekannt. Petras Mutter achtete sehr darauf, dass der gute Ruf gewahrt wurde, dass sich Petra und ihre Geschwister anständig benahmen. Am Sonntag ging man regelmäßig in die Kirche, obwohl beide Eltern nicht viel von der Kirche hielten, aber man musste in so einem kleinen Ort schon auf solche Gepflogenheiten achten.
Ihr Vater war sehr streng, rastete schnell aus und prügelte ihre drei jüngeren Brüder zum Teil windelweich. Sie erlebte den Schmerz der Brüder im Mitgefühl und fühlte sich gleichzeitig schuldig, weil sie ihnen nicht helfen konnte. Sie als Mädchen wurde verschont, schon deshalb, weil sie sich so unauffällig verhielt und immer funktionierte.
Da Petra das einzige Mädchen war, verlangte man von ihr erst recht, dass sie bei den Leuten einen ordentlichen Eindruck machte, in der Schule nicht unangenehm auffiel und anständige Noten schrieb.
Petra erfüllte alle Erwartungen, sie bemühte sich ihre ganze Kindheit über,

den Eltern, die durch das Geschäft sehr in Anspruch genommen waren, nicht zur Last zu fallen.
Sie lernte dann auch einen ordentlichen Beruf – wurde Einzelhandelskauffrau, wirkte still, introvertiert, war aber sehr zuverlässig und engagiert.
An ihrer Mutter hing immer alles – die Buchhaltung für das Geschäft, die Kindererziehung, der Haushalt.
Petra musste sehr früh mithelfen und sie tat es gerne, weil sie sah, wie allein und überfordert ihre Mutter war – und weil sie ihr unendlich leid tat.
Bis zu ihrer Heirat lebte sie zu Hause, da die jüngeren Brüder immer noch viel Arbeit machten. Wie der Vater mussten sie nie im Haushalt helfen, es sei denn, es ging um Männerarbeit wie Möbel rücken oder handwerkliche Dinge.
In ihrer Ehe war es denn auch selbstverständlich gewesen, dass sie sich trotz ihres Vollzeitjobs allein um den Haushalt kümmerte. Es störte sie auch nicht, dass ihr Mann oft und lange wegblieb. Das war sie auch von ihrem Vater gewöhnt gewesen – bis zu diesem tiefen Schock, dass er sie von jetzt auf nachher verließ.
Sehr oft führen unverarbeitete Schocks zu Krebs. Petra war nach der Trennung nur noch ein Häufchen Elend und hatte jeglichen Lebenswillen verloren.
Dann kam die Krebsdiagnose, die sie aufschrecken ließ und sie machte sich auf die Suche nach Ursachen. In dieser schweren Phase lernte sie Holger kennen und er erschien ihr wie ein Engel – ein Mann, der sich kümmerte, der sich für den Haushalt nicht zu schade war, der sich dafür interessierte, wie es ihr ging.
Sie glaubte, das große Los gezogen zu haben und merkte zuerst nicht, dass sie einen Wolf im Schafspelz vor sich hatte. Da sie sich so elend und schwach fühlte, schien es ganz normal zu sein, dass sich alles um sie drehte. Aber je mehr sie sich von der Krankheit erholte und je mehr sie sich mit sich selbst beschäftigte, umso mehr entdeckte sie, dass sie zwar zuverlässig und engagiert war in ihrem Beruf, aber eben keine stille, angepasste Person war, als die sie sich immer wahr genommen hatte.
Ihr Temperament, ihre Lebendigkeit und ihre Neugier erwachten, und das überforderte Holger total. Ihre bohrenden Fragen machten ihm Angst, ihre

Psychotrips – wie er es nannte – bedrohten ihn und seine Sicherheit, er konnte ihr nichts mehr geben – aber genau im Geben definierte er seine Rolle als Partner.
Und er – der Wolf im Schafspelz – er hatte genauso wenig gelernt, über sich und seine Gefühle zu reden – genau wie Petras Vater, genau wie ihr Exmann. Sie dachte, als sie ihn kennen lernte, er sei ganz anders.
Genau auf diese Täuschung im Vordergründigen fallen wir in einer Beziehung so oft herein! Wir verlieben uns immer in das Vertraute, Bekannte, auch wenn es uns eigentlich gar nicht gut tut, trotzdem – es fasziniert, weil wir denken, es sei uns ähnlich.
Dabei ist es nur dem Muster ähnlich, das wir kennen. Petra musste sich verändern, zu ihrem wahren Wesen finden, denn das Damoklesschwert, das über ihr hing, bedeutete eine Lebensbedrohung!
Krebs symbolisiert immer einen Aufschrei der Seele, endlich etwas zu verändern – es ist diese eine Minute vor Zwölf!
Petra hatte den Mut, hinzuschauen, und sie ging ihren Weg konsequent, sie wollte nicht noch mal den gleichen Fehler machen und sich anpassen. Die Krebsmarker sprachen für sich.
Holger erkannte viel zu spät, was da auf dem Spiel stand. Bis zum Schluss, bis sie ihm mit einem Termin für den Auszug unter Druck setzte, verdrängte er den Ernst der Situation. Als er zu mir kam, war schon viel zu viel kaputtgegangen, hatte er schon zu viele Warnungen nicht hören wollen. Es ging eigentlich jetzt vielmehr darum, dass er für sich selbst eine Persönlichkeit wurde.
Er musste sich selbst kennen lernen und für sich selbst sorgen. Das fiel ihm unendlich schwer. Er hatte die Wahl – eine Frau, die er versorgen und beschützen konnte und die ihm seine eigene Persönlichkeit ersetzte oder eine gleichwertige Partnerin, an deren Seite er sich selbst nicht aufgab, sondern sich treu blieb, mit der er aber auch Konflikte austragen konnte, um einen für beide tragbaren Kompromiss zu finden.

Geschichte 2

Bloß nichts verändern

Nennen wir dieses Paar Birgit und Peter. Beide waren Ende Fünfzig, sie war geschieden.

Als sie ihn kennen lernte, war er zwar verheiratet, er lebte mit seiner Frau getrennt aber doch unter einem Dach. Beide waren von den Vermögensverhältnissen her zu sehr miteinander verzahnt, um sich voneinander trennen zu können – so zumindest sah er es.

Die Eheleute sprachen nicht mehr miteinander – außer wenn es um notwendige Alltagsbelange ging.

Birgit wollte keine Beziehung zum Zusammenleben. Sie genoss es seit ihrer Scheidung, tun und lassen zu können, was sie wollte. Deshalb störte es sie nicht, dass es keine Aussicht auf eine gemeinsame Zukunft gab, aber anfänglich beflügelten sie die Begegnungen, die immer nach dem gleichen Muster abliefen: Man traf sich im gleichen Hotel, immer zur gleichen Zeit, am gleichen Wochentag – da konnte er zu Hause geschäftliche Aktivitäten vorschieben.

Am Anfang störte das nicht, sie hatten sich viel zu erzählen, wollten sich näher kennen lernen. Birgit gegenüber erwähnte er zum ersten Mal den Unfalltod seines Sohnes. Er hatte mit seiner Frau darüber nie gesprochen, nie um den Sohn geweint Zu diesem Zeitpunkt wurde offensichtlich, wie wenig sie sich noch zu sagen hatten. Er konnte zum ersten Mal überhaupt über seinen Sohn reden, als er mit Birgit zusammenkam. Es war für ihn äußerst ungewöhnlich, mit jemandem über Gefühle zu sprechen.

Dann wurde bei ihm ein Lymphdrüsenkrebs diagnostiziert. Es sah so aus, als wäre er bereit, aus seinem Schneckenhaus auszubrechen. Er redete mit ihr über seine Bedenken bezüglich der Operation, er erwähnte andererseits sogar mögliche Zukunftspläne, was sie alles zusammen machen könnten, wenn er wieder gesund wäre. Die konservative medizinische Behandlung schlug an, die befallenen Lymphknoten konnten entfernt werden. Die Laborwerte zeigten, dass der Krebs zurückging.

Die Hinweise meiner Patientin, doch mal nach den seelischen Ursachen für seinen Krebs zu forschen, lehnte er jetzt kategorisch ab, das hatte doch

nichts miteinander zu tun. Es war doch offensichtlich, dass die Schulmedizin Erfolg hatte, warum sollte er da in der Psyche rumstochern.
Je mehr er wieder zu Kräften kam, umso mehr fiel er in sein altes Verhaltensmuster zurück, er zog sich sogar noch mehr zurück als vor der Krankheit – wirklich tiefe Gespräche waren nicht mehr möglich.
Jetzt wurden die Treffen zum stereotypen Ritual, das immer eingefahrener und seichter wurde und sich auf Sex und gutes Essen beschränkte.
Meine Patientin wollte das, was so intensiv begonnen hatte, nicht der Routine opfern, sie schrieb ihm, bat ihn um ein Gespräch. Sie schickte Emails, wiederholte ihre Bitte.
Er antwortete zwar, aber auf ihre Bitte ging er mit keinem Wort ein. Er sagte aus beruflichen Gründen das nächste Treffen ab, kurz bevor meine Patientin einen Urlaub alleine antreten wollte.
So schrieb sie ihm noch einmal, sagte ihm, sie werde sich zurückziehen, so könne sie nicht weitermachen. Sie fühle sich von ihm nicht wahrgenommen.
Erst dann kam eine völlig verschreckte Reaktion, erst jetzt ging er überhaupt auf ihr Anliegen ein – die Angst vor einer möglichen Trennung war größer als die Angst vor dem Gespräch. Da gab er dann zu, dass er das zu Hause immer so gemacht habe. Er habe gehofft, es würde sich erledigen und seine Frau hatte dann irgendwann ihr Anliegen nicht mehr vorgebracht, bis sie überhaupt kein Anliegen mehr an ihn herantrug.
Es war für ihn so ungewohnt, über sich zu sprechen, irgendwelche Wünsche zu äußern, den andern in seinen Bedürfnissen wahrzunehmen. Er hatte immer nur gearbeitet und nach dem Tod seines Sohnes noch mehr, obwohl seine Firma immer weniger Gewinn abwarf.
Bis er meine Patientin kennen lernte, bestand sein Leben aus Arbeit und den Grundbedürfnissen wie Essen und Schlafen. Sie war wie eine Erleuchtung für ihn gewesen, sie hatte ihm das Leben zurückgebracht, aber er fühlte sich unfähig, ihre Wünsche zu erfüllen, das machte ihm Angst.
Warum könne man nicht alles so lassen, wie es war ? Das sei doch so schön gewesen, er könne ihre Ansprüche nicht wirklich verstehen, man könne doch das genießen was man habe.
Seine Angst vor der allerkleinsten Veränderung war so groß, dass er dann lieber die Beziehung opferte.
Birgit trennte sich, er versuchte nicht einmal, die Beziehung zu retten.

Sie war traurig, enttäuscht, aber auch erleichtert, weil sie jetzt erst registrierte, wie viel Kraft diese Beziehung gekostet hatte.

Die tiefere Bedeutung

Stichworte: Verdrängung von Gefühlen, Inkonsequenz, Missachtung von Hinweisen, die Macht der schlechten Gewohnheit, verpasste Chance, Bequemlichkeit.

Peters Anteil und Birgits Umgang damit

Ich werde hier die beiden nicht getrennt anschauen, die Hintergründe sind so ineinander verzahnt, dass ich nur zeigen kann, worum es geht, wen ich beide Seiten zusammen beleuchte.
Wieder handelt es sich bei Peter um einen Mann, der nach dem althergebrachten patriarchalischen Muster lebt, ohne es zu reflektieren. Er kommt gar nicht auf die Idee, die Schicksalsschläge in seinem Leben mit sich selbst in Zusammenhang zu bringen, da besteht nicht mal die übliche Opferhaltung, dass diese böse Welt da draußen mir das antut und ich nicht weiß, warum gerade ich? Nicht mal so weit erlaubt er sich zu denken, er reagiert abgestumpft – lässt das Leben einfach über sich ergehen. Er sucht sich seine kleinen Nischen, wo es noch ein paar Kicks geben kann – wie der Versuch, mit Birgit eine Beziehung zu führen. Aber selbst da, wo kein großer Aufwand nötig gewesen wäre, ein bisschen mehr Lebendigkeit hineinzubringen, wagt er es nicht, seine starren Rituale zu verlassen.
Er sehnt sich – wie jeder normale Mensch – nach Freude, nach Abwechslung und Kommunikation, aber die Angst hat ihn so im Griff, dass jeder Schritt aus der sicheren Zone misslingen muss. Er kann diese Angst nicht einmal spüren – genau deshalb versucht er alles zu vermeiden, was ihn ins Leben führen könnte.
Denn wenn wir einmal anfangen, lebendig zu werden, ist das leider keine Einbahnstraße – dann werden all die Leichen im Keller mit hochgespült.

Wie soll das auch gehen – das Leben genießen – bepackt mit den bleischweren Rucksäcken, in denen all die unerledigten Altlasten schlummern. Birgit war bereit gewesen, in unsrer Arbeit diesen Keller zu öffnen. Sie hatte erkannt, dass sie nie den Tod ihrer großen Jugendliebe betrauert hatte, da sie erst ein Jahr später erfahren hatte, dass er auf dem Weg zu ihrem Rendezvous einen tödlichen Unfall gehabt hatte.
Da niemand damals von dieser Beziehung wissen durfte und er zudem noch in einer anderen Stadt lebte als sie, erfuhr sie erst viel später von der Tragödie. In der Zeitung war nur eine kurze Notiz ohne Namen gewesen – und sie las diese Lokalzeitung nicht.
Sie hatte gedacht, er habe sie versetzt, traute sich auch nicht, bei seinen Eltern anzurufen, da ja niemand etwas wissen durfte. Ihre Eltern hätten eine furchtbare Szene gemacht, da er Ausländer war. Als sie Gewissheit erhielt, stand sie so unter Schock, dass sie damals überhaupt nicht hatte reagieren können – und sie war ganz allein gewesen mit diesem Trauma! Erst als wir darüber sprachen, daran arbeiteten, sie im Familienstellen von ihm Abschied nehmen konnte, brach der Damm. Sie weinte wochenlang – immer wenn sie nach der Arbeit die leere Wohnung betrat, aber dann kam allmählich ein tiefer Friede über sie und eine unbändige Lebenslust. Die wollte sie sich von Peter nicht wieder nehmen lassen, das war ihr keine Beziehung der Welt wert.
Eigentlich hatte das Schicksal Peter genau die Frau zugeführt, die ihm wie kaum eine andere hätte helfen können, den Verlust seines Sohnes zu verarbeiten. Das hätte kein therapeutisches Fachwissen benötigt. Wenn er ihr einfach erzählt hätte, was damals alles abgelaufen war, wenn er im Erzählen an seine Trauer und an seine Tränen gekommen wäre, wenn er es ihr erlaubt hätte, einfach für ihn da zu sein und ihm zu vermitteln, dass sie ihn und seinen Schmerz verstand, dann hätte die Wunde allmählich heilen können und ein Stück Last wäre abgefallen und hätte Platz gemacht für ein Stückchen mehr Lebensqualität.
Aber er zog es vor, sein gewohntes Muster aufrecht zu halten – er zahlte einen unverhältnismäßig hohen und teuren Preis dafür!
Krebs ist immer das Endergebnis von vielen nicht genutzten Möglichkeiten. Krebs ist sozusagen die letzte Möglichkeit – der gellende Aufschrei der Seele, endlich etwas zu verändern. Ich habe viele Patienten kennen gelernt, die ihren Krebs einfach nicht mehr brauchten, weil sie ihrem Le-

ben Sinn und Qualität gegeben haben und das loszulassen bereit waren, was sie krank machte.
Der Tod seines Sohnes wäre seine zweite Chance gewesen, nachdem er die Entfremdung in seiner Ehe nicht hatte wahrhaben wollen.
Für mich ist es immer wieder unfassbar, wie leidensfähig Menschen doch sein können, wie viel Schmerz und Qualen wir zu ertragen in der Lage sind ohne auf die Idee zu kommen, dass man selbst vielleicht einen Ausweg aus dem Dilemma finden könnte.
Wer Krebs heute noch als ein rein medizinisches Problem sieht und behauptet, das habe nichts mit der Psyche zu tun, lebt immer noch in der Medizin des letzten Jahrhunderts und ignoriert all die Forschungsergebnisse, die diese Zusammenhänge belegen.
Aber die Pharmaindustrie braucht ihre Diener! Dass man diesem Götzen indirekt dient, will man lieber nicht wahrnehmen, denn dann müsste man selbst aktiv werden und nach neuen Behandlungswegen suchen!
Peter war so ein Mensch. Im ersten Moment, im Schock der Diagnose kam seine menschlich berührbare Seite zum Vorschein – da ließ er zu, dass die Krankheit etwas mit ihm zu tun haben könnte. Aber es blieb ein kurzes Erwachen!
Ich habe immer wieder erlebt, dass Menschen in Extremsituationen zu allem bereit sind, alles tun wollen, damit die Situation sich bessert, aber manchmal wird die Besserung – wenn sie tatsächlich eintritt – zum Fluch. Ohne den Leidensdruck fallen sie wieder in ihre alten Gewohnheiten zurück, leben wieder wie vor der Diagnose.
Eine Patientin, die durch die homöopathische Behandlung eine durchschlagende Verbesserung ihrer Neurodermitis erlebte, hatte dazu einen eindrucksvollen Traum.
Sie sah sich, wie sie sich aus einem Kokon herausarbeitete, sich aufrichtete und streckte, um dann aber in sich zusammenzufallen und in den Kokon zurückzusinken.
Als sie mir den Traum damals erzählte, fror es mich innerlich, aber ich sagte nichts von meinen Bedenken.
Sie brach dann – weil es ihr so gut ging – die Behandlung ab. Ein Jahr später hörte ich, dass sie Cortison nahm, weil der Ausschlag wieder explodiert war.
Peter kam gar nicht erst so weit, er nahm den Erfolg der schulmedizinischen

Behandlung als Bestätigung, dass es keinen weiteren Handlungsbedarf gab.
Dabei geht es mir nicht darum, die schulmedizinische Behandlung abzulehnen, es geht vielmehr darum, ebenso die Ursache der Krankheit in der Seele anzuschauen und sein Leben dementsprechend zu verändern. Aber in unsrer Gesellschaft sieht man Veränderung als etwas Bedrohliches, man geht davon aus, dass dann alles schlimmer und schwieriger wird. Was für ein fataler Irrtum, den Prozess der Veränderung, der in der Tat erst mal sehr anstrengend ist, mit dem Ergebnis zu verwechseln.
Außerdem verschließen wir damit die Augen vor der Realität: Gerade in unsrer schnelllebigen Zeit bleibt nichts wie es war – der Computer von vor fünf Jahren ist heute bereits hoffnungslos veraltet. Oder denken Sie an die ersten Handys – das ist gerade einmal so 20 Jahre her!
Wie schnell verändern sich die Wirtschaft, die Finanzmärkte, die Weltpolitik. Es kann doch nicht sein, dass wir dann immer noch auf der gleichen Lebenseinstellung beharren wie unsre Großeltern!
Machen Sie sich mal dieses Paradoxon bewusst! Das wäre so, als würden wir darauf beharren, an Stelle des Autos noch mit einem Pferdewagen herumzufahren. Kein Mensch würde für den Alltag auf so eine Idee kommen, aber bei unsrer Einstellung zum Leben merken wir nicht mal, wie veraltet sie eigentlich ist!
Peter erwies sich als so ein Mensch. Obwohl sein Leben bisher eine einzige Tretmühle gewesen war, fühlte er sich unfähig, auch nur das Kleinste zu verändern.
Solche Menschen altern sehr schnell. Wenn die Welt da draußen dann zu bedrohlich und fremd wird, reduziert man sich immer mehr, bis irgendwann nur noch ein Zimmerchen in einem Pflegeheim übrig bleibt. Eigentlich müsste diese Aussicht einen jeden so abschrecken, dass er lieber jetzt etwas verändert, aber der Zusammenhang zwischen Altern und Lebenseinstellung wird in der Psychologie noch viel zu wenig beachtet – noch!
Was wenn der Anteil der über Sechzigjährigen weiter ansteigt, wenn die Lebenserwartung höher wird? Müssen wir da nicht notgedrungen umdenken?
Was muten wir da unsren Kindern zu? Haben wir nicht selbst genug unter der unflexiblen, starren Einstellung unsrer Eltern gelitten? Haben wir uns nicht gewünscht, dass sie weise werden würden, anstatt in der Demenz zu

verschwinden?
All diese Gedanken ließ Peter nicht zu. Birgit kapitulierte. Sie hatte inzwischen so viel Lebensqualität entwickelt, sie konnte auch alleine das Leben in vollen Zügen genießen.
Sie wollte nach der Pensionierung noch so viel unternehmen und lernen. Sie hatte eine ganze Liste von Plänen zusammengestellt und freute sich riesig auf diese Freiheit.
Da wäre es unerträglich gewesen, einen so schwermütigen, in seinen Gewohnheiten erstarrten Mann an ihrer Seite mitzuschleppen.
Sie beendete die Beziehung. Ihm war klar, warum – nicht weil sie ihn nicht heiraten konnte – das kam für sie gar nicht mehr in Frage und das wusste er auch – sondern weil er an ihrer Seite hätte aufwachen müssen aus seiner Trance.
Wir bezahlen immer den gleichen Preis – entweder wir stecken die Energie in unser Leiden oder wir überwinden unsre Bequemlichkeit und packen es an.
Kennen Sie das Gefühl, wenn Sie sich trotz Müdigkeit in Ihre Sportstunde schleppen – und dieses Wohlgefühl, wenn Sie dann wieder rauskommen? Wie viel mehr Wohlgefühl bekommen Sie, wenn Sie an sich arbeiten, wie viel größer und bunter wird da Ihre Welt? Wollen Sie in diesem grauen Nebel leben bis Sie sterben – ist das Leben dazu nicht viel zu kostbar?
Birgit jedenfalls hatte sich für das Leben entschieden.

Geschichte 3

Ich weiß doch, was du brauchst

Das Ehepaar – nennen wir die beiden Horst und Margit – war seit etwa 15 Jahren verheiratet. Er kam aus einem streng katholischen Haus. Sie war das einzige Kind. Die Eltern hatten sich scheiden lassen, als sie vier Jahre alt war. Die Mutter zog zurück ins Elternhaus. Eine völlig überforderte, strenge Großmutter, selbst unglücklich verheiratet, übernahm die Erziehung, während die Mutter arbeiten ging und sich in ihrem Elternhaus versorgen ließ.
Margit hatte gelernt, zu funktionieren, sich anzupassen, um ja nicht zur Last zu fallen. Sie war es gewohnt, mitzuhelfen, sich nützlich zu machen und möglichst perfekt zu sein. Es war für sie selbstverständlich, den höchsten Erwartungen gerecht zu werden. Sie wollte nicht so werden müssen wie ihre Großmutter, deren hohe Erwartungen durch den Krieg zerstört worden waren und die ihr Leben verbittert und voller Misstrauen als eine einzige Qual betrachtete.

Als Margit Horst kennen lernte, hatte sie schon zwei Ehen hinter sich. Er dagegen war noch nie verheiratet gewesen. Margit kam völlig verzweifelt zu mir, weil sie in dieser dritten Ehe nicht noch einmal scheitern wollte.
Dabei war sie seine große Liebe, er verehrte und bewunderte sie und trug sie auf Händen. Sie hatte sich immer, trotz der Scheidungen, beruflich durchgebissen und ihren Lebensunterhalt selbst verdient. Er wollte, dass sie es schön hatte. Sie heirateten – als strenger Katholik hätte er eine wilde Ehe nicht akzeptiert – ein Haus wurde gekauft, es sollte ihr und ihren Bedürfnissen gerecht werden.
Er wollte dafür auch entsprechend arbeiten – er arbeitete nicht nur, er bestand nur noch aus Arbeit. Da die Zahlungen für das Haus hoch waren und er sie schonen wollte, arbeitete er rund um die Uhr. Wenn sie versuchte, ihn mal zu einem Urlaub oder einer gemeinsamen Unternehmung zu überreden, empfand er das nur als verlorene Zeit. So was hatte doch Zeit, bis man pensioniert war, wenn dann alle Schulden abbezahlt waren, dann könnte man sich Urlaub und Ausgehen erlauben, aber doch nicht jetzt – so

seine Argumentation.
Das war regelmäßig ein Auslöser für unschöne Streitereien – auch wenn er anschließend zugeben musste, dass ihm die gemeinsame Freizeit gefallen und gut getan hatte, es gab jedes Mal wieder den gleichen Kampf.
Sie sahen sich abends todmüde nach einem langen Arbeitstag, da war kaum Raum für Gespräche, aber die Jobs der beiden liefen gut. Urlaub? Wozu das denn?
Horst war ein sehr sozial eingestellter Mensch, er half überall, wo Not am Mann war, sich selbst nahm er dagegen überhaupt nicht wahr. Horst war so bemüht, sie auf Rosen zu betten, dass er gar nicht merkte, wie die Zärtlichkeit, die Sexualität in der Arbeit allmählich ertranken.
Margit versuchte zu reden, er fühlte sich angegriffen, er tat doch alles und er tat es doch nur für sie. Er war stolz auf sie, lobte sie überall, erzählte allen, was für eine wunderbare Frau er hatte, wie sie sich kennengelernt hatten und was für ein Glück er doch gehabt hatte. Ihr war das zum Teil richtig peinlich, weil er sie so idealisierte. Er war total davon überzeugt, egal, was sie zu sagen versuchte, er wisse doch, was sie brauche.
Immer wieder erarbeitete ich mit ihr Gesprächskonzepte, aber es war, als verstünde er ihre Sprache nicht. Wenn sie dann dringlicher wurde, fühlte er sich unter Druck gesetzt und sagte gar nichts mehr. Er verschwand hinter einer Mauer des Schweigens und ließ sie da draußen hilflos und wütend zurück.
Irgendwann merkte dann er, wie viel ihm fehlte, dass sie sexuell nicht mehr ansprechbar war, dass sie mit andern lachen konnte, aber nicht mit ihm, dass sie sich in sich zurückgezogen hatte. Aber er litt still, er hatte sie doch geheiratet, da musste er sie doch so nehmen, wie sie war, in guten wie in schlechten Tagen – gestand er mir in einem Gespräch.
Er machte doch alles richtig, er gab sich doch so viel Mühe. Er kam auch nur, weil sie ihm mit Scheidung drohte, was er überhaupt nicht nachvollziehen konnte!
Danach versuchten die beiden nochmals zu reden, sie bemühte sich, ihm klarzumachen, dass sie etwas ganz anderes brauchte, als er ihr gegeben hatte. Er hatte doch immer nur das Beste für sie gewollt. Die Gespräche schienen zu fruchten, allerdings auch nur dann, wenn ich als neutrale Dritte zugegen war. Er fühlte sich so leicht angegriffen und hörte dann gar nicht mehr zu. Wir schafften es, ihm klar zu machen, dass niemand ihm etwas

vorwarf und Liebe auch bedeutete, dem andern einfach mal zuzuhören.
Ein leiser Hoffnungsschimmer zeigte sich am Horizont, bis in seiner Firma Probleme auftauchten. „Als hätte ich nicht schon genug am Hals, jetzt, wo ich deine Unterstützung bräuchte, kommst du auch noch mit diesen Problemen!"
Sein ganzes anfängliches Bemühen kippte und wandelte sich in eine Märtyrerhaltung um.
Er merkte gar nicht, dass er jedes Problem heranzog, um wieder in seine Leidensrolle zu rutschen, dass es immer auch andere Probleme gab, dass immer etwas anderes für ihn wichtiger war, die Ehe hatte gefälligst reibungslos zu funktionieren.
Die Beziehung bekam nur dann Raum, wenn Margit ihm drohte, zu gehen. Wenn die Bedrohung vorüber war, begann dasselbe Spiel von vorne.
Meine Patientin ist inzwischen müde geworden, sie hat ihm die Trennung vorgeschlagen, danach brach er regelrecht zusammen – es gab in seinem Leben nichts, was ohne sie wertvoll war. Alles, was er getan hatte, hatte er immer in erster Linie für sie getan, immer in der Annahme, sie bräuchte das doch. Er lebte nur durch und für sie. Er selbst war bedeutungslos – und das Allerschlimmste dabei war, dass er das auch noch als normal betrachtete.
Er saß wie ein Häuflein Elend vor mir, bereit, alles Erdenkliche zu tun und zu opfern, wenn sie nur bleiben würde. Was er brauchte, was für sein Leben wichtig war, spielte keine Rolle, wenn nur sie blieb – seine Luft zum Atmen.
Auf die Idee, dass es genau das war, was sie von ihm wegtrieb, dass sie keinen Butler wollte, sondern einen Mann, der sich selbst kennt und lebt, das hatte er nie in Betracht gezogen.
Aber dafür, dass er sie auf den Thron setzte, sollte sie seinem Leben einen Sinn geben – sie war sein Lebenssinn – eine Erwartungshaltung, die sie nicht erfüllen konnte, die ihr die Luft nahm!
Seine Biografie zeigte, was ihn zu dieser Haltung gebracht hatte:
Seine Mutter war gestorben, als er 15 Jahre alt war. Er war der zweite von drei Geschwistern, er verehrte seine Mutter und litt mit ihr. Sein Vater war im Krieg gefallen, als seine Mutter mit ihm schwanger war. Sein großer Bruder kümmerte sich um nichts, lebte seine Lausbubenzeit und war damit für die Mutter immer eine zusätzliche Sorge.

Er versuchte, sie nicht auch noch zu belasten, passte sich an und übernahm schon als Kind eine Verantwortung, die gar nicht seine war. Die Familie hatte kaum Geld, deshalb war die zweite Ehe der Mutter eine finanzielle Erleichterung, aber der Stiefvater konnte ihn nicht ausstehen. Er wurde in der Verwandtschaft herumgereicht, er hatte kein wirkliches Zuhause. Er war in der Ausbildung gewesen, als seine Mutter ins Krankenhaus kam, die zweite Ehe war in einer tiefen Krise, eigentlich war es keine lebensbedrohliche Sache gewesen, vielleicht war sogar ein Behandlungsfehler für ihren Tod verantwortlich gewesen, vielleicht hatte sie aber auch keinen Lebenswillen mehr gehabt, denn es gehörte in einer ländlichen, stockkatholischen Gegend viel Mut dazu, sich mit drei Kindern scheiden zu lassen.

Aber er fühlte sich tief schuldig, er hätte es vielleicht verhindern können, wäre er da gewesen. Er erzählte mir, er hatte sich vorgenommen, sie zu sich zu nehmen im Alter, ihr endlich ein schönes Leben zu bieten, dass sie mal für all ihre Mühsal und Aufopferung belohnt würde, dafür hatte er sorgen wollen. Das alles war durch ihren Tod nicht mehr möglich gewesen, aber seine Schuldgefühle hatte er immer noch. „Eine Frau ist doch wie eine Madonna, die man ehren und beschützen muss als Mann", das war seine Einstellung zu Frauen. Und da seine Mutter nicht mehr lebte, hatte er Margit an ihre Stelle gesetzt, dann wollte er wenigstens ihr ein schönes Leben ermöglichen.

Die tiefere Bedeutung

Stichworte: Moralvorstellungen, Beschützerinstinkt, Verehrung und Idealisierung, kirchliches Dogma, Sturheit, Leidensfähigkeit, Helfersyndrom, Märtyrerrolle, Konfliktscheu, Kritik als Angriff sehen.

Horsts Anteil

Das streng katholische Elternhaus hatte Horst zutiefst geprägt. Es ging

immer darum, dem Glauben zu folgen, die eigene Individualität hatte da keine Bedeutung. Das Leben war ein Jammertal, aber trotzdem musste man alle Gebote und Regeln befolgen, das gab dann wenigstens die Hoffnung auf ein besseres Leben nach dem Tod.
Allein diese Einstellung ist schon Gift für eine kindliche Entfaltung, aber dann kam noch das Kriegsleid dazu. Horst trug eine tiefe Überlebensschuld mit sich herum, die er selbst gar nicht spüren konnte, weil die Prägung bereits im Mutterleib stattgefunden hatte, als seine Mutter vom Tod ihres Mannes erfuhr.
Ein Fetus ist noch eins mit der Mutter – ihren Überlebenskampf im Krieg hatte er sowieso schon übernommen. Jetzt kamen noch das Leid und die Trauer dazu.
Der Vater war tot – und er lebte – und er spürte sehr wohl, dass die Mutter es ohne ihn leichter gehabt hätte. Es wäre umgekehrt viel besser für sie gewesen, wenn der Vater gelebt hätte und er gestorben wäre.
Das, was ich jetzt in Worte fasse, fühlte die Seele, die auf dem Weg in die Welt war. Erfahrungen in der pränatalen Phase sind wie Brandzeichen, sie sitzen tief, aber der Erwachsene ist sich gar nicht bewusst, dass sein Leben davon beherrscht wird.
Der Erwachsene erkennt diese Verhaltensmuster nicht als fremd, für ihn oder sie scheinen sie Teil des Wesens zu sein.
Erst wenn Schwierigkeiten auftauchen und man bereit ist, Hilfe in Anspruch zu nehmen, kann ein erfahrener Therapeut diese tief vergrabenen Programme enttarnen.
Erst im Familienstellen bekam dieses Muster den Bezug zum Erwachsenenbewusstsein. Deshalb versuchte er immer und für alle der Wohltäter zu sein. Er war sogar vor der Ehe einige Jahre für die Kirche in Äthiopien gewesen und hatte dort bei einem sozialen Projekt mitgearbeitet. Natürlich waren ihm die Einheimischen dort unendlich dankbar gewesen – er hatte in seiner hilfsbereiten und fürsorglichen Art ihre Herzen gewonnen und man achtete und respektierte ihn – zum ersten Mal in seinem Leben hatte er eine Bedeutung.
Wenn er von den Jahren dort erzählte, leuchteten seine Augen, da wurde er plötzlich lebendig. Krankheitshalber musste er zurück nach Deutschland, das hatte er bis heute nicht verarbeitet, er träumte davon, wieder hinfahren zu können – sein Gesundheitszustand war inzwischen wieder

hervorragend, aber er konnte seine Firma doch nicht alleinlassen.
Immer fühlte er sich in der Bringschuld, immer versuchte er zu beweisen, dass er eine Existenzberechtigung hatte, dass er wichtig war für etwas, für andere.
Durch den Stiefvater war dieses Muster, seine Existenzberechtigung erarbeiten zu müssen, noch verstärkt worden. Da er ihn nicht leiden konnte und Horst bei der Verwandtschaft herumgereicht wurde, versuchte er auch seinen Verwandten zu zeigen, dass er nicht nur eine Last war. Das funktionierte fast gar nicht, er musste immer wieder erleben, dass er unerwünscht und lästig war.
So idealisierte er seinen Auslandseinsatz noch mehr! Endlich hatte er einen Platz gefunden, wo er wichtig war, wo er etwas bewirken konnte – und dann – der Absturz durch die Krankheit. Natürlich gestand er sich nicht zu, wie tief ihn das getroffen hatte – es war eben Gottes Wille – und dessen Wege konnte man oft nicht verstehen. Aber er war ja ein guter Christ.
Er biss die Zähne zusammen und arbeitete Tag und Nacht und schaffte es, aus dem Nichts seine Firma aufzubauen, in der er natürlich auch unersetzlich war. Seine Kundschaft war total auf ihn fixiert, er war der Ansprechpartner für alles und jedes. Seine Kunden waren alles für ihn und jede Rückmeldung, dass man mit ihm am besten auskam, waren Balsam auf seine ausgetrocknete Seele. Damit schuf er sich einen Ersatz für die Äthiopier, für die er auch der große Erlöser gewesen war. Dass diese Gier nach Anerkennung ein Zeichen eines großen Egos war, kam ihm nicht in den Sinn, denn die anderen brauchten ihn doch!
Mit der Firma hatte er den Boden bereitet, jetzt fehlte nur noch – wie sich das gehörte – die richtige Frau. Er hatte jetzt etwas zu bieten und war bereit, in einer Ehe sein Bestes zu geben.
Er hatte nie einen Vater erlebt, er hatte immer nur mit ansehen müssen, wie seine Mutter sich durchbeißen musste und es auch immer wieder schaffte, weiterzumachen, doch die Schwierigkeiten wollten nicht aufhören. Auch wenn er nicht so viel mitbekam, weil er selten zu Hause sein durfte, spürte er dennoch deutlich, dass seine Mutter in dieser Ehe sehr unglücklich war – und das in einem streng katholisch geprägten Dorf, ein paar Jahre nach Kriegsende. Erst viel später – da war er schon ein erwachsener Mann – erfuhr er, dass eines seiner jüngeren Geschwister aus einer Vergewalti-

gung entstanden war, eine Abtreibung wäre nie in Betracht gekommen. Umso mehr sah er sich als ein Mann, der die Frauen respektierte und achtete.

Margit bekam nun all das von ihm, von dem er glaubte, dass eine Frau das brauchte und er zu geben in der Lage war – ein schönes Zuhause, einen treuen und zuverlässigen Ehemann, der ihr auch finanziell unter die Arme griff, obwohl Margit voll berufstätig war als Sozialarbeiterin. Das war ein wertvoller Beruf, in dem man Menschen half – das entsprach genau seiner Vorstellung von Nächstenliebe. So jemandem musste man den Rücken freihalten, indem er ihr alles abnahm, was Finanzen betraf. Wenn sie zusätzliches Material für ihre Arbeit brauchte, ließ er es seine Sekretärin erledigen – es war doch für einen guten Zweck.

Als er Margit kennen lernte, hatte sie gerade eine sehr belastende Beziehung beendet.

Ihr damaliger Freund ließ nicht locker, erzählte überall schlimme Geschichten über sie und belästigte sie mit Briefen und Anrufen. Horst war Balsam für ihre erschöpfte Seele, er hörte ihr zu, wenn sie am Boden zerstört war, half, wann immer sie ihn darum bat, tröstete sie, sprach ihr Mut zu. Es war genau das, was Margit zu diesem Zeitpunkt gut tat. Keiner ihrer bisherigen Partner war so fürsorglich gewesen. Und er fühlte sich sehr wohl in dieser Rolle und er wollte doch sowieso heiraten.

Aber dann, als sie allmählich wieder in ihre Kraft kam, sich für spirituelle und philosophische Themen interessierte und Seminare belegte, wurde es eng für ihn. Sie provozierte seine katholische Prägung, konfrontierte ihn mit provokativen Denkweisen und brachte ihn mit ihrer Einstellung an seine so soliden Grenzen.

Je mehr er sich sperrte, umso mehr entfernte sie sich von ihm. Sie lernte neue Leute bei ihren Kursen kennen, ging ohne ihn mit diesen Bekanntschaften – auch Männern – abends weg.

Er machte ihr in seiner krankhaften Eifersucht bittere Vorwürfe, er litt still vor sich hin, wurde zum perfekten Opfer – er, der doch alles, alles für sie tat, wurde so übel behandelt.

Margit versuchte, ihn dazu zu bringen, einen Therapeuten aufzusuchen, aber er fand das geradezu als eine Beleidigung – er bekam das schon allein hin, er brauchte doch niemanden.

Erst als Margit eine vorläufige Trennung wollte, überwand er sich, Rat

einzuholen.
Es wurde ein langwieriger und mühsamer Prozess. Seine tief eingekerbten katholischen Denkstrukturen strotzten nur so von den Gefahren der Sündhaftigkeit und der Schuld, die man damit auf sich lud. Sie machten ihn blind für seine eigene Verantwortlichkeit. Wenn man tat, was die Kirche vorschrieb, war man auf dem richtigen Weg.
Als er zu mir kam, hatte er schon einige andere Therapieversuche hinter sich. Er war ein schwieriger Patient – obwohl er eigentlich ein Gefühlstyp war, bestimmte ihn sein Intellekt.
Mit dieser Kopflastigkeit versuchen viele Männer, aber auch einige Frauen, alles im Griff zu haben. Genau deshalb zwang ihn das Leben zu Veränderungen, indem es ihm die Kontrolle entzog.
Immer wenn etwas Neues in seinem Leben anstand, wurde er so aus der Bahn geworfen, dass nur zwei Möglichkeiten blieben, unterzugehen oder sich auf das Neue einzulassen – so wie beim Tod seiner Mutter oder seiner Rückkehr aus Äthiopien.
Aber im Gegensatz zu Peter aus der vorhergehenden Geschichte machte er sich auf den Weg, langsam, wie ein Kind, das gerade laufen lernt – einen Schritt nach dem anderen, oft auch mit Rückfällen in sein altes Muster, aber Margit ließ ihm keine Wahl – entweder er arbeitete an sich oder sie würde gehen, das war ihr bitterernst und das wusste er.
Am Anfang machte er mit – vor allem um seine Ehe zu retten – wie so viele meiner männlichen Patienten! So ganz allmählich merkte er, dass es für ihn selbst wichtig war.
Die Angst, Margit zu verlieren, war größer als die Ängste, die ihm die Kirche eingeimpft hatte. Er wagte es, sich selbst zu entdecken, er hatte weder eine Vorstellung davon, was einen Mann ausmacht noch davon, was für ein Mann er selbst war. Ihm wurde immer mehr bewusst, dass Kirche nicht unbedingt etwas mit Religion zu tun hat.
Auf der einen Seite war man in seinem Dorf treu und brav zur Kirche gegangen, um dann nach dem Gottesdienst über die Gemeindemitglieder herzuziehen, die diesem bigotten Bild nicht entsprachen. Hätte Horsts Mutter sich damals scheiden lassen, sie hätte aus dem Dorf wegziehen müssen, sie hätte sich nirgends mehr sehen lassen können – die ganzen Verwandten hätten diesen Makel zu spüren bekommen – war da nicht vielleicht der Tod der einzig mögliche Weg, „anständig“ zu gehen?

Man versündigt sich nicht an Gott, wenn man solche Scheinheiligkeit hinterfragt. Gott kann wohl kaum so ein Spießbürger sein, da sähe die Schöpfung schlimm aus! Nach 2.000 Jahren kirchlicher Gehirnwäsche ist es unser gutes Recht, endlich unsre ganz persönliche Beziehung zu Gott aufzubauen – es ist eigentlich der einzige Weg.
Nur wenn wir in unsre Eigenverantwortung gehen, unsre Achtsamkeit schulen und vor allem auch uns selbst kennen und annehmen, können wir wirklich andere in ihren Unzulänglichkeiten verstehen und ihnen helfen.
Mit einem leeren Krug kann man schlecht ein Glas füllen.
So ganz langsam nahm Horst sich selbst wahr – und erst in diesem Prozess konnte er auch seine Frau wahrnehmen – das, was sie ausmachte. Er hatte sie in einer Weise interpretiert, die seinem Bild entsprach, was mit ihr herzlich wenig zu tun hatte. Und er hatte sogar erwartet, dass sie dieses Bild verkörperte.
Es ist nicht vorgesehen, mit so vielen Schmerzen zu lernen, aber wir verbeißen uns oft in unsre herkömmlichen Vorstellungen wie ein Hund, der lieber mit dem abgenagten Knochen im Maul verhungert, als ihn loszulassen und sich dem frischen zuzuwenden. Dabei kann lernen so viel Spaß machen – wenn wir es uns erlauben.

Margits Anteil

Auch Margit stammte aus einer Kleinstadt. Als sich ihre Mutter scheiden ließ, hatte sie aus Sicht der Großmutter große Schande über die ganze Familie gebracht. Margits Mutter war das schwarze Schaf und Margit das Kind aus dieser Schande.
Die Großmutter sah nicht nur ihr eigenes Leben als Tragödie an, sie sah alles nur durch ihre negative Brille, die guten Aspekte verschwanden hinter den aufgebauschten negativen Anteilen. Sie hatte Margits Vater nie leiden können, nannte ihn einen Nichtsnutz und Schmarotzer, weil Margits Mutter für den Lebensunterhalt aufkommen musste, während er studierte. Sie hetzte Margits Mutter noch zusätzlich gegen ihn auf, wenn es mal Streit gab und sie dann immer nach Hause lief, um sich bei ihrer Mutter auszuheulen.
Als die Ehe dann zerbrach, woran die Großmutter einen beträchtlichen

Anteil hatte, schüttete sie denn auch ihren ganzen Hass über den Schwiegersohn aus. Er bekam kein Besuchsrecht für seine Tochter. Margit wurde in den grellsten Farben geschildert, was sie für einen grauenvollen Vater hatte. Wenn Margit irgendetwas anstellte, hieß es bei der Oma immer gleich: „Du bist genauso böse wie dein Vater!" Aber egal, worum es ging, für die Oma war alles negativ, sie konnte auch die Ehepartner ihrer andern Kinder nicht akzeptieren, es kam gar nicht darauf an, wer das war, sie fand immer einen Grund für ihre Ablehnung.

Die Ehe der Großeltern bestand nur aus Streit, damals, nach dem 1. Weltkrieg, war die Oma von ihren Eltern zur Heirat gedrängt worden, weil sie schon so alt war (27 !) und noch keinen Mann hatte. Die Familie wollte vermeiden, dass sie eine alte Jungfer wurde – das betrachtete man damals als einen großen Makel. So wurde jemand aus der entfernten Verwandtschaft ausgesucht, der eben noch ledig war. Ob die beiden menschlich zusammenpassten, war nebensächlich.

Der Großvater – aus der Landwirtschaft stammend, von Beruf ein Handwerker, der viel auf Großbaustellen unterwegs war – sie aus gutem Hause, sehr gebildet und auf Etikette bedacht – es hätte nicht gegensätzlicher sein können!

Der Großvater wollte unbedingt einen Sohn. Als das erste Kind ein Mädchen war, lies er seine Enttäuschung an der Oma raus. Sie wurde drei Mal schwanger und starb fast am letzten Kind – aber es war endlich ein Junge! Mädchen heiraten sowieso – die brauchten nicht studieren, aber der Sohn, für den tat man alles. Er war ein sehr harter, schweigsamer Mann geworden, als Margit zu den Großeltern kam, der viel unterwegs war und sich in seinen Garten verzog, um dem Gekeife der Großmutter aus dem Weg zu gehen.

Dann war da noch Margits Mutter, die zwar ihr Geld verdiente, sich aber sonst von ihrer Mutter bestimmen ließ. Sie zog es vor, in diesem unerträglichen Spannungsfeld zu leben, weil das bequemer und billiger war, als sich eine eigene Wohnung zu nehmen.

So erlebte Margit eine Kindheit ohne Freude. Das Leben war ein einziges Elend. Und wenn es dann mal etwas Positives gab, hieß es bei der Großmutter: „Der Vogel, der am Morgen singt, den frisst am Abend die Katze". Margit freute sich deshalb lieber nicht zu sehr. Sie durfte ganz selten mit andern Kindern spielen, denn die waren doch nur „Gassenkinder" – so verachtungsvoll kommentierte das die Großmutter. Außerdem hätte etwas passieren können – Margits Mutter war beherrscht von tausend Ängsten. Egal, wie sich Margit auch bemühte, sie eckte irgendwie doch immer an. Sie verhielt sich sehr brav und angepasst, aber ab und zu brach ihr feuriges Temperament durch, was die Großmutter dann mit Schimpfkanonaden und tagelanger Missachtung bestrafte. Andererseits wurde sie an Weihnachten und zum Geburtstag mit Geschenken überhäuft. Sehr oft bekam sie Dinge, die sie gar nicht gewollt hatte, wie zum Beispiel die vielen Schokoladen-Osterhasen und Weihnachtsmänner.

Margit gehörte zu den wenigen Kindern, die kaum Schokolade aßen – irgendwann, Monate später, wurden die Osterhasen oder Weihnachtsmänner dann verschenkt. Aber niemand in der Familie kam auf die Idee, das beim nächsten Fest zu ändern oder Margit gar zu fragen, was ihr denn stattdessen lieber wäre. Da standen sie dann wieder – die vielen Schokoladenfiguren, in stereotyper Wiederholung.

Mit Vierzehn hatte Margit sehr intensive Selbstmordgedanken. So, wie sie dieses Dasein erlebte, konnte man eigentlich nur so schnell wie möglich damit aufhören. Jeder Tag wurde zur Qual, wenn sie die vielen Stufen in die Wohnung unterm Dach hochstieg und wusste, sie würde da die ständig jammernde und schimpfende Großmutter vorfinden.

Sie hatte ja nicht mal ein eigenes Zimmer, sie teilte das Schlafzimmer mit der Mutter, die Hausaufgaben wurden in der Wohnküche erledigt. Aber niemand wurde auf ihre niedergeschlagene Stimmung aufmerksam – sie bekam doch alles, man tat doch alles für das Kind. Niemand registrierte, was mit ihr los war – Hauptsache, die Schulnoten stimmten und die Lehrer beschwerten sich nicht. Margit war immer eine fleißige Schülerin – so dass alles seine Ordnung hatte.

In ihrer Ehe mit Horst wiederholte sich das alte Drama: Er überschüttete sie mit Geschenken, die sie nicht wollte, die ihr nicht gefielen, er tat alles für sie, nahm ihr jede Einkaufstüte ab, rannte und machte – nur für sie, aber er fragte nie, ob es das war, was sie brauchte.

Margit versank – wie damals – in eine tiefe, hoffnungslose Traurigkeit. Das wiederum konnte er gar nicht verstehen, er tat doch alles für sie.

Aber zurück zu Margits Biografie: Als die Großmutter starb, teilte sich Margit – mit gerade mal 16 Jahren – die Hausarbeit mit der Mutter. Sie machte es bald besser und schneller als diese. Um der Umklammerung der

Mutter zu entkommen, die nach dem Tod der Oma versuchte, sich an Margit zu hängen, heiratete Margit sehr früh ihre Jugendliebe, gleich nach ihrem Studium. Sie kam gar nicht auf die Idee, erst mal ihr Leben zu genießen, in ihren Beruf hineinzuwachsen. Das Geld hatte gerade mal so für das Studium gereicht, sie kannte nichts anderes als diesen Überlebenskampf. Nur während der Studentenzeit, da hatte sie sich zum ersten Mal frei gefühlt, Freunde gefunden, das Studentenleben genießen gelernt, aber der junge Ehemann fühlte sich mit ihr komplett überfordert.
Er stammte wie sie aus einer zerrütteten Familie mit vielen Streitereien und versuchte, sie kleinzuhalten. Es war ja ihre Schuld, dass er nebenher immer wieder Affären hatte – sogar während Margits Schwangerschaft – bis Margit sich schließlich trennte. Da beanspruchte er sogar das gemeinsame Kind, da er kaum ein halbes Jahr später wieder heiraten wollte und die neue Partnerin auch ein Kind mitbrachte.
Er unterstellte Margit, sie sei sowieso eine Rabenmutter. Margit gab nach, aber gleichzeitig machten er und seine neue Partnerin ihr ständig Vorwürfe, weil sie so seine schlechte Mutter sei. Niemand sah, dass Margit selbst am Ende war, völlig überfordert mit Beruf und Trennung, ohne jemals gelernt zu haben, wie man mit einem Kind liebevoll umgeht.
Es war wie in der Kindheit. Einer musste immer der Sündenbock sein. Da Margit von ihren Müttern nur Feindbilder vermittelt bekommen hatte, was Männer anbetraf, traf sie auf Männer, die dieses Feindbild erfüllten.
Auch der zweite Mann passte eigentlich überhaupt nicht zu ihr, er lebte in seiner eigenen Welt, ihre spirituelle Suche konnte er überhaupt nicht nachvollziehen, ihr Hang zur Naturheilkunde war ihm suspekt. Aber sie wollte unbedingt wieder eine Familie, den Regeln der Gesellschaft entsprechen, denn eine Frau allein ist nichts wert, so war ihr das eingetrichtert worden. Die zweite Trennung lief friedlich ab, aber nach der oben beschriebenen Beziehung, die sie wieder viel Kraft kostete, kam Horst – und eine Wiederholung bahnte sich an. Wieder diese rigide Einstellung, wieder dieses Polarisieren, wieder dieses vernichtende Schweigen seinerseits, wenn es zu Konflikten kam.
Margit, die durch all ihre Ausbildungen und Therapien stark geworden war, ließ sich nicht mehr vereinnahmen. Allerdings zeigte sie ihm das nicht in den Anfängen der Beziehung,
denn sie war – durch die zwei Ehen und den letzen schwierigen Freund –

müde geworden. Seine väterliche Fürsorge gab ihr etwas, was sie als Kind so vermisst hatte – aber eine Vaterfigur ist nicht unbedingt sexuell attraktiv, das zeigte sich im Lauf der Zeit immer mehr. Sie wollte einen gleichwertigen Partner – keinen liebevollen, strengen Vater.
Sie rutschte in die Rolle ihrer Großmutter. Sie wehrte sich mit bissigem Sarkasmus und verstärkte dadurch noch sein versteinertes Schweigen. Ihr wurde schnell klar, dass sie dabei war, in die gleiche Verbitterung zu rutschen wie ihre Oma und sich damit ihr Leben zu vergiften – wie ihre Großmutter es getan hatte.
Viele Jahre hatte sie zuvor bereits an den Ängsten gearbeitet, die sie von der Mutter übernommen hatte – das waren schwere und tiefe Prozesse gewesen, ebenso wie die Ablösung von der Meinung anderer.
Jetzt musste sie sich mit dem destruktiven Anteil ihrer Großmutter auseinandersetzen. An der Zähigkeit, mit der Horst vom Fleck kam, konnte sie erkennen, wie tief diese Struktur auch in ihrem Unterbewusstsein verankert war.
Der Ehepartner zeigt uns immer am deutlichsten, wo wir stehen. Es sind immer beide beteiligt, es gibt nie einen Unschuldigen. In der Suchttherapie werden heute immer die Partner einbezogen und als co-abhängig bezeichnet. Man kann aber auch nicht von einem Schuldigen sprechen.
An den Beispielen wird deutlich, dass jeder seine Geschichte hat und dass einem niemand besser und schmerzvoller die Baustellen zeigt als der Partner!
Ehekrisen können große Chancen für beide Beteiligte sein, wenn jeder bereit ist, sich zu verändern, statt den andern zu verteufeln. Erst wenn man diese Fremdprogramme abgelegt hat, kann man erkennen, ob man zusammenpasst oder nicht.
Es bedeutet – wie bei Horst und Margit – viel Durchhaltevermögen, Liebe und Geduld, die beide aufbringen müssen. Der Weg ist lang und oft steinig. Viele Rückfälle gehören dazu – beide lernten, diese zu verkraften und zu verzeihen – und es funktioniert nur, wenn beide auf dem Weg bleiben.
Horst und Margit haben sich für den gemeinsamen – wenn auch nicht einfachen – Weg entschieden.

Geschichte 4

Die Angst vor den Gefühlen

Diesmal waren beide Partner – Fritz und Anna, seit 20 Jahren verheiratet – von Anfang an bei mir.
Eigentlich war er ein Mann, wie man sich einen Partner als spirituell denkende Frau wünscht.
Für ihn war das überhaupt keine Frage, dass es ein Leben nach dem Tod gibt, er glaubte ganz selbstverständlich an Reinkarnation, er ließ sich bei seinen bisherigen Erkrankungen immer alternativ behandeln. Homöopathie, Akupunktur, Blütenessenzen, Farbtherapie setzte er bei sich ein, wenn er sie brauchte.
Seine Frau war und ist ein hochsensitives Wesen, zuständig für die Entwicklung von alternativen Heilmitteln in einer entsprechend orientierten Firma. Sie kann mit Pflanzen reden, sie weiß, welche Heilkräfte diese entwickeln können und kann Kontakt zu Naturgeistern aufnehmen.
Man sollte denken – ein ideales Paar, was brauchen die beiden eine Therapie?
Allerdings zeigte sich die Notwendigkeit für mich rasch, nachdem ich beide kennengelernt hatte.
Bei Anna zeigten ihre Körpersymptome, dass etwas nicht stimmen konnte. Sie litt unter ständig wechselnden Allergien, während er unter immer wieder kehrenden Spannungskopfschmerzen litt.
Sie war extrem um sein Wohl besorgt, wie eine Löwenmutter versuchte sie alles von ihm fernzuhalten, was nur ansatzweise wie eine Bedrohung aussah.
Wenn er in einer schlechten Stimmung war, ging es ihr auch schlecht, vielmehr noch, sie spürte selbst über eine große Entfernung genau, wie es ihm gerade ging und versuchte ihn zu unterstützen, bevor er überhaupt den Mund aufmachte.
Fritz dagegen wirkte sehr kühl, geschäftsmäßig und distanziert. Eine gewisse Härte ging von ihm aus, die Menschen in seiner Umgebung respektvolle Distanz wahren ließ. Er verfügte über eine ausgezeichnete Rhetorik. Mit messerscharfer Logik zerlegte er jede unbedachte Äußerung seines

Gegenübers.
Es war selbst für mich schwer, überhaupt Zugang zu ihm zu finden. Eigentlich war er von seiner gesamten Ausstrahlung her eher ein sensibler, weicher Mensch.
Obwohl er sich so hart und unnahbar gab, hatte er es nicht verlernt, zu weinen, wenn ihn etwas tief berührte – sogar bei einem Film, der ihn emotional erreichte, konnte er Tränen zulassen.
Seine Ausstrahlung war ihm in dem Ausmaß gar nicht bewusst, er ließ sich einfach nichts gefallen, das war seine Devise.
In der Ehe verhielt er sich bei Auseinandersetzungen genauso wie im Berufsleben.
Seine Frau, die eine Situation intuitiv erfasste, den Verlauf und das Ergebnis von Geschehnissen schon vorhersah, bevor sie eingetreten waren, konnte ihn nicht überzeugen.
Wenn sie das, was sie vorbrachte, nicht logisch begründen konnte – und Intuition kann man nicht begründen, man weiß einfach, dass es so ist – drückte er sie mit seinen Argumenten an die Wand. Sie hatte nicht die geringste Chance, gegen ihn anzukommen, egal, wie sehr sie sich auch bemühte. Irgendwann, wenn die Diskussionen für sie unerträglich wurden, zog sie sich resigniert und tief verletzt zurück.
Als ich die beiden kennen lernte, hatten sie eine sehr gut funktionierende Alltagsbeziehung.
Sie hatten den gleichen Geschmack, die gleichen Vorlieben und Abneigungen, und wenn einer mal sein Eigenes machen wollte, war das völlig in Ordnung. Es gab keine Eifersuchtsszenen oder Besitzansprüche, aber die Atmosphäre war so sachlich und nüchtern wie bei guten Kollegen.
Als ich fragte, wie oft sie sich in den Arm nahmen, einfach nur mal zusammen Hand in Hand gingen oder über ihre Gefühle füreinander sprachen, war Schweigen. Dabei war es so offensichtlich, wie sehr sie unter dieser Distanz litt und ihr ganzes Wesen geradezu nach liebevollen Gesten und Berührungen schrie. Etwas in ihr aber hatte aufgegeben, ihm das zu vermitteln. Ihre Versuche waren zu oft abgeschmettert worden, sie hatte zu viele Blessuren verkraften müssen und hatte sich gerettet, indem sie sich einen imaginären Liebhaber erschaffen hatte.
Es gab diesen Mann zwar in ihrem Bekanntenkreis, aber als sie mir ein Foto zeigte, auf dem auch er zu sehen war, sah ich nichts von dem, was sie

in ihn hineininterpretierte. Er hatte nichts mit ihrer Vorstellung gemein und war schon lange verheiratet.
Zudem hatte er nicht die geringste Ahnung, welche Rolle er in ihren Träumen zugedacht bekam, sie ließ sich im Umgang mit ihm auch absolut nichts anmerken. Ich war wahrscheinlich der erste Mensch, dem sie von diesen Träumen erzählte, sie fasste diese erstmals in Worte. Es schien, als schämte sie sich vor sich selbst für dieses Geheimnis.

Ihr Mann aber merkte gar nicht, wie sehr auch ihm Wärme und Zuwendung fehlten, was es mit seiner Frau machte, wenn er sie intellektuell „fertig machte" und eigentlich gar nicht zuhörte. Er verstand das, wovon er glaubte, dass sie es sagen wollte. Bevor sie überhaupt den Satz zu Ende geredet hatte, war ihm schon klar, was sie sagen wollte, und er ließ sie oft einfach nicht ausreden.
Ihm war nicht bewusst, dass hinter dieser kühlen, unnahbaren, nüchternen Fassade ein kleiner Junge saß, der sich mit Händen und Füßen gegen seine übermächtige, dominante Mutter wehrte, die versucht hatte, ihn total zu vereinnahmen. Als er als Jugendlicher dann rhetorisch so geschickt wurde, konnte er sie sich durch seine Argumentation vom Leibe halten, was hervorraged funktionierte, viel besser als seine Verweigerungstaktik, die er als Kind eingesetzt hatte.
Genau die Überfürsorge seiner Frau verstärkte sein Abwehrprogramm. Jede körperliche Nähe nahm er als potentielle Bedrohung wahr (er hatte die körperliche Nähe seiner Mutter als Kind bereits als extrem unangenehm, wenn nicht als abstoßend empfunden).
Mit seinem Verhalten konnte er sich seine Frau im wahrsten Sinn des Wortes „vom Leib halten" – ein Programm, dessen Wirkung ihm nicht bewusst war. Seine Frau war die einzige, die er an sich heran gelassen hatte, mit der er sich damals eine Ehe vorstellen konnte, als er ihr begegnete.
Diese Liebe war auch nach 20 Jahren lebendig, aber sie war hinter einem dicken Panzer verborgen. Keiner kam an ihn ran – am wenigsten Anna.

Die tiefere Bedeutung

Stichworte:
Die Mauer, Selbstverteidigung, emotionale Kargheit, Verdrängung emotionaler Bedürfnisse, Einsamkeit als Strategie, Sensibilität als Belastung, Nähe als Gefahr der Vereinnahmung, Angst vor Nähe, intellektuelle Dominanz, mentale Stärke.

Der Anteil von Fritz

Wie bereits erwähnt, erlebte Fritz seine Mutter als extrem dominant und vereinnahmend.
Er konnte keine körperliche Nähe zu ihr ertragen, je älter er wurde, umso mehr ekelte er sich vor ihr. Als Säugling schon hatte er die Muttermilch abgelehnt. Seine Mutter trug durch ihr Verhalten noch zu dieser Ablehnung bei, indem sie ihn ständig kritisierte, egal, wie er es anstellte, sie hatte immer etwas daran auszusetzen. Sie beherrschte auch den Vater, dieser war zwar berufsbedingt selten zu Hause, aber wenn, dann musste sich sein Tagesablauf nach ihren Vorstellungen richten.
Sein Vater trat eigentlich nie wirklich in Erscheinung, Fritz erlebte ihn wie einen Schatten, der kein Anrecht auf eine eigene Identität hatte, aber er sehnte sich so sehr nach dieser väterlichen Kraft, als Gegenpol zu dieser alles vereinnahmenden Mutter.
Er erzählte mir, sein Vater hätte ihn sicher gerne in den Arm genommen, aber er traute sich das nicht unter den strengen, allgegenwärtigen Blicken seiner Frau. Er konnte sich nicht erinnern, jemals eine körperliche Berührung zwischen seinen Eltern erlebt zu haben. Entweder gab es sachliche Gespräche oder seine Mutter führte Beschwerdemonologe, während sein Vater in sich zusammensank und beharrlich schwieg.
Aus materieller Sicht ging es der Familie nicht schlecht. Für alles, was im Alltag nötig war, gab es genügend Geld, an den Ausbildungen der Kinder wurde nie gespart, aber die emotionale Kargheit war unbeschreiblich. Wenn er berührt wurde, waren es die Schläge seiner Mutter, weil er irgendetwas angestellt hatte. Er hatte damals dicht gemacht, denn er erzählte mir, seine Schwester habe die Prügel als sehr schlimm empfunden, an ihm seien sie

eher abgeprallt. Das war seine Schutzreaktion gewesen, sonst hätte er als Erwachsener nicht bestehen können und er hätte nicht die Kraft gehabt, im Beruf immer Führungspositionen einzunehmen.
Als ich ihn fragte, mit wem er seine Probleme besprach, bekam ich zur Antwort, er habe nie das Bedürfnis, darüber zu sprechen, auch nach Zärtlichkeit und Nähe empfand er keine Sehnsucht. Er war sich gar nicht bewusst, wie sehr er sich emotionell amputiert hatte, um zu überleben.
Wenn er mir erzählte, dass er schnelle, große Autos fuhr, dass er sich teure Kleidung leistete, weil er gut verdiente und sich daran freute und sich dabei wohl fühlte, erlebte ich einen Menschen, zu dem Genuss und Fülle passten – aber er lebte immer noch in dieser emotionalen Kargheit, unter der seine Frau so litt.
Viel schlimmer noch, er kompensierte sie mit seinem brillanten Intellekt, damit verdrängte er das emotionale Defizit, denn es befriedigte natürlich sein Gemüt, wenn er erlebte, wie er Menschen beeinflussen konnte.
Dass die Beziehung zu seiner Mutter in ihm ein Trauma ausgelöst hatte, kam ihm erst so allmählich bei unserer Arbeit ins Bewusstsein. Er hätte ihre Anteilnahme, ihre Anerkennung, ihr Verständnis so gebraucht und es gab auch keine väterliche Kraft, wo er das hätte holen können, auch das verwehrte ihm die Mutter. Er hatte sich eine unsichtbare Mauer gebaut, hinter der sein ganzer Schmerz, seine Sehnsucht und seine Bedürftigkeit verschwunden waren und diese Schutzmauer war sein Intellekt!
Als er älter wurde, war dieser seine einzige Waffe gegen die ständigen Nörgeleien seiner Mutter.„ Ich habe ihr so lang meine Argumente um die Ohren gehauen, bis sie nichts mehr zu entgegnen wusste!“ Auf diese Weise hielt er sie sich vom Leib.
Er rettete sich, indem er einer Jugendgruppe beitrat, in der er sehr schnell Führungsaufgaben übernahm und zum Beispiel in den Ferienlagern mit Begeisterung die kleinen Jungs betreute. Einer der erwachsenen Leiter schätzte und förderte ihn sehr. Er wurde für ihn zu einer Vaterfigur, die ihm den Rücken stärkte, seine Fähigkeiten sah, schätzte und förderte.
Wenn er von diesem Mann sprach, wurde seine Stimme weich und er konnte auch seine tiefe Dankbarkeit gegenüber diesem Mann ausdrücken. Da kam dann für einen kurzen Moment der wirkliche Fritz zum Vorschein.
So ganz langsam wurde ihm bewusst, was ihm fehlte. Als beim Familienstellen seine Frau neben dem Symbol „Isolation“ zu stehen kam, dämmer-

te ihm zum ersten Mal, wie grenzenlos einsam sie sich an seiner Seite all die Jahre gefühlt hatte und er brach in Tränen aus:
„Das wollte ich doch nicht, das tut mir so unendlich leid“, und er nahm die Puppe, die seine Frau repräsentierte, ganz sanft und liebevoll in beide Hände.
Das war eine tief berührende Szene, die einen intensiven Prozess in Gang setzte, er liebte seine Frau über alles.
Am Anfang unsrer Arbeit hatte er mir erzählt, dass er eigentlich nicht hatte heiraten wollen. Frauen hatten ihn nicht so besonders interessiert, aber als er dann Anna traf, war ihm schnell klar, dass er sich nur mit ihr ein Zusammenleben vorstellen konnte. Aber er würde sie auch nicht halten wollen, wenn sie überzeugt wäre, sich trennen zu wollen – es wäre ihm ein Graus gewesen, sie zu irgendetwas zu zwingen, das ihr nicht entsprach – und doch hatte er unbewusst genau das getan, er hatte sie emotional vertrocknen lassen, er hatte sie intellektuell wahrgenommen, er war stolz auf ihre übersinnlichen Fähigkeiten. Wenn die beiden jedoch miteinander sprachen, war er so in seinem intellektuellen Muster gefangen, dass er ihren sechsten Sinn völlig ausblendete.
In einer Regression hatte er seine Geburt gesehen. Man hatte ihn – wie Ende der Vierziger üblich, mit Schlägen zum Atmen gebracht, seine Mutter erlebte er blass und völlig entkräftet. So formte sich in ihm der Entschluss, keiner Frau jemals zur Last zu fallen – das prägte sich so tief ein, verstärkt durch die Härte seiner Mutter und die emotionale Kargheit zu Hause, dass er diese Distanz auch bei seiner Frau lebte, ohne zu merken, dass er es tat. Er kannte ein Zusammenleben nicht anders.
Erst wenn wir zulassen, anzuschauen, was wir eigentlich tun und wie sich das auf andre auswirkt, können wir es ändern. Es dient nichts und niemandem, in Schuldgefühlen und Selbstvorwürfen stecken zu bleiben, damit helfen wir weder uns noch den Betroffenen.
Es geht viel mehr um den Entschluss, die Vereinbarung mit uns selbst, das zu ändern, uns selbst wahrnehmen zu lernen und jeden Rückfall ins alte Muster, den wir selbst zu erkennen in der Lage sind, als eine Chance zu sehen, uns zu verändern.
Rückfälle gehören zu dem Prozess der Veränderung, Menschen sind keine Maschinen.
Mit jedem Rückfall verliert die alte Verhaltensweise an Einfluss, wird

schwächer. Es ist wie beim Spielen eines Musikinstruments – man muss es immer wieder üben, um es schließlich fehlerfrei spielen zu können.
So ging es auch Fritz, aber er hatte schon so viele Veränderungen in seinem Leben gemeistert. Jetzt, wo er wusste, worum es ging, bereitete ihm der Prozess kein Kopfzerbrechen mehr. Er wusste, dass man durch Fehler lernt und die beiden hatten ihre Ehe nie in Frage gestellt, nur die Art und Weise, sie zu führen, bedurfte der gründlichen Überholung.
Im Laufe unsrer Arbeit kam dann auch so viel Hass auf diese Mutter zum Vorschein, den er sich nie erlaubt hatte, weil das ein Tabu darstellte.
Erst als er sich diesen Hass erlaubte, konnte er sehen, was für eine schlimme Geschichte seine Mutter gehabt hatte, die sie zu diesem verhärteten Menschen gemacht hatte.
Er konnte dann sogar Mitgefühl für sie empfinden und auch Dankbarkeit für die Aspekte, die sie gut gemacht hatte.
Es dauerte eine ganze Zeit, in der er durch Höhen und Tiefen ging, wo er Wut, Hass, Trauer, Abneigung und Bedürftigkeit durchlebte, bis es in ihm still wurde, und er einen tiefen Frieden wahrnahm, wenn er an seine Mutter dachte. Das wirkte sich auf seine ganze Ausstrahlung aus. Er verlor dadurch nicht an Autorität, er gewann den Respekt seiner Untergebenen, die seine Entwicklung mit Erstaunen und voller Anerkennung registrierten.
Ihm kam noch ein Potential zur Hilfe, das er zwar kannte, dem er aber nie die Bedeutung gegeben hatte – Fritz liebte Musik. Er hatte sich deshalb eine ganz teure Anlage gegönnt, die ihn in den Konzertsaal versetzte, wenn er eine CD einlegte. Er liebte es, zu Festspielen zu gehen und die ganz Großen der klassischen Musik life zu erleben.
Ich fragte ihn, ob es etwas gäbe, was er sich als Kind gewünscht hatte, was aber damals nicht möglich gewesen war. Nach einer kurzen Überlegung meinte er, er habe immer so gern lernen wollen, Klavier zu spielen, aber ein Klavier sei damals viel zu teuer gewesen und in einer Mietwohnung eine zu große Lärmbelästigung für die Nachbarn – ja und jetzt sei er zu alt für so etwas.
Warum das denn? Wir können doch in jedem Alter mit etwas Neuem beginnen, wenn wir nicht den Anspruch haben, ein Profi zu werden.
Heute hatte Fritz das Geld, sich ein Klavier zu kaufen und ein eigenes Haus, in dem er üben konnte, solange er wollte. In seiner Kargheit einerseits

und seinem Ehrgeiz andererseits hatte dieser Gedanke gar keinen Platz gehabt. Aber für ihn eignete sich Musik hervorragend, um sein Gefühlsleben zu erweitern – da war bereits ein Zugang vorhanden – solange er das Spielen nicht mit Ehrgeiz verfolgte.
Die Freude an Lernen, die neue Herausforderung ohne Zwang – was für eine schöne Möglichkeit, seine Emotionen zu vertiefen!
Seine Frau förderte und unterstützte sein neues Hobby, es kam ihrer Ehe sehr zu Gute!
Eine Ehe kann man wunderbar mit einer Pflanze vergleichen.
Wir müssen uns um sie kümmern, wenn sie wachsen und gedeihen soll. Wir müssen sie düngen, umtopfen, manchmal zurechtstutzen oder Ungeziefer bekämpfen und ihr den Platz mit den passenden Lichtverhältnissen geben, damit sie gedeihen kann.
So viele meiner Patienten – vor allem die Männer – machen sich das überhaupt nicht bewusst. Der Alltagstrott mit all seinen Pflichten und Beschäftigungen lässt die Wahrnehmung für die Beziehung verblassen. Meist wacht „Mann" erst auf, wenn sie sich beschwert, und häufig nimmt „Mann" das dann als lästig und störend wahr und versucht, das Thema – je nach Temperament – auf seine Weise loszuwerden, bis „Frau" zu radikaleren Maßnahmen greifen muss. Interessanterweise kommen Frauen viel schneller ins Nachdenken, suchen die Ursache auch bei sich, während Männer mehr dazu neigen, das Thema nach außen zu projizieren – oder noch schlimmer, es zu ignorieren.
„Was du schon wieder hast!" – kommt Ihnen dieser Satz bekannt vor?
Fritz hatte gar keine Wahl, zu ignorieren oder zu verdrängen, Anna war, trotz all ihrer Zartheit auf der einen Seite, auch sehr bodenständig und willensstark auf der andern Seite. Und wenn sie einen Weg sah, verfolgte sie ihn ganz konsequent.

Annas Anteil

Zu erkennen, dass Therapiebedarf besteht, fällt nicht schwer, wenn man aus einer zerrütteten Familie stammt. Da ist die Traumatisierung leicht nachzuvollziehen. In der Gesellschaft hält sich die Ansicht, dass in gutbürgerlichen Familien alles stimmt, ziemlich hartnäckig. Dabei passieren hinter den gepflegten Hecken und den sauber geputzten Fenstern viel schlimmere Dinge, als in den Familien, die wir als asozial bezeichnen. Nur in den „anständigen“ Familien wird das gar nicht als belastend registriert, verharmlost, totgeschwiegen oder gar tabuisiert. Sehr oft entsprechen die Muster, die eine Familie beherrschen, den aktuellen gesellschaftlichen Normen und werden deshalb nicht hinterfragt – weil es ja alle so machen, aber das heißt noch lange nicht, dass es für jedes Familienmitglied stimmig ist.

Wie oft begegnen mir Patienten in der Praxis, deren Geschwister mit dem, was die Eltern vermittelt haben, zumindest vordergründig zurechtkommen, aber der, der vor mir sitzt, erlebte seine Kindheit als Alptraum. Immer, wenn Eltern ihre Erziehung in einer pauschalen Vorgehensweise gestalten, ist mindestens ein Kind dabei, das dadurch traumatisiert wird.

Das Schlimmste, was wir Kindern als Eltern antun können, ist, wenn wir alle Kinder über einen Kamm scheren, ohne die Individualität des Einzelnen zu beachten. Das macht natürlich viel mehr Arbeit, bedeutet viel mehr Zeitaufwand und Einfühlungsvermögen, als dieses: „Solange du deine Beine unter meinen Tisch streckst, bestimme ich!“

Anna kam aus einer solchen Familie, sie war das einzige Mädchen, sie hatte noch drei Brüder, die alle jünger waren als sie selbst. Ihre Mutter gehörte noch zu den Frauen, die sich für die Familie aufopferten, alles taten, damit es den anderen Familienmitgliedern gut ging. Selbstverständlich war eine Frau zuständig für das Wohlergehen des Ehemanns. Alles musste auf ihn abgestimmt werden. Was er wollte, war Gesetz. Er bekam das beste Stück Fleisch, die größte Portion beim Essen. Er musste sich nie um seine Kleidung kümmern, Annas Mutter legte ihm immer die Sachen für den nächsten Tag am Abend vorher zurecht. Wenn er ein Nickerchen halten wollte, wachte sie wie ein Cerberus über die Kinder, dass die ja nicht den armen Vater störten.

Da sie das einzige Mädchen war, blieben alle Haushaltspflichten an ihr hängen, die Brüder wurden dafür nie eingeteilt. Andererseits hatte sie bei ihrem Vater eine besondere Position. Da ihre Mutter sich zwar aufopferte, aber emotionell unnahbar und kühl war, wandte sich der Vater seiner Tochter zu – nicht in Form von Missbrauch, sie war einfach sein Liebling.

Und die Mutter neidete ihr diese Sonderrolle und behandelte sie umso härter, stellte noch höhere Ansprüche an sie.

Anna liebte ihren Vater abgöttisch und hatte große Probleme, ihre Mutter zu mögen, was sehr große Schuldgefühle in ihr verursachte. Sie war ein stilles Kind, das sich nach allen Regeln bemühte, es ihren Eltern recht zu machen. Dazu kam, dass sie immer von einer großen Schwester träumte, die sie nicht hatte.
Sie erzählte mir, dass sie sich vorstellte, dass es zusammen mit der Schwester gegenüber Mutter und Brüdern viel einfacher für sie hätte sein können. Es stellte sich heraus, dass ihre Mutter die erste Schwangerschaft abgetrieben hatte, weil sie noch kein Kind gewollt hatte – das bestätigte ihr die Mutter sogar, als sie nachfragte.
Und – Anna war als Zwilling angelegt gewesen, aber der andere Embryo war abgegangen. Inzwischen weiß man, dass zehn Prozent aller Schwangerschaften als Zwillinge beginnen, aber ein Embryo sehr häufig in den ersten drei Monaten abgeht.
Bei Anna traf dies zu. Sie weinte bitterlich, als wir es kinesiologisch austesteten.
Ihre Mutter konnte sich gut an eine Blutung Ende des zweiten Monats erinnern, als sie nachfragte. Dieser Verlust kann im späteren Leben zu einer unbewussten und deshalb umso größeren Belastung werden.
In der systemischen Familientherapie spricht man von einer Überlebensschuld. Das kann zu lebensbedrohlichen Krankheiten führen, Depressionen auslösen, oder die Menschen haben nie Erfolg, weil sie sich ein schönes Leben nicht erlauben, nachdem der Zwilling doch sterben musste. Sie haben das Gefühl, sie leben auf seine Kosten.
Anna war gleich doppelt belastet, sie hatte zwei Schwestern verloren, sie allein lebte, so musste sie ständig beweisen, dass sie ein Recht auf Leben hatte.
Ihre Eltern legten enorm großen Wert auf die Achtung und Anerkennung ihrer Umgebung. Sie bemühten sich, in der Nachbarschaft gut dazustehen, einen guten Ruf zu haben.
Alle vier Kinder konnten aufs Gymnasium gehen und studieren, es mangelte den Kindern an nichts – wirklich?
Anna hatte fast schon vergessen, dass sie als kleines Mädchen mit Pflanzen gesprochen hatte, dass sie immer genau wusste, wie es ihrem Vater ging, mit dem sie sich tief verbunden fühlte. Sie reagierte extrem heftig auf eine spannungsgeladene Atmosphäre – wenn ihre Eltern Auseinan-

dersetzungen hatten, was nie vor den Kindern ausgetragen wurde, bekam sie trotzdem Bauchweh oder ihr wurde schlecht. Ihre Verdauung war auch als Erwachsene der Indikator für ihre Verfassung – dann konnte sie viele Nahrungsmittel nicht mehr vertragen, bekam Bauchkrämpfe oder ihr wurde übel.

Niemand in der Familie achtete auf diese Symptome, niemand hörte ihr zu, wenn sie erzählte, was ihr die Pflanze gesagt hatte – „Kindergeschwätz", hieß es dann.

So trat diese Fähigkeit zwar in den Hintergrund, aber sie reagierte trotzdem auf solche Einflüsse und kämpfte ständig mit ihren Symptomen. Nach ihrem Biologiestudium wurde sie – wie es ihr Vater wünschte – Lehrerin! Er legte sehr viel Wert auf Sicherheit und eine anständige Versorgung im Alter. Er selbst hatte seine Arbeit nie geliebt, aber sie war gut bezahlt worden und das zählte für ihn, da er die Familie versorgen musste. Er wollte all die Dinge, die ihm Freude machten, nach seiner Pensionierung betreiben – jetzt zählte erst mal die Pflicht. Aber er bekam mit Mitte 50 Krebs und starb ein paar Jahre später. Die Zeit als Pensionär erlebte er nicht mehr, die Freude am Leben auch nicht. Das ganze Leben bestand aus Pflicht, es gab kein „Ich darf", alles war ein „Ich muss". Ihre Mutter lebte genau mit der gleichen Einstellung.

Anna hatte nie eine unbeschwerte, fröhliche Kindheit kennen gelernt, obwohl das materiell möglich gewesen wäre. Sie war immer die Große gewesen, die von klein auf die Mutter entlasten musste, die unbewusst die Trauer um ein nicht gelebtes Leben von ihrem Vater trug. Beim Familienstellen zeigte sich, dass sie sein Leben lebte.

Dr. Langlotz, ein Arzt und Familientherapeut, nennt das sehr treffend eine „Verschmelzung". Wir tragen dadurch so oft den Mantel eines Elternteils und nicht unseren eigenen.

Ziehen wir Menschen und Umstände an, die diesem Elternteil entsprechen, aber nicht uns selbst, fühlen wir uns dementsprechend unglücklich. Anna hatte ihren ersten Befreiungsschlag erlebt, als sie Fritz begegnete. Er erkannte sehr schnell, dass das Beamtendasein überhaupt nicht zu ihr passte, und wie es so oft geschieht, wenn wir bereit sind, das Alte hinter uns zu lassen, lernte Anna jemanden aus der Firma kennen, bei der sie später arbeitete. Der ermutigte sie, sich dort für eine Stelle zu bewerben. Anna verließ ihren sicheren Job, gab ihr Beamtentum auf und erinnerte

sich in ihrer neuen Tätigkeit an ihr längst vergessenes Talent, mit Pflanzen kommunizieren zu können und setzte ihre Fähigkeit jetzt sehr erfolgreich ein. Fritz war sehr stolz auf seine Frau und bestärkte sie in ihrem neuen Weg, aber er merkte nicht, wie er sie gleichzeitig durch seine intellektuelle Überbetonung blockierte und verletzte.
Wie ein Räderwerk greifen die Muster von Ehepaaren ineinander, denn Anna brachte mit ihrer extremen Sorge um ihn genau diese Qualität in ihm hervor. Zwar glich sie nicht im Entferntesten seiner harten Mutter, sie bevormundete ihn überhaupt nicht, aber ihre ständige, stille Sorge um ihn, ihre fast telepathische Anteilnahme an allen seinen Gemütslagen provozierten seine Abwehrmechanismen auf subtile Weise, ohne dass sie das merkte.
Als einmal beide zusammen bei mir in einer Sitzung waren und ich ihm zeigen wollte, wie stark er intellektuell alles abschmetterte, was ihn bedrohte, ging es ihr so schlecht, dass ich abbrechen musste. Es bedurfte noch einiger Sitzungen, bis sie selbst spüren konnte, welcher Kreislauf da entstand. Sie bemühte sich genauso um ihre Mitarbeiter und Kollegen. Sie spürte immer sehr deutlich, worum es bei jedem in Wirklichkeit ging, aber sie half auch da, wo die Hilfe gar nicht erwünscht war und erntete dann rüde Abwehrreaktionen, die sie sehr verletzten. Dabei verbrauchte sie Unmengen ihrer Energie, sie war ständig müde, erschöpft und wusste nicht, weshalb.
Anna musste mühsam lernen, die anderen – auch ihren Mann – ihre Fehler machen zu lassen, nur noch dann zu helfen, wenn der andre es zulassen konnte. Es fiel ihr unendlich schwer, zuzuschauen, wenn andere sehenden Auges gegen die Wand liefen, obwohl es doch so leicht zu vermeiden gewesen wäre. Aber manchmal braucht der Mensch die dicke Beule, um zur Einsicht zu kommen – diesen Lernprozess können wir niemanden abnehmen.
Anna merkte allerdings, dass sie dann für ihre eigentliche Arbeit viel mehr Energie zur Verfügung hatte und dass ihr Mann sehr gut zurechtkam – im Gegenteil, für ihn war es eine große Erleichterung, dass sie sich nicht mehr so viele Sorgen machte.
Ihr zweiter schwerer Schritt bestand darin, diesen Fantasie- Liebhaber zu entlassen. Einerseits war ihr völlig klar, dass das wirkliche Vorbild nichts, aber auch gar nichts mit ihrer inneren Version zu tun hatte und doch scheute

sie sich, diese Illusion zu entlarven. Es war ihr nur allzu bewusst, dass dann die Flucht nicht mehr funktionierte, wenn sie der kargen, nüchternen Art ihres Mannes überdrüssig war.

Ich habe im Laufe meiner Therapie viele solcher Märchenprinzen erlebt, die alle irgendwann ihr Prinzenmäntelchen verloren. Sehr oft benahm sich dann das lebendige Original so unmöglich, dass die Träumerin ziemlich unsanft aus ihren Traumgebilden herausgerissen wurde. Anna war das alles klar – aber was um Himmels Willen sollte sie dann an diese Stelle setzen? Bis ihr irgendwann dämmerte, dass sie dafür gar keinen Ersatz brauchte.

Sie hatte so viele Interessen, sie liebte ihren Beruf, sie war eine attraktive, interessante Frau, aber dieser „Dreamlover" ersetzte den Teil von ihr selbst, den sie geopfert hatte, um möglichst schnell erwachsen sein zu können – ihr eigenes verspieltes inneres Kind.

Es war der Teil von ihr, der spontan, voller Freude ausprobierte, der Fehler als einen Teil des kreativen Prozesses integrieren konnte, der keine Perfektion erwartete, sondern spielerische Leichtigkeit, Freude am Tun!

Als sie das erfasste, kam erst eine unendliche Traurigkeit hoch, weil sie es nie gelebt hatte. Diese Traurigkeit hatte sie auf das unerfüllbare Sehnen nach einer Fantasiegestalt übertragen. Aber mit der Zurücknahme ihres eigenen Anteils bröckelte auch die Fassade dieses Mannes. Sie nahm immer mehr wahr, wer er in Wirklichkeit war und musste zugeben, dass sie diesen Mann niemals an ihrer Seite haben wollte. Jetzt endlich gab es Raum für den wirklichen Ehemann. Auf der einen Seite erlebte sie eine unangenehme Ernüchterung, dieses Bild war wie eine ungefährliche Droge gewesen, die sicher keine körperlichen Schäden verursachte, aber ihre Entwicklung gewaltig blockierte.

Viele meiner Patientinnen haben solche „Dreamlover"! Sehr oft nehmen sie dafür einen Jugendschwarm, eine Beziehung, die an Umständen wie Umzug oder Schulwechsel gescheitert war. Sehr oft füllt dieses Bild dann die Lücke aus, die der Ehemann offen lässt, aber es ist keine Lösung. Es verhindert, dass sie die Veränderung zulassen, die eine erfülltere Beziehung möglich macht. Wenn es die Umstände erlaubten, habe ich die Patientinnen gebeten, nachzuforschen, herauszufinden, wie er jetzt lebt, wie er aussieht. In all den Fällen, in denen das möglich war, zerplatzte die Seifenblase gnadenlos! Auch der andere hat sich verändert und jede noch so

tragische Trennung hat ihren Sinn.
Nichts, aber auch gar nichts, geschieht umsonst. Wenn wir das verinnerlichen können, finden wir in uns einen großen Frieden und was das Interessanteste dabei ist – dann finden wir die Antworten auf das Warum, die wir zuvor weder sehen konnten noch wollten.
Die Ehe von Fritz und Anna wird nie einfach sein, es gibt immer Reibungspunkte, wenn zwei so ausgeprägte Individualisten zusammenkommen, aber die beiden wissen auch, dass nur sie miteinander leben können und wollen. Da ist ein tiefes Vertrauen in den anderen gewachsen und ein gegenseitiges Verständnis, das ein solides Fundament liefert für ein erfülltes Miteinander. Beiden war klar, dass der Alltag noch viele Herausforderungen bereithalten würde, aber beide sahen es auch als eine Chance, daran zu wachsen.

Geschichte 5

Der Hass auf die Mutter

Bernd und seine Frau Karin kannten mich als Kundin ihres Bekleidungsgeschäftes.

Wir hatten uns schon einige Male darüber unterhalten, wie wenig die meisten Menschen reflektieren, was ihr Verhalten bei anderen auslöst.

Da Bernd – berufsbedingt – ständig mit Menschen zu tun hatte, kam er zu mir, weil ihn dieser Small Talk im Geschäft so anödete. Er hatte auch Umsatzverluste gehabt, es kostete ihn unendlich viel Überwindung, jeden Morgen in den Laden zu gehen und seinen Kunden den lockeren, immer gut gelaunten Inhaber und Verkaufsberater vorzuspielen.

So allmählich rückte er dann mit den Hintergründen heraus: Privat ging es ihm auch nicht so besonders. In seiner kinderlosen Ehe veränderte sich etwas, seine Frau hatte ihn über die ersten zehn Jahre angehimmelt, er war ihr großes Idol gewesen. Er war für sie der Starke, der große Held, der immer für alles eine Lösung wusste.

Aber irgendwie hatte sich etwas Unangenehmes eingeschlichen. Da hatte sich etwas zum Negativen hin verändert, er konnte es nicht so richtig fassen, aber etwas fehlte inzwischen.

Als ich ihn nach seiner Biografie fragte, zeigte sich, dass sein Vater zwei Jahre zuvor an Krebs gestorben war. Er war schon immer sehr auf den Vater fixiert gewesen und war auch bei ihm, als er in der Klinik starb.

Bernd brachte klar zum Ausdruck, dass er seine Mutter hasste.

Das sagte er mir sogar wörtlich: „Ich hasse meine Mutter, ich kann sie in meiner Nähe kaum ertragen. Sie hatte schon immer die Hosen an, mein Vater war zum Schluss richtig depressiv, er hat sich nie gegen sie gewehrt. Sie hat auch mich nie leiden können, ich bekam von ihr nie Liebe und schon gar keine Nähe. Wenn irgendetwas schieflief, waren entweder ich oder mein Vater schuld. Ich habe ein schlechtes Gewissen, weil ich meinen Vater im Stich gelassen habe und ausgezogen bin. Kurz danach ist mein Vater Pleite gegangen und musste sein Haus verkaufen. Ich hätte ihn nicht allein lassen dürfen. Meine Eltern mussten in eine Mietwohnung ziehen. Wenn ich nicht gegangen wäre, hätte ich das vielleicht alles ver-

hindern können."
Als ich ihn fragte, ob er an der Beerdigung hätte weinen können, verneinte er. Er sei sehr schnell zum Alltag übergegangen, aber es habe in ihm gearbeitet – und es belastete ihn immer noch.
Ich fragte nach weiteren Todesfällen in der Familie. Ein Jahr vor dem Tod des Vaters sei seine Großmutter gestorben. Sie war für ihn eine wichtige Bezugsperson gewesen. Auch da hat er nie wirklich getrauert.
Aber das Schlimmste für ihn war, dass er sich auf eine Affäre eingelassen hatte. Er wusste ganz genau, dass das keine Frau fürs Leben sein konnte, aber er war unfähig, es zu beenden. Es war wie ein Sog, der ihn immer wieder zu ihr hintrieb. Er fühlte sich schuldig und war völlig fertig.
Seine Frau, die etwas zu ahnen schien – ihr war sein verändertes Verhalten nicht verborgen geblieben – hatte mit Trennung gedroht. Das Bild von ihrem Mann als Superhelden bröckelte und sie entwickelte Panikattacken, konnte nicht mehr schlafen, ihr Kreislauf brach zusammen. Er fühlte sich natürlich auch dafür verantwortlich. Er sah vor lauter Wald keine Bäume mehr. „Wenn ich den Mut hätte, würde ich mich jetzt umbringen!" Gestand er mir!
Sein Selbsthass, der schon in Selbstdestruktion überzugehen drohte, war offensichtlich. Ein riesiger Berg an anerzogenen und übernommenen Programmen begrub den sehr sanftmütigen, gefühlvollen Mann, der sehr wohl mit beiden Beinen im Leben stehen und erfolgreich sein konnte, fast völlig. Er saß vor mir, völlig am Boden, erschöpft, ausgelaugt und niedergeschlagen. Er gab zu, dass ihn schon einige Kunden angesprochen hätten, weil er so elend wirkte, aber er versuchte dann immer, das zu bagatellisieren. Er wusste genau, dass ihm sein Überspielen eigentlich keiner mehr abnahm – und er wusste auch, dass er sein Geschäft ruinieren würde, wenn er so weitermachte.

Die tiefere Bedeutung

Stichworte: Hass, Solidarisierung, Schuldgefühle, Pflichtbewusstsein, Stark sein müssen, Verdrängung, Durchhalten um jeden Preis, überhöhtes Idealbild, Stellvertreterrolle, Nachtragend sein.

Bernds Anteil

Bernds Belastung lief auf verschiedenen Ebenen ab, deshalb hatte er den Überblick verloren. In der aktuellen Situation sammelten sich sämtliche Baustellen zu einem scheinbar unüberwindbaren Berg.
Das erlebe ich sehr häufig bei Männern, die verantwortungsvolle Berufe ausüben:
Die kleinen Hinweise, dass etwas nicht stimmt, werden nicht wahrgenommen, verdrängt oder verschoben – nach dem Motto: Später, wenn ich diese Aufgabe abgeschlossen habe, wenn ich dann Urlaub habe oder wenn die Kinder mal aus dem Haus sind.
Bei Bernd stand immer sein Geschäft an erster Stelle. Alles drehte sich um den Laden, alles musste sich dem unterordnen. Schließlich lebten beide von diesem Geschäft, also war doch klar, dass es an erster Stelle stand.
Wenn man selbstständig ist oder einen leitenden Posten innehat, bereitet es keinerlei Probleme, rund um die Uhr Arbeit zu haben.
Während der Erweiterung des Ladens konnten sich die beiden weder zeitlich noch finanziell Urlaub leisten. Es war für ihn selbstverständlich, dass Karin, seine Frau, das akzeptierte.
Als das Geschäft dann einen guten Umsatz machte, musste man sich um die Kunden bemühen, dass diese nicht zu Discountern abwanderten. Wenn ein Angestellter krank wurde, sprang natürlich der Chef ein oder seine Frau. Am Wochenende standen Buchhaltung und Warenbestellung an, ganz zu schweigen davon, dass er auf die einschlägigen Bekleidungsmessen gehen musste, um auf dem Laufenden zu sein. Um Geld zu sparen delegierte er so wenig wie möglich und machte so viel wie möglich selbst. Eigentlich machte er die Arbeit von vier Leuten und stellte höchste Ansprüche an seine Arbeit – er war ja schließlich der Chef – der kam als Erster und ging als Letzter.
Erst als Karin sich weigerte, weiterhin im Laden zu arbeiten, sondern in ihren alten Beruf als technische Zeichnerin zurückwollte, blieb ihm nichts anderes übrig, als für sie jemand einzustellen.
Und siehe da – das funktionierte problemlos! Im Gegenteil – unter dem Strich standen jetzt beide sogar finanziell besser da. Seine Frau hatte end-

lich einen Feierabend und ein Wochenende.
Das gönnte er ihr von Herzen, aber er kam nicht auf die Idee, auch sich zu entlasten.
Die Beiden sahen sich nur noch zwischen Tür und Angel. Wenn Karin etwas unternehmen wollte, musste sie es mit einer Freundin machen. Er musste sich um das Geschäft kümmern. Im Nachhinein konnte er erkennen, dass damals schon eine Entfremdung begonnen hatte, aber er konnte und wollte diese Entwicklung nicht wahrnehmen.
Der Tod der Großmutter kam ja nicht überraschend, sie war alt und einige Zeit schon krank gewesen, also wozu sich dann damit aufhalten – das Leben, vor allem das Geschäft, ging weiter.
Die Krebserkrankung seines Vaters ließ ihn hochschrecken, nachdem er versucht hatte, seine Eltern nach der Insolvenz finanziell unter die Arme zu greifen – und dann das! Hörte das denn gar nicht mehr auf? Er empfand das als einen grauenvollen Schicksalsschlag, der über ihn hereinbrach.
Jetzt kamen die ganzen Aggressionen auf seine Mutter an die Oberfläche, sein schlechtes Gewissen, seine Schuldgefühle: „Hätte ich doch…… Wenn ich nicht………, dann wäre vielleicht……..!“
Er lebte zwischen Geschäft und Klinik, ging völlig fertig zum Schlafen nach Hause. Seine Frau nahm er kaum wahr. Hauptsache, sie war da und zu Hause ging alles seinen Lauf.
Als sein Vater dann starb, stürze er sich noch mehr in die Arbeit, er hatte das Geschäft durch die Krankheit vernachlässigt, das musste jetzt alles nachgeholt werden.
Er merkte überhaupt nicht, wie seine Welt sich auf seine Arbeit reduzierte. Wie soll da eine Frau noch einen Platz finden? Zumal – wenn sie es wagte, Wünsche oder gar Kritik anzubringen, empfand er das als höchst unfair – sah sie denn nicht, wie er sich abrackerte? Sie sollte doch Rücksicht auf ihn nehmen, ihm den Rücken freihalten, anstatt ihn noch zusätzlich zu belasten. Dass es ihnen finanziell so gut ging, hatte sie schließlich in erster Linie dem Geschäft zu verdanken!
Obwohl Bernd gerade mal Anfang 40 war, verhielt er sich wie sein Vater, der auch alles auf seine Frau abgewälzt und dann unter ihrer Dominanz gelitten hatte.
Als wir die Herkunftsfamilie aufstellten, zeigte sich deutlich, dass er sich mit seinem Vater identifizierte. Er wollte den Misserfolg seines Vaters

durch seinen Erfolg wiedergutmachen. Er ließ völlig außer Acht, dass sich das auf seine Ehe auswirkte. Seine Mutter kompensierte ihre emotionale Einsamkeit mit Macht. Da er seinen Vater als zu gutmütig empfand, da der sich alles gefallen ließ, übernahm er den Hass, den sein Vater aus seiner kindlichen Sicht hätte entwickeln müssen. Damit mischte er sich in eine Ehe ein, die ihn nichts anging. Seine Eltern waren als erwachsene Menschen selbst verantwortlich dafür, wie sie ihr Leben lebten. Zusätzlich stellte er sich in seinem Hass anstelle des Vaters neben die Mutter – er nahm die negative Partnerseite ein und überforderte sich damit total.

So war er gar nicht frei für seine Frau. Ein Teil von ihm war immer noch – wenn auch negativ – an seine Mutter gebunden.

Nichts bindet stärker als Hass. Wenn wir hassen, Rache empfinden, leben diese Gefühle vor allem in uns – und sie lösen in uns zerstörerische Prozesse und eine negative Lebenseinstellung aus.

Hass, Rache, Neid und all die anderen negativen Gefühle bringen uns zudem in eine Schwingung, die genau das im Außen anzieht.

Dann begegnen wir Menschen, die hasserfüllt sind, die Rache suchen, und wir werden unter Umständen das Ziel dieser Gefühle. Wenn wir selbst so eingestellt sind, sehen wir auch in unseren Mitmenschen und in Situationen nur die schlechten Seiten und schließlich kommen wir zu dem Ergebnis, dass die ganze Welt schlecht ist und lebensfeindlich.

Kein Wunder, dass Bernd seine Kunden nicht mehr ertragen konnte – er zog alle die an, die ihn volljammerten und mit sich und der Welt unzufrieden waren. Es gibt ein altes Sprichwort: „Sage mir, mit wem du umgehst und ich sage dir, wer du bist."

Uns kann das am meisten treffen, was uns selbst betrifft.

Je negativer wir selbst sind, umso dunkler ist die Brille, durch die wir unser Außen betrachten.

Aber bei Bernd war das nur die Spitze des Eisbergs, denn wenn sich der Hass auf ein Elternteil richtet, potenziert das die zerstörerische Energie.

Ob wir wollen oder nicht – dieses Elternteil hat zu 50 Prozent dazu beigetragen, dass wir existieren. Wir tragen je 50 Prozent des elterlichen Erbgutes in uns – das ist eine Tatsache – also, wenn ich ein Elternteil hasse, hasse ich auch einen Teil von mir.

Niemand der sich selbst – bewusst oder unbewusst – hasst, kann ein erfolgreiches, glückliches Leben führen – das ist energetisch nicht möglich!

Alles, was der- oder diejenige erreicht, wird ihm unter den Händen zerfallen – früher oder später. Wenn es sich nicht in den Lebensumständen manifestiert, trägt es schließlich der Körper über Krankheit aus. Das Schlimmste, was wir uns selbst zufügen können, ist, in solchen Gefühlen zu verharren, sie zerfressen unser Bewusstsein langsam wie eine schleichende Säure.

Bernd erlebte die Reflexion seines Zustandes noch in den Lebensumständen – noch war Zeit, das Ruder herumzureißen.

Er hatte nie bedacht, dass seine Mutter auch eine Geschichte hatte. Niemand entwickelt bewusst und absichtlich eine negative Haltung. Bernds Mutter hatte eine sehr schlimme Kindheit gehabt, sie war von ihrem Vater viel geschlagen worden, sie musste als Mädchen funktionieren, mithelfen auf dem Bauernhof, da gab es keine Freizeit zum Spielen.

Mädchen heiraten sowieso, also war für eine Ausbildung kein Geld übrig. Die Oma hatte sich dem tyrannischen Mann unterworfen und in ihr hatte Bernds Mutter keine Unterstützung. So war es aus ihrer Sicht nicht verwunderlich, dass sich da ein Männerhass entwickelt hatte, und ihre Dominanz war der Schutz, nicht so unterdrückt zu werden wie die eigene Mutter.

Bernd gab im Familienstellen seinen Eltern ihr Schicksal zurück.

Hass bringt ein Kind genauso dazu, für das Elternteil zu tragen, wie die Liebe. Bernd trug doppelt, er identifizierte sich mit seinem Vater und dessen Leid und nahm so dessen Stelle an der Seite der Mutter ein. Damit lebte er gar nicht sein eigenes Leben, sondern das des Vaters. Er merkte, wie es ihn erleichterte, dem Vater die Verantwortung für dessen Leben zurückzugeben.

Beim Familienstellen spielt es keine Rolle, ob der Elternteil noch lebt oder nicht.

Bernd formulierte das mit meiner Hilfe so: „ Ich lasse dein schweres Schicksal bei dir, denn ich bin nur dein Kind, ich kann es nicht für dich tragen, es verhindert mein eigenes Leben. Indem ich dein Schicksal bei dir lasse, ehre und achte ich dich als meinen Vater. Ich weiß, wo immer du heute bist, du gehst auf deine Weise damit um, und ich wünsche dir, dass du deinen Frieden findest. In meinem Herzen hast du als mein Vater immer einen Platz."

Dann gab er auch seiner Mutter ihr Schicksal zurück und ließ die Verantwortung für die Erziehung bei ihr: „Ich habe dich gehasst, weil ich dachte, es liegt an mir, aber du konntest es nicht besser! Dein Erbe aber nehme ich gerne an und lebe es auf meine Weise.“

Bernd empfand eine große Erleichterung, dass er mit der Verhaltensweise seiner Mutter nichts zu tun hatte, es war nicht an ihm gelegen, er war als Kind in Ordnung gewesen – seine Mutter hatte keine bessere Möglichkeit zur Verfügung gehabt.

Auch wenn wir ein Elternteil hassen, empfinden wir uns als Kind schuldig.

Einmal ist es eine Sünde, wenn man Eltern hasst, damit ist man ein schlechtes Kind.

Und zusätzlich hasst ein Kind sich selbst, weil es überzeugt ist, es kann ja nur an ihm liegen. Weil man selbst nicht in Ordnung ist, nur deshalb funktioniert die Familie nicht.

Als Bernd formulieren sollte: “Ich dachte, es liegt nur an mir, ich habe mich so schuldig gefühlt,“ konnte er die Sätze zuerst kaum aussprechen, weil eine tiefe Angst hochstieg, etwas ganz Schlimmes zu tun.

Dann allerdings, mit dem Bewusstsein, dem kleinen Jungen in ihm endlich eine Stimme geben zu dürfen, machte die Angst einer großen Erleichterung Platz.

Die heilende Wirkung, dass Worte, die man sich so viele Jahre verboten hat, jetzt laut ausgesprochen werden dürfen und dass das nicht bestraft oder verurteilt wird, dass das innere Kind endlich verstanden und wahrgenommen wird von dem erwachsenen Ich, das eine viel umfangreichere Sichtweise hat, und auch die Anteilnahme und das Verständnis eines Therapeuten erscheinen oft wie ein Wunder.

Im morphogenetischen Feld einer Familie, das rein physikalisch immer nach Ausgleich strebt, kann sich jetzt etwas ordnen, was nicht nur dem hilft, der aufstellt, sondern auch den anderen Familienmitgliedern.

Bernd erzählte mir, seine Mutter habe ihn zwei Wochen später angerufen, was sie sonst noch nie getan hatte, weil Bernd immer so ablehnend gewesen war. Diesmal empfand er es zum ersten Mal nicht belastend, ihre Stimme zu hören. Sie konnten ganz normal miteinander reden. Heute, zwei Jahre später, kommen die beiden sehr gut miteinander aus. Er sagte vor kurzem: “Ich kann mir gar nicht mehr vorstellen, was für ein Stress der Kontakt mit meiner Mutter jedes Mal gewesen ist!“

Bernds Hass hat aber noch eine tiefere, kollektive Bedeutung: Die eigene Mutter steht für die große Mutter – für unsere Erde. Wer seine Mutter hasst, kann keinen gesunden Bezug zu unserem Planeten aufbauen.
Ob wir wollen oder nicht, wir haben unseren Körper indirekt auch von der Erde. Jedes Atom unseres Körpers war schon in einem Mineral, in einer Pflanze, in einem Tier, war Teil der Atmosphäre oder der Erde. Egal, was wir zu uns nehmen, es kommt direkt oder indirekt von der Erde. Wenn wir diesen Planeten verlassen, bleibt unser Körper hier und geht in den großen Kreislauf von Auf- und Abbau zurück. Wenn wir uns dessen bewusst sind, gehen wir auch mit diesem Planeten achtsamer um, sind dankbar für diese Fülle und diese Möglichkeiten.
Aber so gestört, wie das Verhältnis zu unseren Eltern in unserer Gesellschaft geworden ist, in dem wir nur noch auf Äußerlichkeiten wie Geld, Macht und Einfluss Wert legen, verlieren wir unser Gespür für das Wesentliche – den Umgang miteinander und mit dem, was uns am Leben hält.
Betrachtet man zum Beispiel Indianerstämme wie die Maori, die die Familienbeziehungen pflegen, die Gefühle beachten, Intuition in ihr Leben integrieren und die Erde als große Mutter respektieren, zeigt sich, dass es da weder Depressionen noch Neurosen noch die ganzen Zivilisationskrankheiten wie Bluthochdruck oder Herzinfarkt gibt.
Jeder von uns hier kann – im Rahmen seiner Möglichkeiten – das auch praktizieren, dazu muss man nicht gleich einer Umweltorganisation beitreten. Es reicht, wenn man achtsam mit Nahrung umgeht, achtsam das kauft, was dem Körper gut tut und den mentalen Müll vermeidet, indem man aufmerksam mit den Mitmenschen umgeht – so, wie man selbst behandelt werden möchte. Kleine Gesten haben große Wirkungen, das vergessen wir so oft.
Zurück zu Bernd. Sein Leben kam wieder in Fluss, das Geschäft erholte sich, er hatte wieder mehr Energie und Lebensfreude, aber er konnte seine Ehe nicht mehr retten.
Seine Frau erfuhr von der Affäre und zog daraufhin sofort aus. Es war ihr unmöglich, das zu verzeihen oder als Teil der Krise zu sehen. Für sie gab es nur alles oder nichts.
Wenigstens schafften es die beiden, nach dem ersten Aufwallen der Gefühle, friedlich auseinander zugehen. Als Bernd merkte, dass sie nicht

umzustimmen war, akzeptierte er ihre Entscheidung und ersparte sich damit sehr viel böses Blut. Das Schlimmste, was ein Partner machen kann, wenn er sieht, der andre ist entschlossen, zu gehen, ist, ihn dennoch festhalten zu wollen, womöglich noch indem er die Kinder als Erpressungsgrund benutzt.
Was tun wir damit uns selbst und unsern Kindern an? Was geben wir unsern Kindern für deren Zukunft mit? Selbst wenn der Partner gewalttätig gewesen ist, unsre Kinder tragen fünfzig Prozent von ihm und ihren Genen. Wäre es da nicht unsre Verantwortung und unsre Pflicht, den Kindern zu helfen, diese Gene für und nicht gegen sich zu entwickeln?
Natürlich ist es – wie bei Bernd und seiner Frau – einfacher, wenn keine Kinder mit verwickelt sind. Allerdings hat uns niemand gezwungen, Kinder zu haben. Was wir aus einer Krise machen – dafür haben wir als Eltern die volle Verantwortung.

Karins Anteil:

Karin war in einem extrem konservativen Elternhaus aufgewachsen, die Meinung der Leute stand an oberster Stelle. Vor allem Karins Vater sorgte dafür, dass jedes Familienmitglied sich so verhielt, dass niemand es beanstanden konnte.
Sie und ihre Geschwister wussten, dass er nicht zögern würde, ein Kind, das der Familie Schande bereitete, aus der Familie auszuschließen. Karin wusste nicht einmal, ob die Ehe ihrer Eltern gut oder schlecht war. Über Gefühle war zu Hause nie geredet worden.
Sie konnte sich nicht daran erinnern, jemals eine körperliche Berührung zwischen den Eltern erlebt zu haben. Es herrschte ein kühle, sachliche, emotionslose Atmosphäre.
Bernd war Karins erster Freund gewesen. Sie bemühte sich nach Kräften, es ihrem Vater recht zu machen, sie hätte es nie gewagt, auszuflippen, heimlich einen Freund zu haben.
Sie bemühte sich um gute Schulnoten, schloss ihre Berufsausbildung ohne irgendwelche Verzögerungen ab, weil sie wenigstens ein Lob von ihrem Vater bekommen wollte – als Beweis seiner Zuneigung.
Seit der Pubertät hatte sie eine Unterfunktion der Eierstöcke, manchmal

blieb die Regel ein halbes Jahr aus. Die Ärzte bezweifelten, ob sie jemals schwanger werden könnte.
Als einzige Tochter achtete der Vater mit Argusaugen auf sie, es gab überhaupt keinen Zweifel, dass er sie rausgeworfen hätte, wäre sie ohne Ehemann schwanger geworden. Durch seine Gnadenlosigkeit und Härte steckte sie voller Ängste, ja bloß nichts falsch zu machen. Als sie Bernd begegnete und erlebte, wie zärtlich und fürsorglich er war, schmolz sie dahin. Alles, was sie von ihrem Vater nicht bekommen hatte, wonach sie sich immer so unendlich gesehnt hatte, bekam sie jetzt von ihrem Freund.
Und da er im Beruf erfolgreich war, ganz allein das Bekleidungsgeschäft aufgebaut hatte, fand er sogar Gnade vor den Augen des strengen Vaters. Karin schwelgte im Glück – jetzt hatte sie alles, was sie sich immer gewünscht hatte!
Nach der Eheschließung bot sie sich an, im Laden mitzuarbeiten, ihre Stelle aufzugeben – das war wohl das mindeste, was man für so einen wunderbaren Mann tun konnte!
Sie ordnete sich seiner Arbeitswut völlig unter. Sie merkte gar nicht, dass sie sich körperlich über Jahre hinweg verausgabte. Bis dann der finanzielle Einbruch im Geschäft kam und sie eine schwere Lungenentzündung bekam – wurde ihr klar, dass etwas nicht stimmte.
Als sie im Bett lag und nicht mal mehr richtig atmen konnte, wurde ihr bewusst, dass der Einzelhandel überhaupt nicht ihres war, dass sie sich nach ihrem Zeichenbrett und ihrem Computer sehnte. Der finanzielle Engpass schien diese Entscheidung zu begünstigen.
Sie verdiente in ihrem Beruf wesentlich mehr und es wäre günstiger, wenn er eine nicht gelernte Verkäuferin an ihrer Stelle einsetzte.
Bernd war einverstanden und Karin kam sehr schnell zu Kräften, sie blühte richtig auf. Bernd erlebte es zuerst als Erleichterung, sie wieder fröhlich und voller Tatendrang zu erleben, er merkte natürlich auch, dass sein über alles geliebtes Geschäft nicht darunter litt, aber sein Selbstbewusstsein hatte durch diesen Engpass sehr gelitten. Als dann eine Kundin ihm ihre Bewunderung unverblümt entgegenbrachte, Karin dagegen ganz mit ihrem neuen Arbeitsplatz beschäftigt war, taten seiner ramponierten Seele diese Streicheleinheiten gut – er ließ sich auf die Affäre ein.
Karin spürte sehr schnell, dass etwas nicht stimmte, aber Bernd leugnete mit Vehemenz, andererseits war sein schlechtes Gewissen nicht zu über-

sehen. Er wirkte zerknirscht, abwesend und entschuldigte sich für unerhebliche Kleinigkeiten, andererseits kam er sehr oft sehr spät nach Hause mit Ausreden, die sich als Lügen erwiesen, wenn sie es nachprüfte.
Ihr Idealbild von ihrem Mann hatte schon eine ganze Weile Risse bekommen, aber sein beharrliches Schweigen erinnerte sie nur allzu sehr an ihr Elternhaus – nur dass ihr Vater dann immer aufgestanden und gegangen war und ihrer Mutter demonstrierte, dass er nicht zu irgendwelchen Diskussionen bereit war. Sie hatte nie gelernt, mit Konflikten umzugehen, aber sie hatte gelernt, dass die glatte Oberfläche keinen Kratzer bekommen durfte, denn wenn, dann bedeutete das das Aus.
Als Bernd ihr endlich seinen Seitensprung gestand, reagierte sie exakt wie ihr Vater – sie setzte ihn vor die Türe. Für sie war die Ehe beendet. Es gab in ihren Prägungen kein Verständnis für Fehler, kein Hinterfragen, was diesen Fehler ausgelöst hatte.
Sie hatte überhaupt keine Option dafür, dass eine Ehe ohne Krisen gar nicht existieren konnte. Sie hatte Bernd auf ein Podest gestellt, ihn zu einer Kultfigur hochstilisiert, genau, wie sie sich bei ihrem Vater um Perfektion bemüht hatte. Sie hatte all die unerfüllten Wünsche an ihren Vater auf Bernd übertragen und ihn damit komplett überfordert.
Solange sie so unterwürfig und angepasst war, tangierte das auch nicht Bernds unterdrückten Hass auf seine dominante Mutter. Er musste sich stark und unverletzbar geben, solange konnte er den Hass unter Kontrolle halten.
Beide waren durch die Krise aus ihren Illusionen erwacht – eigentlich hätte diese Ehe jetzt erst eine Möglichkeit gehabt, eine solide Basis aufzubauen.
Aber Karin war von ihrer Entscheidung völlig überzeugt. Sie sagte bei mir den nächsten Termin ab. Jetzt, wo Bernd entlarvt war, lag die Schuld offen: Er hatte die Ehe mit seinem Seitensprung kaputt gemacht – da gab es nur noch die Scheidung, alles war doch klar, wozu sollte sie noch Therapie machen?
Leider ist das Leben nicht so einfach gestrickt. Wenn wir unseren Anteil in einer Beziehungskrise nicht sehen wollen, erleben wir eine ähnliche Situation wieder und wieder. Irgendwann sind wir dann zu müde oder zu alt, um uns zu trennen, wir finden uns mit den Umständen resigniert ab oder wir werden zu diesen notorischen Singles, die niemanden mehr an

sich heranlassen, aber andererseits unter ihrer Einsamkeit leiden.
Aber sie weigern sich, bei sich die Ursache zu suchen. Wenn zwei Menschen eine erfüllte Beziehung anstreben, müssen immer beide bereit sein, an sich zu arbeiten. Es gibt keine bessere und intensivere Möglichkeit, seine eigenen Schatten zu erkennen und zu transformieren als in einer Beziehung. Der Partner zeigt uns überdimensional groß unsre eigenen Defizite – nur auf einer anderen Ebene – deshalb fühlen wir uns so ungerecht behandelt.
Aber wenn ich dann in der Praxis mit meinen Patienten die Entsprechung suche, zeigt sich sehr schnell, wo bei beiden die Belastungen liegen. Das heißt nicht, dass diese Beziehung dann bestehen bleibt, aber wenn jeder an sich arbeitet, hat jeder die Chance, den passenden Partner zu finden und die vergangene Beziehung als eine wichtige Lernerfahrung abzusegnen.
Bernd zumindest kann das inzwischen so sehen. Er hat seine Lebenseinstellung und seine Lebensweise so verändert, dass er seine Arbeit und seine Freizeit wieder genießen kann.
Er lässt sich mit der Partnerwahl Zeit und es geht ihm gut damit.

Geschichte 6

Das Leben der Eltern – die unfreiwillige Wiederholung

Juan war Spanier – von seiner Herkunft her – aber er lebte in Deutschland, seit er vier Jahre alt war. Abgesehen von seinem Namen, seinen dunklen Haaren und Augen, wies nichts auf seine spanische Herkunft hin. Er ist ein charmanter, sanfter Mann Anfang 40, der in seinem Beruf sehr erfolgreich war. Sein Beruf im Außendienst für ein alternatives Diagnose – und Therapiegerät, das gleichzeitig kosmetisch einsetzbar war, brachte es mit sich, dass er viel unterwegs war in den verschiedensten Praxen. Und aufgrund der Einsatzmöglichkeiten des Gerätes hatte er mehrheitlich mit Frauen zu tun – alternative Ärztinnen, Heilpraktikerinnen, Physiotherapeutinnen. Und er war deshalb so erfolgreich, weil er wunderbar zuhören konnte, sich in seine Kundinnen hineinversetzte und ihnen nicht etwas aufzuschwatzen versuchte, was sie nachher doch nicht einsetzen würden. Sein feines Gespür ermöglichte es ihm, genau das zu empfehlen, was die Physiotherapeutin oder Heilpraktikerin mit Erfolg ihren Patienten anbieten konnte.

Für ihn waren spirituelle Themen kein „Spinnkram". Die Firma, für die er arbeitete, hatte ein ganzheitliches Konzept und schulte die Mitarbeiter so, dass sie in diesen alternativen Praxen übersinnliche Aspekte berücksichtigen konnten und so bei den Kunden Interesse für das Gerät erweckten. Seine professionell und gut geführten Verkaufsgespräche ermöglichten ihm einen ordentlichen Jahresumsatz.

Aber so charmant und verbindlich er sich in seinem Beruf gab, so introvertiert und zugeknöpft entpuppte er sich in seinem Privatleben, als er das erste Mal in die Praxis kam.

Es war für ihn unvorstellbar, sich mit einer seiner Kundinnen auf etwas Privates einzulassen. Wenn eine von ihnen einen auch noch so zarten Annäherungsversuch unternahm, verschwand er hinter einer dicken Panzerwand. Das löste in ihm so viel Abwehr und Angst aus, dass er gar nicht mehr beurteilen konnte, ob die Frau das überhaupt ernst meinte oder nur ein wenig flirten wollte.

Er hatte eine Partnerin – Bettina – und hatte doch keine. Seit 17 Jahren kannten sich die beiden. Sie hatten zwei Mal versucht, zusammenzuleben, aber das hatte jedes Mal in einem Desaster geendet, so dass sie sich wieder trennten und jeder in einer eigenen Wohnung wohnte. Aber sie tauchten doch auf jeder Veranstaltung, bei jeder Einladung zusammen auf. Für Juan war trotz allem eines klar: Wenn er sich überhaupt eine Partnerschaft vorstellen konnte, dann nur mit Bettina. Sie konnten nicht miteinander, aber auch nicht ohne einander.

Hinter seiner charmanten, selbstbewussten Berufsmaske steckte eine verängstigte Seele – unfähig, wirklich Nähe zulassen zu können – selbst wenn er es gerne wollte, wurde es zur Qual.

Eigentlich konnte er mit angepassten, unterwürfigen Frauen gar nichts anfangen, er verachtete sie sogar in gewisser Weise, aber bei starken Frauen, die ihr Leben meisterten, verschwand er hinter seiner dicken Mauer, denn sie machten ihm Angst. Nur berufsbedingt oder mit viel Abstand konnte er mit ihnen kommunizieren. Sein Beruf war seine Schutzmauer, mit der Vorgabe, beruflich Kontakte zu knüpfen, hatte er keinerlei Probleme.

Er konnte ebenso wenig streiten. Bei Konflikten zog er sich schweigend zurück, er konnte keine Nähe zulassen, nicht mal in der Sexualität und nicht mal mit Bettina, obwohl er sie schon so lange kannte. Er litt darunter, aber auch das gestand er sich nicht zu. Solange er sich – vor allem im Beruf – sicher fühlte und er dann auch sehr charmant und kommunikativ erschien, konnte kaum jemand – am wenigsten er selbst – seine tiefe Unsicherheit und Angst wahrnehmen. Er spielte seine Rolle ausgezeichnet, aber seine Beziehungsfähigkeit lag so im Argen, dass etwas in seinem Innern nicht stimmen konnte, vor allem, weil seine Partnerin ihm das spiegelte, was er nicht sehen wollte – aber dazu später.

Seine Biografie sprach denn auch Bände. Seine Kindheit offenbarte deutlich, wie sich seine Abwehrmechanismen entwickelt hatten. Er war ein Beispiel für unendlich viele Menschen mit Migrationshintergrund, nur dass es sich bei den europäischen Ländern wie Spanien, Italien und Griechenland nicht so offensichtlich zeigt, wie bei Menschen mit muslimischer Herkunft oder anderen Kulturkreisen wie Afrika, wo ganz andere Familienstrukturen gelten als bei uns.

Aber ich habe in meiner therapeutischen Laufbahn immer wieder erfahren, dass da, wo oberflächlich alles ganz normal zu sein scheint, die

Traumatisierung viel subtiler und tiefer abläuft, denn gerade da empfindet das Kind sich selbst als das Problem, da im Außen doch alles in Ordnung ist. Als Erwachsener hat man dann all die belastenden Gefühle gut weggepackt, denn diese waren nicht gerechtfertigt, und erst wenn der Betreffende sich erlaubt, sich in die Qualen der eigenen Kinderseele hineinzuversetzen, realisiert er, was er da wirklich durchgemacht hat.

So auch bei Juan. Er war das älteste von drei Kindern und gerade mal drei Jahre alt, als sein Vater nach Deutschland ging, um zu arbeiten. Wie in den Großfamilien südlicher Länder üblich, gab es da noch Tanten und Omas, die seine Mutter dann bei der Erziehung unterstützten – soweit war das für das Kind gar keine Belastung, da es zum Vater nie Nähe gegeben hatte.

Aber ein Jahr später holte der Vater die Mutter nach Deutschland und Juan blieb bei Oma und Tante. Sein Umfeld blieb erst einmal dasselbe, sein Alltag auch und doch war der Verlust der Mutter eine Tragödie für ihn – niemand hatte sich die Mühe gemacht, ihm zu erklären, warum das geschah – dazu war er ja viel zu klein. Ohne zu wissen, wann er sie wieder sehen würde, stand er unter Schock – wie sich erst viel später herausstellte.

Irgendwann, zwei Jahre später, kamen dann seine Eltern und nahmen ihn mit nach Deutschland. Niemand bereitete ihn auf diesen Wechsel vor oder versuchte ihm das, was auf ihn zukam, nahe zu bringen, es war notwendig, wegen des Geldes – fertig.

Er kam mitten im Winter nach Deutschland: ein fremdes Land, eine fremde Sprache, beengte Wohnverhältnisse und keine Spielgefährten. Ein halbes Jahr später musste er in die Schule, lernte die deutsche Sprache vollends, aber verdrängte total die Fremdenfeindlichkeit, die ihm anfangs von seinen Mitschülern entgegengebracht wurde.

Seine Eltern arbeiteten bald beide, er war ein Schlüsselkind, nur der kleine Bruder, der in der Zwischenzeit in Deutschland geboren war, wurde sein einziger Halt.

In der engen Wohnung lernte er seinen cholerischen, dominanten Vater von dessen übelster Seite kennen. Er bezog Prügel, wenn irgendetwas nicht so war, wie der Vater sich das vorgestellt hatte, er wurde wegen jeder Kleinigkeit angebrüllt, ebenso wie seine Mutter, für die er unendlich viel

Mitgefühl hatte, weil sie – so gut sie es konnte – zwischen ihm und dem Vater zu vermitteln versuchte und dabei selbst in die Schusslinie ihres Mannes geriet.
Am Schlimmsten war für ihn, dass er keinen Rückzug hatte, sein Bett war im Wohnzimmer, er musste die ungeliebten Gäste seiner Eltern ertragen, es wurde von ihm sogar erwartet, dass er in seiner Ecke schlafen sollte, während sich die Erwachsenen lautstark unterhielten.
Er hatte es sich abgewöhnt, sich zu verteidigen, er verkniff sich jedes Wort, wenn er vom Vater vorgeführt wurde, er schluckte seine Tränen: „Ich wollte ihm nicht die Genugtuung geben, dass er mich weinen sah. Ich habe ihn gehasst und da es ihn am meisten wild gemacht hat, wenn ich mich verweigerte, tat ich dies, dann war das war meine stille Rache!"
Er erlebte auch, wie sein Vater zur Flasche griff, wie er seine Mutter anbrüllte und vor den Kindern niedermachte. Er hasste seinen Vater nicht nur, er verachtete ihn auch noch dann, als er so viele Jahre später als erwachsener Mann zu mir kam: „Ich gehe nur wegen meiner Mutter ab und zu nach Hause. Wenn es um meinen Vater ginge, würde ich das Haus nie wieder betreten!"

Ich lernte dann auch seine Partnerin kennen.
Bettina hatte schon einige Therapien gemacht, bevor sie zu mir kam. Berufsbedingt und aus persönlichem Interesse – sie war Physiotherapeutin – kannte sie sich mit Naturheilkunde sehr gut aus. Sie hatte seit Jahren ständig irgendwelche körperlichen Beschwerden, zum Teil psychosomatischer Natur, zum Teil aber auch somatisiert und schulmedizinisch behandlungsbedürftig – so eine Lungenentzündung, die immer wieder in unregelmäßigen Abständen auftauchte und die in ihrem heftigen Verlauf eine Antibiotikatherapie unumgänglich machte. Anschließend kamen dann regelmäßig langwierige Verdauungsprobleme, da ihr empfindlicher Darm mit Blähungen, Krämpfen und üblen Durchfällen reagierte. Wenn das dann endlich wieder ins Gleichgewicht gebracht worden war, meldeten sich Pilzinfektionen im Urogenitalbereich. Wenn dann der Körper endlich mal kein Symptom zeigte, kamen die nie endenden Probleme mit ihrer Mutter in den Vordergrund.
Ihre Eltern hatten vor Jahren bei der Insolvenz der Firma des Vaters alles

verloren, trotzdem hatten sie es Bettina nie an etwas fehlen lassen. Sie konnte ihre Physiotherapeutenausbildung machen. Als sie sich dann eine eigene kleine Praxis aufbauen wollte, unterstützen sie ihre Eltern, wo und wie immer sie konnten, vor allem ihre Mutter. Ihr Vater tat zwar alles für seine einzige Tochter, hielt sich aber im Hintergrund und überließ seiner Frau die Organisation, steckte kommentarlos die Zurechtweisungen seiner Frau ein und versuchte, sich auf diese Weise aus Streitereien herauszuhalten.

Bettina hatte tiefes Mitgefühl für diesen Vater, irgendwie waren die beiden eine verschworene Gemeinschaft, wenn die Mutter dann allzu mächtig wurde. Sie half ihrer Tochter in der Praxis, putzte und räumte auf – und mischte sich ein. Immer wieder gab es Streit mit ihrer Angestellten, immer wieder tauchten Konflikte mit Patienten.

Abends, nach der Arbeit, war Bettina wie aus dem Wasser gezogen – fix und fertig und nicht mehr in der Lage, noch etwas zu unternehmen. Sie versuchte zwischen Angestellter und Mutter, zwischen Patienten und Mutter, zwischen Mutter und Vater zu vermitteln, sie fühlte sich für jeden Konflikt verantwortlich und zuständig und hatte ständig ein schlechtes Gewissen. Sie wirkte angespannt, gereizt, immer auf der Lauer, ständig überfordert.

Mit Juan konnte sie nicht reden, er schwieg sie nur an, er sorgte für sie, indem er einkaufte, wenn sie mal wieder krank war, ihr die Hausarbeit abnahm oder in der Praxis Anrufe erledigte, wenn die Mutter mal nicht da war.

Dass er Bettinas Mutter nicht ausstehen konnte, war naheliegend. Er sah, wie sie unter ihrer Mutter litt, es ihr recht zu machen versuchte, es aber nie genug war, egal, wie sehr sie sich anstrengte.

Er gab der Mutter die Schuld, die natürlich alles tat, um sich selbst in ein schlechtes Licht zu setzen, ihre ständige Bevormundung, ihre Einmischung ins Leben ihrer Tochter lösten nicht gerade Sympathie aus. Bettina war ein typisches Opfer, sie bemühte sich nach Kräften, aber diese feindliche Welt da draußen boykottierte alle ihre Versuche.

Sie hatte keine Lebensfreude, keine Motivation, sie sagte mir auch:„Am einfachsten wäre es, wenn ich gar nicht leben würde!“

Sie war in Deutschland geboren, Einzelkind, die Eltern hatten sich aufopfernd um sie bemüht, aber sie hatten auch erwartet, dass Bettina so war,

wie sie es für richtig hielten. Sie hatte sich auch redlich bemüht, die Erwartungen der Mutter zu erfüllen, doch die projizierte ihre eigenen unerfüllten Sehnsüchte auf ihre Tochter – es war nie gut genug, egal wie sehr sich Bettina auch anstrengte. So war Bettina zu einer Perfektionistin geworden, die sich mehr als alles abverlangte und auch sich selbst nicht zufrieden stellen konnte. Sie sah nie ihre Erfolge, egal wie viele es waren, ein kleiner Fehler dazwischen machte all das Gute zunichte.
Dann erfuhr ich, dass Bettinas Mutter die eigene Mutter bis zum Tod betreut hatte, Bettina war mit zwei „Müttern“ aufgewachsen, aber das Verhältnis zwischen Oma und Mutter war sehr spannungsgeladen gewesen. Bettina hatte sich immer wie zwischen zwei Stühlen gefühlt, und als die Oma dann auch noch dement wurde, hatte die Mutter eine sehr schwere Zeit.
Als die Oma dann endlich sterben konnte, kam kurz danach die Insolvenz! Bettina hatte nie eine fröhliche, unbeschwerte Zeit in ihrer Kindheit erlebt, es gab immer irgendein Problem, irgendeine Belastung, egal auf welcher Ebene. Es gab nie ein Wollen oder Dürfen, immer nur ein Müssen, immer nur den Kampf ums Überleben. Genauso führte sie heute ihre Praxis, genauso belastetet war ihre Beziehung, die doch eigentlich nicht existierte.

Die tiefere Bedeutung

Stichworte: Heimatlos, entwurzelt, verlorene Kindheit, nicht gut genug, unterdrückte Wut, Sprachlosigkeit, Verunsicherung, gebrochen werden, Selbstablehnung, Druck, Abwehrhaltung, bloß nie werden wie er/sie, Lust als Tabu, Helfersyndrom, Verzicht,
Fehler werden bestraft, Glück ist ein flüchtiges Gefühl, Überlebenskampf.

Juans Anteil

An Juan erinnerte im ersten Moment gar nichts an seine spanische Herkunft, weder im Aussehen, noch in der Kleidung, noch im Verhalten. Er war kein bisschen eitel, er wirkte still, hatte eher eine sanfte Ausstrahlung und eigentlich hätte er mit seinem verbindlichen, aufmerksamen Umgang ein Frauenmagnet sein müssen.

Aber etwas an ihm verhinderte das, da kam gleichzeitig eine Unnahbarkeit beim Gesprächspartner an, die dazu führte, Distanz zu wahren. Aber diese Ausstrahlung gründete nicht auf Überheblichkeit, sondern auf Angst. Nur ein sehr aufmerksamer Beobachter registrierte diese subtile, angstvolle Unsicherheit, die sich hinter der Unnahbarkeit verbarg. Seine Kundinnen mochten ihn alle, ließen sich gerne von ihm beraten, ihm wurde nie die Tür vor der Nase zugeschlagen, weil da wieder der lästige Pharmavertreter auftauchte – im Gegenteil, er wurde angerufen auf Empfehlung aus Kollegenkreisen und um einen Termin gebeten. Vielen konnte er auch im persönlichen Bereich wertvolle Tipps geben und er kam nie unangemeldet zu seinen Kunden. Er hatte alles, was einen erfolgreichen Außendienstler ausmachte.

Als er mir dann auf meinen Wunsch hin seine Biographie erzählte, spürte ich das Leid dieses kleinen Jungen viel mehr als er selbst. Er erzählte so, als würde er von einem Fernsehfilm erzählen, mit dem er persönlich gar nichts zu tun hatte.

Nur wenn er seinen Vater erwähnte, spürte man diesen unterdrückten Hass. Sein Vater war ein ganz typischer Spanier, die ganze Familie musste nach seiner Pfeife tanzen, sein Wort war Gesetz. Widerspruch kam nicht in Frage und wenn das doch eines der Kinder wagte, brüllte er los und es setzte Prügel. Seine Mutter hatte sich dem allem angepasst, selbst bei ihr bestimmte er, wie sie zu leben hatte. Juans großes Glück war, dass sie in einem Dorf lebten, dass auch seine Großeltern gleich nebenan wohnten, da konnte er sich hin retten und er war – zusammen mit den anderen Kindern im Dorf – den ganzen Tag draußen. Da konnte er sich – von den älteren Kindern betreut – frei ausleben.

Als sein Vater dann nach Deutschland ging, weil er dort als Gastarbeiter gut verdienen konnte, erlebte Juan das nur als Erleichterung.

Er sagte mir, dieses Jahr, an das er sich noch gut erinnern könne, sei für ihn das Paradies gewesen. Mutter und Großmutter gaben ihm die Liebe und den Freiraum, den er beim Vater so bitter vermisste. Aber es blieb nicht so. Er erlebte seine Mutter als warmherzig und fürsorglich und hatte

eine enge Beziehung zu ihr. Allerdings redete niemand mit ihm über das, was die Erwachsenen planten. Er erlebte es als einen tiefen Schock, als sein Vater – für ihn völlig unerwartet – auftauchte, um seine Mutter abzuholen. Als er sich von ihr verabschieden sollte, versteckte er sich weinend in einem Verschlag. Er war wie vom Blitz getroffen, wie erstarrt, und er wusste genau, würde sein Vater ihn „heulen" sehen, dann hätte er wieder Prügel gekriegt. Andererseits hatte er ein unendlich schlechtes Gewissen, dass er sich nicht verabschiedet hatte. Die Oma fand ihn schließlich, da waren die Eltern schon weggefahren.
Er konnte mir nicht erzählen, ob sie ihn tröstete oder wie sie mit ihm umging, da gab es eine Erinnerungslücke. Er wusste genau, wie ihn die Oma dann betreute, wie er wieder seine Spielkameraden um sich hatte und er sich irgendwie damit abfand, dass die Mama nicht mehr da war. Niemand erklärte ihm etwas, außer dass sein Vater weit weg arbeitete und die Mutter jetzt auch dort war. Dass das bei ihm wie ein Schock wirkte, registrierte niemand. Es war einfach so, die Notwendigkeit, mehr zu verdienen, erforderte es, Umstellungen in Kauf zu nehmen, aber warum sollte man dann mit einem kleinen Jungen reden, der dies alles sowieso nicht verstand?

Aber damit war es für Juan noch lange nicht ausgestanden. Ein Jahr später standen beide Eltern bei der Oma vor der Türe, um ihn mitzunehmen. Da es für die Erwachsenen ganz selbstverständlich war, dass Juan jetzt wieder bei den Eltern wohnen würde, kam niemand auf die Idee, dass es für Juan nicht so war. Niemand hatte ihn auf diesen Wechsel vorbereitet, er musste mit seinen Eltern in den Zug steigen und in ein fremdes Land fahren.
Er musste seine Spielgefährten, seine vertraute Umgebung und vor allem seine Oma zurücklassen und sein verhasster Vater hatte wieder Zugriff auf ihn.
Als wir eine Regression machten, erlebte er, dass er wie versteinert im Zug saß. Er empfand sich abgetrennt von allen Gefühlen, er ließ es – weil er keine Wahl hatte – über sich ergehen. Bei der Oma in Spanien hatte er ein einfaches, aber ein eigenes Zimmer gehabt. Da seine Eltern sich keine große Wohnung leisten konnten, lebte er mit ihnen – wie oben schon angedeutet – in zwei Zimmern. Sein Bett stand in der Ecke im Wohnzimmer, hinter einem Schrank. Wenn seine Eltern Besuch hatten, konnte er jedes

Wort hören, konnte nicht schlafen, weil er sich von den Fremden bedrängt fühlte. Oft machte er fast in die Hosen, weil er auf dem Weg zur Toilette am Besuch vorbeigehen musste, und es war für ihn ein Alptraum, sich die Bemerkungen gefallen lassen zu müssen. Jede Widerrede hätte dazu geführt, dass ihn sein Vater vor versammelter Mannschaft geprügelt hätte. Diese Schande wollte er nicht auch noch ertragen.
Ein Geschwisterchen kam zur Welt, kurzfristig arbeitete seine Mutter nicht.
Die Einschulung erlebte er als Alptraum. Beide Eltern sprachen zu Hause Spanisch, er hatte keinen Kontakt zu anderen Kindern mehr, es gab keine in dieser lauten, großen Straße.
Er verstand also fast nichts vom Unterricht, noch weniger, was die andern Kinder sagten.
Er fühlte sich ausgegrenzt und fremd. Die Jungs nutzten seine Sprachbarriere, um ihm nach der Schule Schimpfworte hinterher zu grölen, ihn auf dem Heimweg regelrecht zu verfolgen. Er war immer allein, immer ein Sonderling.
Sobald es ging, arbeitete die Mutter wieder, er musste die kleine Schwester von der Tagesstätte abholen und sich um sie kümmern, bis die Eltern von der Arbeit kamen.
Das erlebte er als eine große Erleichterung. Endlich gab es etwas, wo er gebraucht wurde, wo er wichtig war. Die Stunden zwischen Schulende und Heimkehr der Eltern waren für ihn die schönsten. Wenn sein Vater auftauchte, war sowieso alles vorbei. Er verbreitete eine Anspannung und Hektik, der sich Juan nicht entziehen konnte. Wenn irgendetwas schief lief, war es immer seine Schuld und wenn er es gar nicht sein konnte, musste seine Mutter herhalten, die stillschweigend alles über sich ergehen ließ. Wenn sein Vater dann in seiner Cholerik mit hochrotem Kopf brüllte, dass es in der ganzen Nachbarschaft zu hören war, spürte er den Hass und die Verachtung in sich hochsteigen.
Auch dafür, wie er mit der Mutter umging, hasste Juan seinen Vater. Die kleine Schwester – ein stilles Kind – nahm der Vater gar nicht so richtig wahr, sie lief eher nebenher, das war ja nur ein Mädchen, das man dann baldmöglichst verheiraten würde.
In der Pubertät eskalierte die Beziehung zu Juans Vater. Er provozierte ihn oft geradezu, aber wenn der Vater dann rumtobte, hasste er ihn nicht nur, er verachtete diesen Choleriker abgrundtief.

Er ging auf keine Anschuldigung mehr ein, er schwieg beharrlich und kochte innerlich, das provozierte den Vater noch mehr, weil er nicht gegen Juan ankam. Das war Juans einziger stiller Triumph. Er verließ sein Elternhaus so früh wie möglich – er war gerade achtzehn und volljährig – er schloss eine Lehre als Außenhandelskaufmann erfolgreich ab und fand sofort eine gut bezahlte Stelle. Alle in der spanischen Großfamilie gratulierten ihm, nur von seinem Vater kam kein Wort des Lobes. Von seiner Mutter hörte er, wie sein Vater mit seinem tollen Sohn bei Freunden prahlte, zu ihm selbst sagte er kein Wort. Je erwachsener Juan wurde, umso weniger Kommunikation fand noch zwischen den beiden statt. Rief er zu Hause an, war seine Mutter am Telefon, mit ihr hielt er Kontakt. Er sagte mir auch unverblümt, dass er auf eine Verbindung zu seinem Vater keinen Wert legen würde, wenn seine Mutter nicht wäre.

Der Vater war eine abstoßende Männerfigur für Juan, mit der er keinerlei Berührungspunkte haben wollte. Er tat alles dafür, um ein ganz andrer Mann zu sein wie sein Vater.

Aber auch hier – es gibt keinen besseren Kitt als Hass. Er lebte – ohne es zu wissen – das Leben seines Vaters. Sein Vater war nicht besonders erfolgreich gewesen in seinem Beruf, sein Leben hatte nur aus Arbeit bestanden, er hatte sich alles vom Mund absparen müssen, um sich neben dem Unterhalt der Familie noch ein Haus in Spanien bauen zu können – natürlich in Eigenarbeit. Im Urlaub fuhr man nach Spanien, um am Haus weiterzukommen. Juans Kindheitserinnerungen waren geprägt von ständiger mühseliger Arbeit, von Streitereien, die sein Vater auch mit anderen anzettelte und dem ewigen Mangel – an Geld vor allem, aber auch an Zuwendung, an Verständnis, an Erholung. Das einzige, was in Hülle und Fülle existierte, war der Kampf ums Überleben.

Das hatte sich so tief in Juans Unterbewusstsein eingeprägt, dass er nicht merkte, wie er den Lebensstil seines Vaters wiederholte. Natürlich wollte er kein eigenes Haus, nachdem er die Malocherei seines Vaters erlebt hatte, selbstverständlich brüllte er nicht, wenn er sich ärgerte. Er tat alles, um nicht seinem Vater zu ähneln – aber eben nur oberflächlich gesehen.

Obwohl er eine gute Stelle hatte, reichte das Geld nie. Da waren Altlasten: Er musste einen Kredit abzahlen oder es kam eine saftige Heizungsnachzahlung vom Vermieter. Irgendetwas verhinderte, dass er mal Geld übrig hatte. Und er arbeitete extrem viel. Er kam nicht nach mit Kundenbesuchen, er hatte Mühe, seine Berichte und Statistiken für seine Firma rechtzeitig zu schreiben. Selbst an den Wochenenden blieb für die Freundin kaum Zeit. Er wirkte wie getrieben, total angespannt und immer auf dem Sprung. Es war nur zu bewältigen, weil er allein lebte und weil er eigentlich keine Beziehung hatte, aber er hatte trotzdem ein schlechtes Gewissen, weil er nicht mal für seinen besten Freund ein paar Stunden Zeit aufbringen konnte, sich ständig entschuldigen musste, weil er bei einem Fest nach kurzer Zeit wieder aufbrach – er musste noch was für die Firma tun.

Sein Alleinleben ersparte ihm auch, sich mit seiner enormen Konfliktscheu zu konfrontieren.

Als er mit Bettina zusammengewohnt hatte, gab es nur Streit zwischen den beiden, der immer damit endete, dass er nach einigen Sätzen der Auseinandersetzung in ein tiefes Schweigen verfiel.

Bettina erzählte mir, am Anfang habe sie gar nicht so bemerkt, dass sie Monologe hielt. Wenn sie ihm eine direkte Frage stellte, kam eine knappe kurze Antwort und dann war wieder Stille. Sie habe alles versucht, um bei einer Meinungsverschiedenheit einen sinnvollen Kompromiss zu finden, um wenigstens herauszufinden, warum er plötzlich nicht mehr ansprechbar war. Sie hatte es aufgegeben. Eine Weile ging dann jeder schweigend seiner Tätigkeit nach, irgendwann ging man wieder zum Alltag über. Das Thema, um das es gegangen war, wurde nicht mehr erwähnt – bis zum nächsten Mal. Da es keine Einigung gegeben hatte, wurde es immer wieder neu aktiviert und unerledigt zum Reizthema.

Juan hatte keine konstruktive Konfliktfähigkeit gelernt. Statt unbeherrscht herumzuschreien, fiel er in den Gegenpol – in Schweigen. Ihm war nicht klar, dass das genauso schlecht war wie dieses Gebrüll. Es gab ebenso wenig die Chance, zu einer Lösung zu kommen, die für die Beteiligten zufriedenstellend war. Ihm war auch seine Angst nicht bewusst, die er vor Konflikten hatte. Er erlebte Gefühle nur im Außen, in der Anteilnahme an einem schweren Schicksal bei anderen. Den Zugang zu seinen eigenen Gefühlen hatte er komplett durchtrennt. Die Ansprüche, die seine Freundin an ihn hatte, berührten diese Verdrängungsmechanismen unangenehm. Also war für ihn die einzige Lösung, damit klarzukommen, dass er zu allem, was ihm zu nahe kam, Abstand hielt. Indem er auch jeden Annähe-

rungsversuch einer Frau sofort abblockte – obwohl er eigentlich behauptete, er sei von Bettina getrennt – wollte er sich nicht mit seiner Beziehungsunfähigkeit konfrontieren und schob es darauf, dass eigentlich nur Bettina als Partnerin in Frage kommen konnte.
Ich fragte ihn, ob er wisse, wie er mal im Alter leben wolle. Er hatte keine Ahnung, er hatte sich damit nie auseinandergesetzt, er war voll damit beschäftigt, irgendwie über die Runden zu kommen.
Ich konfrontierte ihn damit, wie sein Alter aussehen würde, wenn er so weitermachte:
Ein einsamer, kauziger Single, der keine Freunde hatte, weil er bis dahin alle erfolgreich vergrault hatte, dessen Körper all seine Verbitterung und seine Lebensfeindlichkeit in Form von Krankheiten ausbaden müsse. Es schockierte ihn, machte ihn nachdenklich.
Der Zusammenhang zwischen der Lebenseinstellung, der emotionalen Verfassung und der Entstehung von Krankheiten war für ihn keine Frage, trotzdem wandte er dieses Wissen nicht auf sich an. Ihm wurde sehr schmerzlich bewusst, dass es ihm in jeder Ebene an Lebensqualität fehlte. Er lebte nicht, er überlebte – irgendwie.
Für mich als Beobachterin waren da so viele ungeweinte Kindertränen, so viel Schmerz, der nie Raum gehabt hatte. Im Familienstellen nahm er den Platz des Vaters neben der Mutter ein. Er war damit grenzenlos überfordert gewesen. Als sein Vater nach Deutschland ging, hatte das bisschen Kindheit, das er bis dahin gehabt hatte, aufgehört. Er hatte nie mehr Leichtigkeit, Sorglosigkeit und Freude erlebt, alles war schwer, mühsam und bedrohlich gewesen. Immer wenn er sich emotional auf etwas eingelassen hatte, verlor er es – seine Mutter, seine Oma, seine Heimat. Das, was danach kam, befremdete, erforderte Kampf, ständige Wachsamkeit. Also ließ er sich nicht mehr emotional ein – das ersparte ihm den Schmerz, aber damit gab es auch keine Freude mehr. In seiner Familie konnte man – wie so weit verbreitet – nicht umgehen mit Schmerz, mit Konflikt, mit Veränderung, das war alles nur furchtbar. Obwohl er jetzt ganz andere Lebensumstände hatte, die ihm ein gutes Leben ermöglicht hätten, setzte er das Leben seines Vaters fort, schlimmer noch, er vermied alles, was ihm gezeigt hätte, dass er es nicht besser machte – er lebte nach innen, was sein Vater nach außen gelebt hatte. Hätte er nicht einen sehr aufmerksamen, bewussten Chef gehabt, der ihm zugeredet hatte, etwas für sich zu tun, wäre da

nicht die Ahnung gewesen, dass zwischen seinem Wissen um die Zusammenhänge und seiner Lebenspraxis etwas nicht übereinstimmte, er hätte gute Chancen gehabt, dieser alte, kauzige Single zu werden.
Er machte sich auf einen langen, mühsamen Weg zu sich selbst. Es braucht viel Mut, viel Disziplin und eine gute Portion Durchhaltevermögen, sich durch diese vielen Altlasten hindurchzuwühlen.

In meinem Umfeld, in unsrer Dorfkneipe, am Stammtisch, am Spielautomaten, am Tresen erlebe ich dann oft, was passiert, wenn man diesen Weg vermeidet, weil „Mann" doch keinen Seelenklempner braucht, weil so was doch nur Geld in den Ofen geworfen ist. Okay – dann wirft man das Geld in den Spielautomaten, säuft seinen Frust mit einem Bier und ein paar Schnäpsen runter, ignoriert seinen stetig wachsenden Bierbauch, rennt zum Arzt und schluckt die Tabletten gegen Bluthochdruck und erhöhten Cholesterinspiegel – aber das ist doch normal, dass die Wehwehchen kommen, wenn man älter wird – jeder auf seine Weise.
Juan jedenfalls hat einen anderen Weg gewählt – er lebt inzwischen mit Bettina zusammen, sie haben sich beide entschieden, ihr eigenes Leben zu leben und nicht das der Eltern.
Er weiß um die Herausforderung, die das Zusammenleben mit sich bringt. Es ist kein leichter Weg! Für ihn ist es extrem anstrengend, seine Gefühle wahrzunehmen und noch anstrengender, sie in Worte zu fassen. Es ist eine unendliche Überwindung, zuzugeben, dass er sich schwach fühlt oder verletzt oder traurig.
Wenn es um ihn selbst geht, hat er keinen Zugang mehr zu seinem ausgezeichneten Wortschatz, zu seiner Kommunikationsfähigkeit, da lernt er wie ein kleiner Junge eine Sprache, von der er sich seit vielen Jahren selbst abgeschnitten hat – die Sprache der Gefühle. Aber er weiß, nur dann hat er eine Chance, eine Beziehung zu führen, weil er sich dann endlich selbst wahrzunehmen lernt!

Bettinas Anteil

Bettina hatte eine sehr zwiespältige Einstellung zum Leben. Einerseits versuchte sie, es allen recht zu machen, andrerseits kam ab einem bestimmten Punkt ihre rebellische Seite zum Vorschein, sie explodierte und schlug ihrem Gegenüber die Wahrheiten so ungeschminkt um die Ohren, dass es sehr verletzend wurde. Anschließend überkam sie ihr schlechtes Gewissen, sie zermarterte sich das Gehirn, irgendwann hielt sie es nicht mehr aus, stopfte sich mit Junkfood voll oder trank zu viel Alkohol, um sich hinterher wieder vorzuwerfen, wie sie ihre Gesundheit ruinierte. Egal was passierte, es war alles mühsam, es war immer ein endloser Kampf – ganz wie bei Juan! Wenn sie es schaffte, mal zu siegen, stand schon die nächste Niederlage in der Tür. Schon allein, wenn man zuhörte, wie sie ihr Leben gestaltete, wurde man leer und hoffnungslos, aber gleichzeitig voller Unruhe und Anspannung.

Es war mir unbegreiflich, wie man ständig in einem derartigen Zustand existieren konnte. Bettina musste über eine unglaubliche Zähigkeit verfügen, dass sie trotz allem noch ein halbwegs normales Leben führen konnte. Sie schlidderte zwar von einer Krankheit in die nächste, oder es gab zur Abwechslung alle möglichen Schwierigkeiten mit Patienten, mit ihrer Angestellten oder vor allem mit ihrer Mutter. Sie zog Probleme an wie ein Magnet.

Es nahm mir die Luft, wenn ich in ihr Energiefeld eintauchte. Mit einer solchen Ausstrahlung konnte keine Ruhe reinkommen.

Aber wieso? Bettina hatte keinen Migrationshintergrund, ihre Eltern waren beide deutsch, dennoch – die Familiengeschichte enthüllte unendlich viel Kriegs- und Frauenleid. In den Aufstellungen kam heraus, dass ihre Urgroßmutter im 1. Weltkrieg vergewaltigt worden war, der Ehemann kam kurz danach nach Hause, so dass die Schwangerschaft ehelich hätte sein können.

Das erlebe ich so oft in meiner Praxis: Die Frauen wurden im Krieg, auf der Flucht vergewaltigt, aber die Furcht vor Demütigung, vor der Schande und die Schuldzuweisung schlossen ihre Lippen. Wenn es niemand mitbekam, schwiegen sie und beteten darum, nicht schwanger zu sein, oder sie schoben – wie bei Bettinas Ahnin – das Kuckuckskind dem Ehemann unter, innerlich zerfressen von Schuldgefühlen und der traumatischen Erfahrung, die sie niemandem anvertrauen konnten.

Es gab damals weder Beratungsstellen noch gesellschaftliches Verständnis, sie waren vollkommen allein. Aber dieses Leid geht nicht verloren, es

wird weitergegeben an die nächste Generation. Was wir als vererbt betrachten, sind sehr oft weitergereichte, alte Verhaltensmuster, alte Programme, die so verinnerlicht sind, dass man sie nicht mehr als Fremdkörper wahrnimmt. Aber da sie fremd sind, verursachen sie so lange Leid in den nachfolgenden Generationen, bis ein Nachkomme endlich bereit ist, hinzuschauen und das Muster korrigiert. Bettinas Oma, das Kuckuckskind, wollte keine Kinder, aber da es keine Verhütung gab, wurde sie doch Mutter von zwei Söhnen und einer Tochter – Bettinas Mutter. Diese stammte vom ersten Mann, der dann im Krieg fiel, und die Oma bekam die beiden Söhne in ihrer zweiten Ehe. Bettinas Mutter war dann das Aschenbrödel gegenüber den beiden Kronprinzen. Die Großmutter verbarg ihr tiefes Minderwertigkeitsgefühl hinter einer Maske aus Härte und Strenge.
Bettinas Mutter hatte keine Liebe erfahren – wie sollte sie auch – die Großmutter selbst war ja ein Vergewaltigungskind gewesen, das durch seine Existenz bei deren Mutter ständig die Erinnerung an das Trauma reaktivierte.
Bettinas Mutter nahm die Überlebensstrategie an, indem sie versuchte, sich durch ihre unaufgeforderte Hilfsbereitschaft Anerkennung zu verdienen, aber sie unterdrückte damit ihre eigenen Bedürfnisse.
Vor Bettina hatte die Mutter eine Fehlgeburt im fünften Monat gehabt, es wäre ein Junge geworden. Ihre Mutter gab sich die Schuld, weil sie trotz Schwangerschaft weiterhin im Geschäft schwer gearbeitet hatte. Und dann kam Bettina – sie war „nur“ ein Mädchen und sie übernahm schon im Mutterleib das schlechte Gewissen ihrer Mutter. Sie selbst trug noch eine Überlebensschuld – der Bruder musste sterben und sie lebte.

Sie brachte schon eine schwere Last mit in ihr Leben. Dazu kam, dass die Oma bei ihren Eltern wohnte, sich die ersten Jahre um Bettina kümmerte, weil die Mutter im Geschäft mitarbeitete. Zwischen Mutter und Großmutter gab es ständig Auseinandersetzungen, wie ein Konkurrenzkampf um den einzigen Mann in der Familie – Bettinas Vater.
Kein Wunder also, dass Bettinas Unterbewusstsein von altem Leid überflutet war!
Das zeigte sich vordergründig darin, dass Bettina bereits als Kind von einer Krankheit in die nächste taumelte – wenn sie krank war, dann bekam sie die Zuneigung, die sie sich wünschte – also entstand in ihrem Unterbe-

wusstsein eine unglückselige Koppelung: Nur wenn ich krank bin, bekomme ich, was ich brauche.
Ihre ganze Sympathie und Zuwendung galt ihrem Vater, er gab ihr als Kind als einziger Zuwendung und Nähe. Sie hatte großes Mitgefühl für ihn, weil er zwischen den beiden Frauen zerrieben wurde und still litt.
Ein Kind ergreift immer Partei für die Schwachen in der Familie, es kann nicht erkennen, dass der oder die Erwachsene für sich selbst Verantwortung hat.
Es war für ihren Vater viel bequemer in die Opferrolle zu gehen, anstatt sich gegenüber den beiden dominanten Frauen zu behaupten. Er entzog sich dem Gekreische durch sein Schweigen und in der Arbeit. So wie sich Juan heute bei ihr durch Schweigen entzog!
Als die Großmutter dann noch dement und zum Pflegefall wurde, war die Mutter restlos überfordert, trotzdem pflegte sie die bettlägerige und verwirrte alte Frau bis zu deren Tod. Gerade in ländlichen Gebieten ist es noch weit verbreitet, die Eltern zu Hause zu lassen und zu pflegen. Man hat Angst vor dem Gerede der Nachbarn, wenn man das Elternteil in ein Heim gibt. "Die haben ihren alten Vater/ihre alte Mutter einfach ins Heim abgeschoben", heißt es dann. Aber wir haben heute keine Großfamilie mehr, in der diese Last auf mehrere Schultern verteilt werden kann. In unsrer heutigen Zeit, in der die erwachsenen Kinder berufstätig sind und selbst eine Familie haben, hinterlassen solche, oft über Jahre andauernde Belastungen tiefe Narben. Jeder von uns hat nur ein Leben, wenn die Eltern dann schließlich sterben, sind die Kinder auch schon älter. Und die Kinder sind ausgelaugt und erschöpft.
Sich dann noch von all den Strapazen zu erholen, funktioniert nicht mehr. Es bleiben Verbitterung, ein kranker, weil überforderter Körper, ein ruiniertes Nervensystem, aber wenigstens können die Nachbarn nichts Negatives sagen!
So war es auch bei Bettinas Eltern. Nach dem Tod der Oma wurde Bettinas Mutter noch herrischer, noch unzufriedener. Der Vater ordnete sich noch mehr wortlos unter. Das Geschäft ging in die Insolvenz, sie mussten das Haus verkaufen, in eine Mietwohnung umziehen.
Trotz alledem ermöglichten ihr die Eltern die Ausbildung zur Physiotherapeutin.
Bettina hatte ein ganz schlechtes Gewissen, fühlte sich für ihre Eltern

verantwortlich, erst recht dann, als diese sie unterstützten, sich selbstständig zu machen.
Bettina hatte schon im Mutterleib gelernt, dass das Leben einer Tretmühle glich – man schuftete, rackerte sich ab und wenn ein Elend endlich überwunden schien, lauerte hinter der nächsten Ecke neues Unheil. – Eine nie endende Kette von Leid und Qual, ein aussichtsloser Kampf, den man nicht gewinnen konnte, egal wie man es auch versuchte. Die Welt, das grausame Schicksal bestimmen das Leben, der Mensch ist ein in die Welt geworfenes Opfer, den Bestien des Schicksals zum Fraß ausgeliefert.

So pathetisch sich das im ersten Moment anhört, so realistisch ist diese Lebenseinstellung, nur lassen die wenigsten zu, dass sie das Leben so empfinden, denn wenn man hinschaut, kommt man nicht umhin, nachzudenken. Dann wird es unbequem, weil man umdenken müsste, handeln müsste – und das kostet Kraft und vor allem Ausdauer. Die gute Fee, die den Zauberstab schwingt, die gibt es leider nicht – es ist harte Arbeit, wir können diese Energie aber auch ins Aushalten und Leiden investieren – das ist der freie Wille!
Kaum hatte Bettina es geschafft, mit Unterstützung der Eltern ihre eigen kleine Praxis aufzubauen, wurde sie schwer krank. Ihre Selbstständigkeit stand auf der Kippe, da sprang ihre Mutter ein, kümmerte sich um alles, was nicht fachspezifisch war – putzte, wusch die Praxiswäsche, räumte auf – so dass Bettina sich nur um ihre Patienten kümmern konnte, soweit ihr Zustand das erlaubte. Aber jetzt hatte die Mutter den Fuß in der Türe – da sie jeden Tag in der Praxis war, mischte sie sich immer mehr ein, bis dahin, dass sie Patienten bediente, die in dem kleinen angeschlossenen Laden eines der angebotenen Produkte kaufen wollten. Der Umgang mit den Kunden kam gar nicht gut an, Patienten beschwerten sich bei Bettina über den Ton ihrer Mutter und deren Einmischung.
Und noch eine andere unangenehme Folge resultierte aus der Anwesenheit der Mutter: Es kamen immer mehr unzufriedene, quengelnde, jammernde Patienten, die nur darauf warteten, ein Haar in der Suppe zu finden, um ihrem Frust einen Ausdruck zu geben.
Bettina bezog alles brav auf sich, suchte bei sich die Schuld, wurde unsicher in ihrer Tätigkeit, war abends regelmäßig völlig fertig und versuchte – ziemlich erfolglos – sich ihre Mutter auf Abstand zu halten. Der Vater

war froh, dass seine Frau wieder etwas Sinnvolles zu tun hatte und meinte dann auch Bettina gegenüber: „Nimm ihr das jetzt nicht auch noch weg!" In Wirklichkeit hatte er seine Ruhe vor den ständigen Nörgeleien seiner Frau.
Juan erlebte Bettinas Mutter als seinen Alptraum, er sah natürlich, dass Bettina dadurch mehr belastet als unterstützt wurde, aber er war meist unterwegs und am Wochenende biss er die Zähne zusammen und vergrub sich in seiner Arbeit. Die Kommunikation zwischen den beiden beschränkte sich auf Geschichten aus der Praxis und auf Alltagsabsprachen. Beide lebten in ihrem ganz individuellen Gefängnis – zusammen und doch meilenweit voneinander entfernt. Die gemeinsame Wohnung wurde zum Alptraum – Bettina bat ihn, auszuziehen.
Als jeder auch im Außen wieder sein eigenes Umfeld hatte, konnten sie auch wieder besser miteinander, der Abstand war groß genug, dass die Schluchten zwischen ihnen nicht mehr so auffielen.
Außerdem funktionierte Bettinas unterbewusstes Programm perfekt: Wenn sie mal keine Problempatienten hatte und die Mutter nicht ganz so nervtötend war, wurde sie krank – die sich selbst erfüllende Prophezeiung – gemäß dem Sprichwort: „Der Vogel, der am Morgen singt, den frisst am Abend die Katze."
Glück war nur ein flüchtiger Moment, das Leben ein Martyrium, dem man nur für Augenblicke entkommen konnte. Außerdem – nur wenn man krank war, bekam man Zuwendung – dann sah die Mutter ein, dass die Tochter Ruhe brauchte, dann nahm sich Juan am Wochenende ein paar Stunden Zeit, trotz der Arbeitsüberlastung. Und Bettina hatte wieder einen Grund mehr, ein schlechtes Gewissen zu produzieren, weil sie den andern so viel abverlangte.
In ihr potenzierten sich die Leiderfahrungen der vergangenen Generationen. Sie stellte ein Paradebeispiel für den Bibelspruch dar, dass die Sünden der Väter bis ins dritte und vierte Glied gesühnt werden. Aber es geht hier nicht um Sühne, wie die Kirche das interpretiert – wir sind nicht unschuldige Opfer, die für die Sünden der Ahnen büßen müssen – wir tragen diese alten, unglückseligen Programme in uns, weil wir so geprägt wurden, weil diese Vorstellung von der grausamen Welt und unsrer Ohnmacht von Generation zu Generation weitergegeben wurde. Es scheint dann, als käme das Leid von außen, aber in Wirklichkeit kennen wir gar

nichts anderes, wir gehen davon aus, dass die Welt so funktioniert und wir die Spielbälle des Schicksals sind.

Aber dieser Teufelskreis beginnt nicht im Außen, sondern in unseren Köpfen. Wir erzeugen mit dieser Opfereinstellung eine Schwingung, die den Täter unweigerlich anzieht.
Das Gesetz der Schwingung verursacht die entsprechende Anziehung. Solange wir unsre Einstellung nicht verändern, verändert sich auch unser Leben nicht. Bettinas Ahninnen bekamen nie die Möglichkeit, eine andere Sichtweise zu erwägen, sie wären gar nicht auf die Idee gekommen, dass es noch andere Möglichkeiten gibt. Bettina hatte keine andere Wahl – sie machte sich auf den Weg, suchte nach alternativen Behandlungsmöglichkeiten, beschäftigte sich mit spirituellem Gedankengut und machte verschiedene Psychotherapien.
Sie lernte dabei sehr viel, was sie auch an ihre Patienten weitergeben konnte, sie veränderte ihre Ernährung, sie beschäftigte sich mit Meditation, aber die kleinste Belastung brachte alle guten Ansätze wieder zum Einstürzen. Am allerbesten dienten dazu ihre Mutter und Juan.
Ihr wurde erst in unsern Sitzungen bewusst, dass gerade die nahe stehenden Menschen unsre härtesten Lehrer sind. Wer sonst kann uns so einfach den Finger in unsre Wunden legen?!
Jeder von uns hat seine Baustelle in einem anderen Lebensbereich – im Beruf, in den Finanzen, in der Gesundheit oder in den Beziehungen. Je mehr Baustellen wir haben, umso unausweichlicher ist unser Lernprozess. Das Leben fragt nicht danach, wie wir mit den scheinbaren Blockaden umgehen, wir können sie entweder als Lernprozesse annehmen oder wir versuchen sie zu verdrängen. Allerdings kommen sie dann immer wieder und sie werden immer heftiger – bis wir die enthaltene Botschaft umsetzen oder schließlich daran zerbrechen. Diese Gefahr war bei Bettina sehr groß, weil sie auch die lebensfeindliche, bittere Haltung ihrer Ahninnen übernommen hatte.
Mir wurde bei ihren Schilderungen von all den Belastungen of ganz schwummerig – ich konnte dann sehr gut verstehen, wie sie sich davon vereinnahmen ließ und nur noch alles schwarzsah. Wenn ich ihr dann eine andere Perspektive zeigte, kam ihr Lieblingswort in der Therapie, es war: „Ja aber…“.

Bettina war sich überhaupt nicht bewusst, wie sie ständig in negativen Selbstgesprächen gefangen war. Wir sind uns meist nicht einmal bewusst, dass diese Selbstgespräche immer und bei jedem ablaufen, auch wenn wir es nicht – wie manche alte Menschen – laut machen, in unsrem Geist tun wir es ständig. Bettina berieselte sich selbst ununterbrochen mit allem möglichen Negativen – sei es, dass sie sich über eine Bemerkung einer Patientin den Kopf zerbrach, sich selbst Vorwürfe machte, ihr Verhalten anzweifelte, ihren eigenen Erwartungen nicht entsprochen hatte oder aber sich schon in den grellsten Farben ausmalte, was alles eventuell schief gehen könnte. Diese Stimme im Kopf gab nie Ruhe, sie redete vom ersten Erwachen bis zum erschöpften Einschlafen und manchmal brauchte Bettina den Alkohol, nur damit es vorübergehend ein wenig ruhiger wurde.
Sie war geworden wie das, was sie am meisten ablehnte: Sie war genauso negativ, sie fühlte sich genauso vom Leben betrogen – wie ihre Mutter. Und Juan wurde wie ihr Vater – er schwieg und entzog sich!
Sie war es – wie ihre Mutter – gewohnt, das Leben als ein Jammertal zu erfahren, dass sie einen hohen Leidensdruck brauchte, um aus dem Teufelskreis raus zu kommen. Sie schaffte das immer wieder, aber kaum kam die erste Belastung, sah sie das als ihr Versagen und gab auf. Es kostete große Überwindung, diese Belastungen als Herausforderungen zu sehen, als eine Möglichkeit, sich nicht wieder entmutigen zu lassen sondern mit einem „Jetzt erst recht“ das Hindernis anzugehen.

Ganz oft merkt man erst dann, dass sich das scheinbare Hindernis wie eine Fata Morgana auflöst, wenn wir beherzt zufassen. Bettina erlebte das immer wieder, aber der alte Sog ergriff immer wieder Besitz von ihr. Sie erwartete eine schnelle Veränderung, eine Belohnung für ihr Bemühen. Aber wenn man ein ganzes Leben so negativ gelebt hat, noch dazu die Altlast der Ahnen mit sich herumschleppt, kann man nicht erwarten, dass alles mit ein paar guten Anläufen erledigt ist.
Veränderung ist ein geistiges Fitnessstudio. Niemand, der völlig untrainiert dorthin geht, erwartet nach den ersten Trainingsstunden eine Superkondition. Ohne Durchhaltevermögen und Selbstüberwindung kann der Körper keine Muskulatur aufbauen. Im geistigen Bereich funktioniert das ganz genau so. Und wie im Fitnessstudio bauen sich die Muskeln wieder ab, wenn wir schludern – es gibt auch kein Anhalten in der geistigen Ebe-

ne – auch da heißt es : Dranbleiben und sich nicht auf dem ausruhen, was man erreicht hat. Alles im Leben ist im Fluss, alles verändert sich ständig – wenn wir anhalten, empfinden wir die Bewegung als schmerzhaft – aber gerade die ständige Veränderung ist der beste Jungbrunnen, den es gibt, besser als jede Schönheitsoperation!
Bettina hat den Kampf aufgenommen und ist mit Juan noch einmal zusammengezogen, mit ganz anderen Vorstellungen. Auf diese Weise konnte sie ihrer Mutter ohne Streit demonstrieren, dass sie das jetzt mit ihrem Partner im eigenen Haus bewältigen würde. Es ging problemlos – ganz ohne die üblichen Streitereien akzeptierten die Eltern diese Veränderung. Die Geister der Vergangenheit haben natürlich noch nicht aufgegeben – scheinbar von Außen kommen die Herausforderungen – sie stolpert und hat einen dicken Knöchel, Juan versinkt wieder in sein Schweigen, eine Patientin macht ihr ungerechte Vorwürfe – alles Anlässe, wieder in die alte Opferrolle zu rutschen – aber es funktioniert nicht mehr so richtig. Sie kann die Ursache nicht mehr auf das Außen schieben, sie weiß nur zu gut, es hat mit ihr selbst zu tun – und der andere Teil von ihr, der sieht, was sich positiv verändert hat durch ihre Arbeit an sich selbst, ist inzwischen gewachsen und beansprucht seinen Platz – und das ist ein gutes Zeichen!

Geschichte 7

Ich lasse mich nicht ausnutzen!

Andreas kam eigentlich wegen eines allergischen Ausschlags auf Schultern und Rücken zu mir. Er empfand ihn nicht als belastend, weil kein Juckreiz bestand, aber die roten Flecke breiteten sich immer weiter aus, so dass er jetzt endlich etwas dagegen tun wollte! Es hatte vor zehn Jahren angefangen und sich dann ganz langsam aber stetig ausgebreitet. Es gab kaum Krankheiten in seiner Biografie. Er war auch als Kind immer gesund gewesen. Alles sah nach einer recht harmlosen Pilzinfektion aus, die er nie hatte behandeln lassen.

Aber als ich ihn nach den Lebensumständen der letzten Jahre fragte, änderte sich das Bild: Seine Frau war vier Jahre zuvor an Lungenkrebs gestorben. Er hatte sie bis zum Tod zu Hause gepflegt, nachdem man sie aus der Klinik zum Sterben entlassen hatte. Nebenher hat er noch seine beiden Kinder versorgt – da er selbstständiger Steuerbrater war, konnte es mit der Unterstützung einer Haushälterin so einrichten, dass die Kinder betreut waren. Er hatte inzwischen eine feste Freundin, lebte aber nicht mit ihr zusammen.

Obwohl er mir seine Geschichte – ohne Zwischenfragen meinerseits – recht ausführlich erzählte, wirkte er total verschlossen. Es war, als spräche er von einem anderen und nicht von sich selbst. Als ich ihn fragte, ob er habe trauern können, kam ein klares Nein – dazu war gar keine Zeit, der ganze Papierkram musste erledigt werden, das Jugendamt überschüttete ihn mit Formularen, in denen er nachweisen musste, dass er für die Kinder sorgen konnte – trotz seiner Arbeit. Er musste sich um sein Steuerbüro kümmern, das er während der Krankheit seiner Frau in den Hintergrund gestellt hatte, die Kinder brauchten Zuspruch nach dem Tod der Mutter, er musste funktionieren, egal wie.

Ich fragte ihn, wie er seine Ehe wahrgenommen hatte? Es hatte wenig Nähe zwischen den beiden gegeben, keine Zärtlichkeit, die Sexualität kam viel zu kurz – und was noch viel schlimmer war, sie hatten nie wirklich miteinander gesprochen – nicht einmal dann. als es mit ihr zu Ende ging. Er war zwar für alles zuständig, musste sich um alles kümmern, aber es fiel kein Wort darüber, wie sich die beiden fühlten, der nahende Tod wurde vollkommen ignoriert.

Sie hatte schon einmal Krebs gehabt vor ein paar Jahren – einen Hauttumor, den sie ambulant hatte operieren lassen – dass das Krebs gewesen war, hat er erst später erfahren.

Von einer Fehlgeburt Jahre zuvor erfuhr er erst über die ärztlichen Unterlagen, als er nach ihrem Tod die Papiere ordnen musste – es war im sechsten Monat gewesen – er war schockiert, als er das las. So zumindest äußerte er sich, aber in Wirklichkeit hatte ihm diese Nachricht das Herz vollends gebrochen – so viel Schweigen und dann noch die Erkenntnis, dass er fast ein drittes Kind gehabt hätte. Er hatte dieses Trauma emotional abgespalten, um für seine beiden Kinder funktionieren zu können.

Er wirkte wie in einem Panzer eingeschlossen. Wenn er von seinen Kindern erzählte, kam sein weicher, gefühlvoller Kern zum Vorschein. Er lebte etwas, was überhaupt nicht seinem wahren Wesen entsprach, als hätte sich all der ungelebte Schmerz, der sich in ihm staute, zu einem Wall umgewandelt, der ihn vor weiteren Verletzungen schützen sollte.

Wenn ich mich in ihn hineinfühlte, verkrampfte sich alles in mir – es war unglaublich, was er mitgemacht hatte.

Sein Schutzwall hatte verhindert, dass er daran zerbrochen war, aber jetzt, nach vier Jahren, blockierte dieser ihn nur noch – so konnte er keine tiefe Beziehung aufbauen.

Seine Biografie spiegelte die Tragödie wieder, die durch die althergebrachten Muster in unendlich vielen Varianten in unsrer Gesellschaft abläuft.

Sein Vater hatte eine leitende Position in einer großen Firma gehabt, er war so gut wie nie zu Hause gewesen, er war der einzige Sohn, hatte nur Schwestern, die Mutter versorgte die Familie, passte sich der Situation an – es war völlig klar, dass sie zu Hause blieb.

Ob sie vielleicht lieber berufstätig geblieben wäre, hatte nie zur Diskussion gestanden.

Es hatte nie einen materiellen Mangel gegeben, alle Kinder konnten weiterführende Schulen besuchen und später studieren. Aber die emotionale Kargheit ermöglichte keinen guten Boden für eine gesunde menschliche Entwicklung.

Wenn sein Vater mal zu Hause war, geriet er als Sohn in dessen Visier. Sein Vater hatte höchste Erwartungen an ihn, er konnte ihm nie etwas

recht machen, er wurde nie gelobt, aber ständig kritisiert. Er sei faul, er bringe es nie zu etwas, wenn er sich so anstelle. Das hatte er noch in den Ohren und man konnte spüren, wie er innerlich vor Wut vibrierte, als er darüber sprach.
Er konnte sich nicht daran erinnern, je in den Arm genommen worden zu sein. Sein Zuhause hatte er als kalt und grausam erfahren. All sein Bemühen, seine ganzen Anstrengungen wurden überhaupt nicht registriert. Deshalb versuchte er seinen Kindern dies alles zu geben: Nähe, Anteilnahme, Verständnis. Sie konnten gut miteinander reden.
Aber diese Härte hatte sich in seiner Ehe wiederholt. Er hatte immer versucht, seine Frau zu unterstützen, er hatte das Haus mit viel Eigenleistung und großer Anstrengung gebaut, eigentlich erst mal für sie.
Auch da – nur Vorwürfe oder Schweigen, nie ein versöhnliches Wort – bis zum bitteren Ende.
Hinter seiner scheinbaren Härte war aber auch seine Angst spürbar, erneut so verletzt zu werden, als könne die Seele nicht noch mehr tragen. Deshalb empfand er Nähe schon fast als Bedrohung. Die Gefahr, ausgenutzt zu werden, wenn er seinen Panzer aufmachte, löste lebensbedrohliche Panik aus und führte zu vehementen Abwehrmechanismen.
Seine aktuelle Beziehung war geprägt von vielen Schwankungen – mal sah er sie als die Frau fürs Leben, mal hatte er eher das Gefühl, das sei nur etwas Vorübergehendes. Auch seine Freundin hatte keinen klaren Standpunkt. Sie konzentrierte sich voll auf ihre Kinder – wenn bei einem von diesen irgendetwas anstand, sagte sie alles ab, was sie mit meinem Patienten ausgemacht hatte – oft nur ein paar Minuten vorher. Indirekt ließ sie ihn spüren, dass er in ihrem Leben keinen wirklichen Platz hatte. Er dagegen bemühte sich um sie – so gut er das eben konnte und handelte sich immer wieder symbolische Ohrfeigen ein. Seine traumatischen Erfahrungen wiederholten sich aufs Neue und sein Panzer wurde noch dicker.

Die tiefere Bedeutung

Stichworte: Emotionale Verlassenheit, funktionieren müssen, nie genug sein, mangelnder Selbstwert in der Beziehung, die anderen sind immer wichtiger, abgespaltene Traumata, Sehnsucht nach Nähe und Verständnis, Angst, benutzt zu werden, Härte als Schutz – bereits prophylaktisch, zieht an, was er nicht will.

Der Anteil von Andreas

Selten habe ich einen Menschen erlebt, dessen Ausstrahlung sich so drastisch verändern konnte. Solange es unverfängliche, freundschaftliche Begegnungen waren, erwies er sich als aufmerksamer, interessanter Gesprächspartner. In Seminaren, die er bei mir besuchte, trug er mit wertvollen Beiträgen zu einer Vertiefung des Gesprächsverlaufes bei. Die anderen Seminarteilnehmer mochten ihn von Anfang an, er war immer integriert, immer bei allen anerkannt. Auch wenn wir nach den Seminaren zusammen saßen, bereicherte er die Runde mit seiner tiefgründigen, aufmerksamen Anwesenheit. Wenn er dann aber bei mir in der Praxis über seine Freundin sprach, änderte sich seine Ausstrahlung tiefgreifend. Seine Stimmung schwankte zwischen Unsicherheit, Bemühen und andererseits einer unterschwelligen, fast schon unheimlichen Wut. Dann fiel ein dunkler Vorhang über sein Gesicht, er wirkte finster und verschlossen, seine Stimme wurde schneidend hart. Eine Frau, die an ihm interessiert gewesen wäre, hätte spätestens dann fluchtartig die Szene verlassen. Man bekam das Bedürfnis, alles zu tun, um ihn zu beschwichtigen. Er selbst war sich dieser messerscharfen Härte gar nicht bewusst. Am Anfang unsrer Arbeit wäre es unmöglich gewesen, ihm das zu vermitteln, wie auch? Das war in seinem Elternhaus der normale Umgangston gewesen, niemand hatte diesen Tonfall in Frage gestellt – es war einfach so.
Andererseits war er sehr offen für Impulse, er merkte sehr wohl, dass irgendetwas an seinem Verhalten nicht stimmte, denn die Beziehung, die er hatte, als er bei mir anfing, war alles andere als gut und starken emotionalen Schwankungen unterworfen. Er hatte große Schwierigkeiten, mir eine klare Antwort zu geben, als ich ihn fragte, was ihm an ihr gefiel, ob er sie liebe.

Schließlich musste er zugeben, dass er gar nicht so recht wusste, was er für sie empfand. Einerseits wollte er sie toll finden und lieben, das sagte ihm sein Verstand, aber wenn er in sich hineinhorchte, war da keine emotionale Resonanz. Er fühlte vielmehr Frustration und Wut auf Renate – so hieß seine Freundin – aber das wiederum konnte er nicht verstandesmäßig begründen!

Ihm wurde als Erstes in unsrer Arbeit klar, wie wenig er über sich selbst wusste, wie sehr er immer darum bemüht gewesen war, es allen recht zu machen, am meisten natürlich den Menschen, die er liebte. Dann aber spürte er genau diesen gegenüber sehr viel Wut und Ohnmacht, weil das, wofür er sich so abmühte, dort überhaupt nicht ankam.

Er erkannte mit großem Entsetzen, dass seine verstorbene Frau und er sich überhaupt nicht gekannt hatten. Jeder hatte in seiner eigenen einsamen Blase gelebt und keiner hatte versucht, diese unsichtbare Wand niederzureißen, noch schlimmer, sie waren sich dieser Isolation nie bewusst geworden. Er hatte nur gespürt, dass etwas nicht stimmte, dass es ihm eigentlich nie gut ging. Und als seine Frau krank wurde, ging es ihm noch schlechter.

Als ich ihn fragte, ob es in seinem Leben eine Zeit gegeben habe, in der er richtig glücklich gewesen war, konnte er sich nicht an eine solche Phase in seinem Leben erinnern. Er spürte nur sehr viel Frust und stummen Zorn in sich, und wenn seine Freundin dann versuchte, ihm die Schuld für irgendetwas zuzuschieben, reagierte er mit schneidender Härte. Die konnte er aber nur spüren, wenn sie in seinen Schilderungen aus ihm hervorbrach und ich ihn auf seinen Ton hinwies, vor allem, wenn er dann zu Hause die Aufnahme unsrer Sitzung anhörte, dann erschrak er über seine eigene Stimmlage.

Dahinter steckte ein Berg von unverarbeiteten Verletzungen. Nur weil wir nicht wahrnehmen, was uns weh tut, heißt das noch lange nicht, dass das damit erledigt ist. Im Unterbewusstsein wird der Berg an unverarbeitetem Schmerz immer größer und wir reagieren immer empfindlicher auf noch so unbedeutende Auslöser. Der andere kann natürlich nicht nachvollziehen, warum sein Gegenüber so heftig reagiert, er weiß ja nicht, in welche unterbewusste Wunde er da gestochen hat.

So war es bei Andreas und seiner Freundin: Sie machte ihm Vorwürfe und strafte ihn dann mit Unerreichbarkeit, wenn er sich auf seine heftige Art

dagegen wehrte. Er verstand nicht, warum sie ihn so zurückwies und sein Berg von Schmerzen wuchs und wuchs.
Bei seiner Frau war es anders gewesen – beide hatten sich so eingeigelt, sich so mit einem Stachelkleid umgeben, dass sie sich einander nicht einmal annähern konnten, als sie krank wurde.
Als ich ihn fragte, wie denn damals seine Einstellung zu Scheidung oder Trennung gewesen war, antwortete er mit Vehemenz, dass das für ihn niemals in Frage gekommen wäre.
Sie hatte offensichtlich begonnen, sich mit Spiritualität zu beschäftigen – das erfuhr er aber erst, als er ihren Bücherschrank ausräumte, sie hatte nie mit ihm darüber geredet – nur dass sie Yoga machen wollte, das hatte sie ihm erzählt! Was für eine Angst muss sie beherrscht haben, dass sie sich so wenig äußern konnte. Als der Krebs sich ausbreitete und sie zum Sterben nach Hause kam, redeten beide nie über den Tod. Alles hing an ihm in diesen Monaten – die Versorgung seiner bettlägerigen Frau, die Belange der Kinder und dann auch noch sein Job. Er musste diese Überforderung ignorieren, denn er hatte keine Wahl – er musste es irgendwie schaffen, denn sonst bestand die Gefahr, dass man ihm die Kinder wegnahm. Also biss er die Zähne zusammen und hielt durch – das was der rote Faden in seinem Leben: Zähne zusammenbeißen und durchhalten – bis – er wusste nicht einmal, auf was er gewartet hatte. Als seine Frau dann schließlich starb – (sie hatte nur immer wieder gesagt: “Wehe Dir, wenn ich nicht mehr da bin“) – spürte er die Erlösung von diesem schlimmen Finalstadium, das er mitgetragen hatte einerseits und andererseits hatte er, weil er sich erleichtert fühlte, auch immense Schuldgefühle. Sie hatte gewartet, zu sterben, bis er aus dem Haus musste, um etwas zum Essen für die Kinder einzukaufen. Als er nach Hause zurückkehrte, war sie tot. Eine Nachbarin war vor Ort, die hatte seine Frau noch angerufen, ein Krankenwagen stand da, den die Nachbarin noch alarmiert hatte und der natürlich nichts mehr ausrichten konnte – aber er war ausgeschlossen worden – wie in seiner Kindheit!
Schon bevor er zu mir gekommen war, hatte er einige Kurse gemacht, die ihm die Erkenntnis vermittelt hatten, dass nur er etwas verändern konnte. Ohne diese Bereitschaft wäre es unmöglich gewesen, diesen riesigen Stapel an Schmerz, Verletzung, Hilflosigkeit und Wut Schicht um Schicht abzutragen.

Wir begannen damit, seine aktuelle Situation anzuschauen. Er lernte zu fühlen, wie verletzt er war, wie oft ihn seine Freundin zurückwies und ausschloss.
Auch wenn wir immer selbst einen Anteil haben an dem, was uns widerfährt, können wir uns mit einer Situation erst dann versöhnen, wenn wir unsere Gefühle, die damit verbunden sind, anschauen. Es ist erst einmal unerheblich, ob sie berechtigt waren oder nicht. Es geht vor allem darum, uns zu erlauben, das zu fühlen, was da entstanden ist. Erst dann können wir unsern Anteil betrachten und uns entscheiden, anders mit einer Situation umzugehen. Oder dann danach an die Wurzel des Themas gehen – woher kommt dieses Verhaltensmuster?
Andreas fiel es leicht, diese Ursachen zu finden – zu sehr hatte er unter seinem kalten, ehrgeizigen Vater gelitten. Da er nur Schwestern gehabt hatte, gab es auch keinen Bruder, mit dem er sich hätte verbünden können, und seine Mutter – die einzige, die ihn noch hätte in Schutz nehmen können – wagte gar nicht, sich gegen den Vater aufzulehnen, im Gegenteil, sie dressierte die Kinder regelrecht, unauffällig und angepasst zu sein, wenn der Vater mal nach Hause kam. Alles drehte sich dann nur noch um dessen Bedürfnisse, die Kinder waren ebenso wie die Mutter nur dazu da, es ihm recht zu machen.
Wehe, er machte irgendwelche Fehler, solange sein Vater zu Hause war – dann bekam er von beiden Eltern Prügel! War der Vater nicht da, bildeten seine Schwestern und seine Mutter eine verschworene Frauengemeinschaft, in der männliche Wesen nichts zu suchen hatten – er wurde ausgeschlossen und die Gespräche verstummten, wenn er auftauchte. Obwohl er ein Kind war, war er doch ein Junge und im Grunde genommen rächte sich die Mutter an ihm, statt den Hass dort zu lassen, wo er hingehörte – bei ihrem Mann.
In einem anständigen, gutbürgerlichen Hause hatte Sinnlichkeit und schon gar nicht Sexualität irgendeine Ausdrucksform. Er erinnerte sich zwar an heftige Wortgefechte zwischen den Eltern, aber nie an eine Zärtlichkeit, nicht einmal eine liebevolle Berührung zwischen ihnen. Die Kinder hatten ihre Eltern niemals nackt gesehen und es gab keinerlei Körperkontakt, es sei denn, wenn man angezogen, gefüttert oder geschlagen wurde.
Dabei waren die Eltern keine Kirchgänger, eine spießige Kleinbürgermoral beherrschte unausgesprochen die Familie.

Einmal hatten ihn die Eltern bei der Selbstbefriedigung ertappt – es wurde für ihn zum Alptraum. Sie verhielten sich, als habe er ein schlimmes Verbrechen begangen, er wurde geschlagen und bekam Hausarrest – und das Schlimmste war, dass seine beiden Schwestern alles mitbekamen, er wäre am liebsten in den Boden versunken vor Scham!
Er war wieder ausgeschlossen, wieder minderwertig. Niemand klärte ihn auf, niemand redete mit ihm über die Pubertät, er war selbst da auf sich zurückgeworfen.
So hatte ihn dann auch seine Frau aus ihrem Leben ausgeschlossen und die Freundin machte jetzt genau das Gleiche.
Seine Härte, die er sich als Schutzmechanismus angeeignet hatte, nützte ihm überhaupt nichts, im Gegenteil, sie führte zu neuen Verletzungen. Was ihm aber mit Entsetzen bewusst wurde, war, dass er dieses Verhalten von seinem Vater übernommen hatte, denn es war die einzige für ihn existierende Möglichkeit gewesen, er hatte keine anderen gekannt. Im Freundeskreis, bei Kollegen gab es diese Bedrohung nicht, da schloss ihn niemand aus, da griff dieses Muster nicht, deshalb war er überall beliebt und hatte Freunde.
Erst wenn es ans Eingemachte ging, griff der Mechanismus. Im Beruf zeigte sich die Prägung seiner Familie eher darin, dass er rund um die Uhr arbeitete, seine zufriedenen Mandanten empfahlen ihn weiter, so dass er nie für sich werben musste. Er wurde von Anfragen überschüttet, aber er machte alles alleine, nur eine Sekretärin, die ab und zu bei ihm einsprang, unterstützte ihn. Er war gar nicht auf die Idee gekommen, einen Kollegen anzustellen, sein Steuerbüro zu vergrößern. Sein Alltag bestand aus Arbeit, Kinder versorgen und ein paar Stunden Nichtstun am Wochenende, wenn er vor Erschöpfung nicht mehr konnte.
Ihm dämmerte immer mehr, wie beinhart er mit sich selbst umging, wie hoch er seine Erwartungen an sich selbst geschraubt hatte. So wie sein Vater nie mit ihm zufrieden gewesen war, so machte er es jetzt mit sich selbst. Er verlangte alles und noch viel mehr von sich. Eine Freundin hatte da nicht viel Platz – und wie sollte er eine liebevolle und dann auch noch selbstbewusste Frau anziehen, wenn er zu sich weder liebevoll war noch seine Erfolge zu schätzen wusste!
Er war ein aufopfernder und liebevoller Vater – trotz seiner Selbstkasteiung. Er wollte nicht dieselben Fehler machen wie seine Eltern und das gelang

ihm auch. Mit seinen Kindern konnte er reden und sie kamen auch mit all ihren Nöten zu ihm. Er sah nicht einmal, was er da geleistet hatte – was das gekostet hatte, trotz alledem seine Vaterrolle mit so viel Herz zu erfüllen. Auch das wurde ihm erst nach und nach klar. Außerdem – die Kinder wurden älter und selbstständiger und brauchten nicht mehr so viel Versorgung, er konnte jetzt mal für sich Zeit einplanen, aber das musste er erst mal lernen. Dabei hatte er so viele Interessen – er war sehr sportlich, malte gerne, interessierte sich für Philosophie und spirituelle Themen. Es gab so vieles, was so lange brach gelegen hatte und ihm Erfüllung brachte.
Langsam veränderte er seine Zeiteinteilung, er gab seinen Bedürfnissen wieder mehr Raum und merkte, dass er wie ein trockener Schwamm alles, was ihm Wohlbefinden brachte, aufsaugte und immer mehr registrierte, was ihm nicht gut tat. Dazu gehörte auch die Beziehung. Er ließ sich nicht mehr einfach wegschieben, aber sie war nicht bereit, ihre Seite anzuschauen, die Beziehung zerbrach – und wie nach dem Tod seiner Frau war er auch diesmal erleichtert.
Diesmal allerdings stand er dahinter, im Gegenteil, er konnte gar nicht mehr nachvollziehen, wie er das so lange hatte mitmachen können. Ihm war sein eigener Anteil sehr bewusst, und er war bereit, sich weiter zu verändern. Eine Aktion war, dass er das ganze Haus ausräumte, die Sachen seiner Frau aussortierte und weggab. Er hatte bis dahin alles behalten, was ihr gehört hatte. Jetzt entschied er sich nur noch für einige wertvolle Erinnerungen, ließ die Kinder aussuchen, was sie behalten wollten, renovierte die Zimmer und richtete vieles neu ein.
Er erzählte mir, wie leicht sich das Haus anfühlte, all die Schwere, die Trauer, die Schmerzen, die noch in den Wänden und Möbeln gespeichert gewesen waren, konnten sich endlich auflösen. Er erlebte eine Wohnqualität, ein Wohlgefühl, ein Zuhause, wie er es niemals zuvor gekannt hatte. Er nahm jetzt Raum für sich in Anspruch – zum ersten Mal in seinem Leben. Manchmal kam noch seine alte Härte durch – dann, wenn er ungeduldig wurde, weil die Frau immer noch nicht auftauchen wollte und dieser Frust ihn dann überwältigte. Aber es kam auch die andere Seite zum Tragen: ein warmherziger, sinnlicher Mann, der wusste, was er wollte und was er zu bieten hatte. Dennoch – DIE Frau ließ auf sich warten!

Da seine Frau nicht mehr lebte, ging es nicht um die Veränderung in einer Beziehung. Bei Andreas ging es darum, dass er sich so veränderte, dass er die Frau anziehen konnte, die seinem wahren Wesen entsprach und nicht solche Frauen, die seinem Panzer entsprachen. An den Frauen in seinem Leben konnte er ablesen, was er bei sich verändern musste, um authentisch sein zu können. Seine verstorbene Frau hatte sein Elternhaus repräsentiert.

Auch sie war in einer lieblosen, stumpfen Familie aufgewachsen, in der man nicht miteinander redete und schon gar nicht überlegte, wie es dem anderen ging. Ihre Mutter hatte sich nie angemeldet, wenn sie die Familie besuchen wollte, sie stand einfach vor der Türe und erwartete, dass ihre Tochter und Andreas alles stehen und liegen ließen und sich ihr widmeten.

Ihr Vater war früh gestorben, aber niemand hatte darüber geredet. Wie also hätte sie Einfühlungsvermögen und Nähe lernen sollen? Andreas hatte eine Frau angezogen, die seiner eigenen Programmierung entsprach. Als er dann später Renate begegnete, hatte er gerade angefangen, über sich nachzudenken, also entsprach ihre kalte und herrische Art immer noch dem Muster seiner Herkunftsfamilie. Hätte er nicht an sich gearbeitet, hätte die nächste Frau wieder dem gleichen Muster entsprochen, auch wenn es vielleicht am Anfang ganz anders gewirkt hätte.

Wenn jemand die Probleme seiner Beziehungen immer nach außen projiziert, wird er entweder zum notorischen Single oder resigniert irgendwann in einer unbefriedigenden Partnerschaft.

Die nächste Frau, die in Andreas Leben auftauchte, entsprach nicht dem alten Prinzip. Sie war sanft, spirituell interessiert und passte sich ihm völlig an. Sie hatte ganz schlimme Rückenprobleme. Die Wirbelsäule verschob sich mit zunehmendem Alter immer mehr und bald wurde offensichtlich, dass sie sich alles auf die eigenen Schultern lud. Sie versorgte ihre beiden erwachsenen Söhne, als wären sie Teenager, sie rannte von einem Selbstfindungsseminar zum nächsten, ohne sich die Zeit zu nehmen, das Gelernte umzusetzen.

Sie machte alles, was Andreas wollte, war immer nett, immer versöhnlich, kein Streit, kein böses Wort, auch wenn Andreas selbst merkte, dass

sein Verhalten nicht okay gewesen war. Am Anfang war es die Sexualität, die beide vermisst hatten und die sie miteinander verband – aber bald merkte Andreas, wie unzufrieden er war und wie sich Langeweile bei ihm einschlich. Jetzt hatte er jemanden angezogen, der ganz dem Wesen seiner Mutter entsprach – demütig und angepasst dem Mann an ihrer Seite dienend. Das wollte er auf keinen Fall – sie konnten sich friedlich voneinander trennen – aber Andreas stand wieder allein da und nahm sich vor, bis Jahresende müsse er seine Traumfrau finden, komme, was da wolle.
Er versuchte sein Glück zu erzwingen, er suchte sehr verbissen im Internet – dass das schief gehen musste, war ihm später dann auch klar.
Die Frau, die er sich diesmal aussuchte, war wie er schon eine ganze Zeit lang auf der Suche gewesen. Beide flüchteten in die Illusion, das sei die große Liebe. Zum ersten Mal gönnte er sich einen Urlaub – mit ihr. Noch hielten die rosa Wölkchen an. Sie teilte alle seine Interessen, war immer präsent, immer bereit, alles mitzumachen, bis Andreas feststellte, dass das nie ihre Entscheidungen waren – sie tat das vielmehr für ihn, um ihn zu binden und ihm zu gefallen. Das war natürlich nicht das, was er sich vorgestellt hatte, das war kein Gegenüber, sondern eine willige Schülerin, die ihn zu ihrem Guru machte – und das, ohne selbst von der Sache überzeugt zu sein.
Das wurde für ihn immer mehr zu einer Belastung und er trennte sich schließlich auch von ihr. Danach konnte er nur über sich selbst den Kopf schütteln – er wollte das Schicksal zwingen – und das kann nicht funktionieren.
Er kümmerte sich erst mal wieder um sich. Er erweiterte sein Steuerbüro, fand einen Kollegen, der ihn nicht nur entlastete, er konnte seinen Gewinn sogar steigern.
Und in unsrer Arbeit entdeckten wir, wie viele subtile Belastungen er von seinem Vater übernommen hatte. Der war wohl nicht das unbeschriebene Blatt gewesen, als das er sich immer ausgab – es hatten andere Frauen existiert und Andreas trug sein schlechtes Gewissen, schlimmer noch, er trug den Schmerz seiner Mutter, die das wohl merkte, aber still ertrug, und er entdeckte, dass er eine Jugendliebe gehabt hatte, aber es nie übers Herz gebracht hatte, sie anzusprechen.
So löste er Schicht um Schicht fremder Programme ab und inzwischen weiß er, dass die Frau, die wirklich zu ihm passt, dann dasteht, wenn er für

so eine tiefe Beziehung bereit ist – es fehlt nicht mehr viel, das ist offensichtlich!
Aber jetzt ist er endlich in der Lage, die Fülle, die er sich erschaffen hat, zu genießen – dankbar zu sein für all das Gute in seinem Leben. Er macht aus jedem Tag das Beste, er hat gute Freunde und eine gute Beziehung zu seinen inzwischen erwachsenen Kindern – er lebt sich – endlich!

Geschichte 8

Das ist doch deine Krankheit

Sie kamen zu zweit, Volker und Iris, aber eigentlich war bei ihr die Krebserkrankung diagnostiziert worden.
Es war ein Schock gewesen für beide. Von außen gesehen waren die beiden die perfekte Vorzeigefamilie: Er war erfolgreich als Berater für große Unternehmen international tätig, sie kam aus einem gutbürgerlichen Elternhaus, sie hatten sich beim Studium kennengelernt. Beide Elternhäuser waren von der Wahl der jungen Leute angetan und gaben ihren Segen zu der Verbindung.
Sie hatten zwei Kinder, eines davon allerdings mit Verdacht auf ADHS (Hyperaktivität).
Die Erziehung war für Iris nicht einfach gewesen, es hatte Jahre gedauert, bis sie mit ihrem Sohn umgehen konnte. Er war sehr oft krank gewesen als Kind, was ihre ganze Kraft erforderte. Vor seiner Geburt hatte sie drei Fehlgeburten gehabt, die sie psychisch wie physisch an ihre Grenzen kommen ließen. Da Volker beruflich sehr eingespannt war, blieb alles an ihr hängen. Das Mädchen, die Ältere, war hochintelligent und sehr gut in der Schule, allerdings auch sehr eigenwillig und stur. Iris musste sie mit viel Einfühlungsvermögen und Tricks dahin bringen, dass die Tochter es als eigene Entscheidung annehmen konnte. Beide Kinder brauchten viel Zeit und Zuwendung, deshalb hatte Iris ihren Beruf als Biologin an der Uni aufgegeben, um für die Familie da sein zu können. Sie stand zu dieser Entscheidung, sie war trotz allem gerne Mutter – die Kinder hätte sie unmöglich Fremden anvertrauen können.
Er verdiente in seiner Position sehr gut, so dass sie nicht auf ihr Einkommen angewiesen waren.
Beide kamen zu mir ins Sprechzimmer. Er war ein stiller, aber äußerst aufmerksamer Zuhörer, der wie ein Luchs jede meiner Fragen und Äußerungen verfolgte.
Er betonte, dass er bereit war, alles dazu beizutragen, was möglich war, damit seine Frau gesund werden konnte. Ich konnte seine Skepsis meiner Arbeit gegenüber spüren und in den folgenden Sitzungen zeigte sich immer

mehr, dass er hochintelligent war, über einen sehr wachen, analytischen Verstand verfügte und außerdem durch seine Arbeit messerscharf argumentieren gelernt hatte und jede kleine Unsicherheit seines Gegenübers sofort für seinen eigenen Vorteil zu nutzen verstand. Immer wenn wir an Bereiche kamen, wo es mehr ums Fühlen als ums Denken ging, hakte er ein und bat mich, das zu erklären. Für ihn war es extrem schwer, nachzuvollziehen, dass man Gefühle nicht immer erklären konnte, dass es auch nicht weiter half, zu wissen, dass diese Gefühle nicht der Realität entsprachen.

Ich konnte ihm am Beispiel von Höhenangst klarmachen, dass diese Angst durch Logik kein bisschen weniger wurde – selbst wenn die Glaswand auf einem Aussichtsturm den Betreffenden vor jedem Absturz hundertprozentig schützte, die Angst beim Runterschauen blieb.

Auch die Tatsache, dass es bei so vielen Situationen auf die Perspektive ankam und dass dadurch ein und die selbe Sache völlig gegensätzlich wahrgenommen werden konnte, gab ihm zu denken – gerade in seinem Beruf als Berater musste er die verschiedenen Perspektiven seiner Auftraggeber mit einbeziehen.

Iris dagegen war das vollkommene Gegenteil. Sie nahm ihre Welt durch ihr Fühlen wahr. Aber schon in ihrem Elternhaus hatte sie erfahren, dass das keine Basis für den Alltag war.

Da sie auch intellektuell sehr begabt war, hatte sie ihr Gespür einfach weggepackt und sich auf ihren Verstand verlassen – so wie es ihre Familie von ihr erwartete.

Ihre Mutter achtete außerdem streng darauf, dass sie sich angemessen und sittsam verhielt, so dass man sie jedem Besuch vorzeigen konnte, ohne sich zu blamieren. Iris war ein wohlerzogenes Mädchen, das den Erwartungen in der Familie nachkam. Sie stand innerlich ständig unter Spannung, um sich ordnungsgemäß zu verhalten. Fehler zu machen – das ging gar nicht – das lernte sie, war ein Zeichen von Unfähigkeit.

Erst als sie in einer andern Stadt studierte und ihre erste eigene Studentenbude bezog, bekam sie eine Ahnung davon, was persönliche Freiheit bedeutete. Sie war nicht die junge Frau, die nun endlich die Puppen tanzen ließ. Das hätte gar nicht zu ihrem Wesen gepasst. Aber allein schon, heimkommen zu können, sich aufs Sofa fallen lassen zu können und die Füße auf den Tisch legen – ohne dass ihre Mutter sich einmischte: “Wie kannst

du dich nur so gehen lassen! Wenn du müde bist, leg dich auf dein Bett, aber lümmle nicht hier herum!“
Sie genoss es in vollen Zügen, ihre Kleider nach ihrem Geschmack zu kaufen, ohne die leidigen Kommentare ihrer Mutter hören zu müssen. Dann lernte sie ihren Mann kennen, der an der gleichen Uni studierte – und wie das so oft passiert, sie verliebte sich genau in einen solchen Mann, der das ausstrahlte, was ihr vertraut war: Der Verstand, die Logik gestalteten das gesamte Leben.
In der Freiheit des Studiums, fern von den Elternhäusern und frisch verliebt, fiel die Diskrepanz zwischen den beiden Persönlichkeiten gar nicht so auf – erst nachdem die beiden verheiratet waren und sie mit den Fehlgeburten fertig werden musste, da merkte sie, dass es ihr immer schlechter ging, nur – warum war ihr nicht bewusst!
Ihr Mann tat im Außen alles für sie, er hielt ihr den Rücken frei, damit sie sich erholen konnte, aber wie sie sich fühlte, konnte sie ihm nicht mitteilen. Sie hatte es selbst inzwischen verlernt, zu formulieren und eine innere Hemmschwelle verhinderte zusätzlich, es zu versuchen – wie damals zu Hause: “Was willst du denn noch, wir tun doch schon alles für dich!“
Und dann nach der Geburt der Tochter und einem Umzug in den Süden Deutschlands kam der Krebs. Aber – was hatte das miteinander zu tun – so fragte er mich denn auch in der Therapiesitzung – warum ich denn dies alles wissen wolle ?
Iris glaubte da auch noch an ihre heile Welt – aber dazu später!

Die tiefere Bedeutung

Stichworte: Intellektuelle Brillanz, von sich überzeugt, redegewandt, kennt nur seine Sichtweise, braucht Familie, aber seiner Vorstellung entsprechend, kompensiert innere Defizite mit Arbeit, analytisches Denken, emotionale Blockade, Dominanz durch logische Bewertung.

Volkers Anteil

Volker steht exemplarisch für sehr viele Männer unsrer heutigen Zeit, die sich für aufgeschlossen und modern halten, weil sie über einen ausgezeichnet analytisch funktionierenden Verstand verfügen. Sie halten sich und ihr Denken für so lebenstauglich, dass es nicht die geringste Notwendigkeit für irgendeine therapeutische Intervention gibt, denn sie haben ihr Leben vollkommen im Griff. Sie gehen – wenn überhaupt – zu exklusiven und teuren Coaching-Sessions, die jene Fachleute anbieten, die genauso sachlich und strategisch, also in der gleichen Art denken wie sie selbst.
Inzwischen weiß die Hirnforschung, dass der Verstand hochgerechnet maximal 5 Prozent unsres Großhirns ausmacht und dem Unterbewusstsein 95 Prozent zugeschrieben werden.
Die rein analytisch denkenden Menschen unterliegen einer der größten Selbsttäuschungen, denn gerade sie werden von ihren unterbewussten Programmen beherrscht, und sie sind sich dessen – das ist das Schlimmste daran – nicht einmal bewusst. Also wird für alles, was in ihrem Leben passiert, etwas im Außen verantwortlich gemacht. Sehr viele haben eine ausgezeichnete Allgemeinbildung, wissen um die neuesten Forschungsergebnisse der Quantenphysik, aber sie kommen nicht auf die Idee, dass sie selbst Teil dieser Gesetzmäßigkeiten sind – jeden Augenblick ihres gesamten Lebens.
Volker stammte aus einer begüterten Familie – aus gutem Hause. Er hatte noch einen Bruder, mit dem er nicht so viel anfangen konnte und der mit über 40 immer noch Single war.
Er wäre nie auf die Idee gekommen, an sich zu arbeiten, wenn er nicht seine Frau seit ihrer Krebserkrankung zu den verschiedenen Therapien und Beratungen begleitet hätte. Seine Welt war für ihn total in Ordnung. Und auch die Fragen, die jetzt ihn betrafen, nahm er nur insoweit an, als es seiner Frau helfen konnte, gesund zu werden. Dafür war er bereit, seinen Teil beizutragen – aber das machte er nur, um sie zu unterstützen, nicht weil es bei ihm in irgendeiner Form Handlungsbedarf gab. Diese Überzeugung artikulierte er auch mir gegenüber sehr deutlich.
Ich versuchte nicht, ihn vom Gegenteil zu überzeugen, dann hätte er seine Frau bearbeitet, da nicht mehr hinzugehen, denn ihre Krankheit hatte doch nichts mit ihm zu tun und bei so einer unprofessionell arbeitenden

Behandlerin musste man nicht auch noch seine Zeit verschwenden.
Ich beobachtete ihn nur sehr aufmerksam und arbeitete mit seiner Frau, während er sich häufig Notizen machte. Vieles, was ich ihr sagte, war eigentlich an ihn gerichtet, und er schnappte den Köder, den ich ihm indirekt zuwarf, sofort auf.
Er kannte sich hervorragend in Quantenphysik aus. Es war für ihn keine Sensation, dass wir mit unserer Wahrnehmung unsere Realität erschaffen, dass wir aus der unendlichen Zahl der möglichen Verläufe denjenigen anziehen, der unserem Denken und unsrer Einstellung entspricht. Dass aber diese Einstellung geformt wird von Erziehung, sozialem Umfeld, Religionszugehörigkeit, Kultur und vielem mehr, dazu konnte er keinen Zusammenhang sehen, auch nicht dazu, dass ein Großteil der Lebenseinstellung aus dem Unterbewusstsein stammt und unser Verstand nur einen sehr geringen Prozentsatz davon ausmacht.
Dass aber in seinem unmittelbaren Umfeld ein ihm am nächsten stehender Mensch an Krebs erkrankt war, musste also auch etwas mit ihm zu tun haben, wenn er quantenphysikalisch dachte. Mir ging es nicht um irgendeine Schuldzuweisung, für mich war einfach ausschlaggebend, dass seine Frau leichter gesund werden konnte, wenn er seinen Anteil dazu beitrug. Außerdem bestand dann die Chance, dass auch er seine Lebensqualität erhöhen konnte.
Er war ein Getriebener seines Erfolges. Ständig rannte er der Bewältigung seines sich selbst auferlegten Arbeitspensums hinterher. Hinter seinem professionellen, klaren und strukturierten Auftreten vibrierte er wie eine Hochspannungsleitung. Er war wie eine Kerze, die an zwei Enden brannte. Nicht er beherrschte seine Arbeit, seine Arbeit beherrschte ihn. Aber das war für ihn der normale Alltag. Er gehörte zu den Menschen, die erst mal viel arbeiten, weil sie glauben, dass man nur dann viel verdient und der Erfolg das auch zu bestätigen scheint. Daraus entwickelt sich noch mehr Arbeit, auf diese tollen Chancen will man nicht verzichten, also nimmt man all diese verlockenden Angebote an – bis sich dieses Hamsterrad verselbstständigt.
Er gehörte zu jenen Höhlenbewohnern (einer sehr bekannten Geschichte aus der griechischen Philosophie), die die Schatten, die das Höhlenfeuer an die Wand projiziert, als ihre Wirklichkeit betrachten. Dass es aber da draußen noch eine andere Wirklichkeit gibt – die Sonne, die Natur, die

unendlichen Weiten, die man da draußen entdecken kann – das kommt diesen Höhlenbewohnern gar nicht in den Sinn, weil sie sich ständig auf die Schatten konzentrieren.

Die Welt, die er aus seinem Bewusstsein verbannt hatte, war die Welt der Emotionen, dieses endlose Spektrum menschlicher Erfahrungen. Er war fixiert auf die Schattenspiele des Intellekts. Ganz tief unten in seinem Unterbewusstsein gab es eine ungeheure Angst vor diesem Gefühlsbereich. Er bewegte sich mit großer Sicherheit auf dem Parkett des Intellekts, da kannte er sich aus. Aber im Dschungel der Gefühle hatte er keine Orientierung, darin hatte er auch in der Kindheit keine Grundlagen bekommen. Wirkliche Nähe hatte es bei ihm zu Hause nie gegeben, sein Vater war streng, sehr kühl und glänzte durch Abwesenheit, seine Mutter hatte sich als Sponsorin in die Philosophie geflüchtet.

Oft erlebte er die Einladungen seiner Mutter, bei denen viele Künstler zugegen waren, als höchst erfrischend und sehr emotional. Dabei wurde von Emotionen nur hinsichtlich bestimmter philosophischer Richtungen gesprochen, da ging es nie um eigene Gefühle.

Es zeichnet einen Meister aus, sich auf unbekannte Pfade zu begeben, es setzt ein gesundes Selbstbewusstsein voraus, sich überhaupt zu erlauben, diese Angst zu spüren. Das Männerbild der Kriegs- und Vorkriegzeit hat emotionale Betroffenheit und Unsicherheit als unmännliche Schwäche gebrandmarkt, und obwohl er gerade mal Mitte vierzig war, als ich ihn kennen lernte, hätte man ihn jederzeit in die gehobene Gesellschaft der zwanziger Jahre versetzen können – er wäre da in keiner Weise aufgefallen.

Da er sich ausgezeichnet auf dem gesellschaftlichen Parkett bewegen konnte und es gewohnt war – als Unternehmensberater – anderen den Weg aufzuzeigen, konnte er es nur sehr begrenzt zulassen, von anderen einen Hinweis anzunehmen.

Dass er zu Hause meist völlig erschöpft in einen Sessel fiel, dass er sich die Zeit für seine Kinder mühsam abringen musste und oft gereizt und ungeduldig reagierte, weil er völlig am Ende seiner Kräfte war, sah er als etwas Normales an. Schließlich hatte er sehr viel Verantwortung, da konnte er das gar nicht vermeiden.

In der Zeit, als er seine Frau begleitete, erlebte ich nur zwei Mal, dass ihn

die Emotionen so übermannten, dass man sie ihm anmerkte. Egal wie sehr ihn etwas erschütterte, er wahrte die Contenance!
Das erste Mal passierte es, als ich mit seiner Frau eine Familienaufstellung machte, um den Schmerz und die Trauer, die mit den Fehlgeburten verbunden waren, zu verarbeiten.
Als sie diese Kinder beweinte, die sie so gerne in den Armen gehalten hätte, ließ ich sie zu der Figur, die sie für ihn aufgestellt hatte, sagen: „Volker, ich war so allein mit meinem Schmerz und ich hätte deinen Trost und deine Nähe so gebraucht. Ich habe mich so grenzenlos allein und verlassen gefühlt, aber ich wollte dir nicht zur Last fallen!" Da bekam er feuchte Augen. Er konnte zugeben, dass er das gar nicht registriert hatte, er sei nur froh gewesen, dass sie keinen Schaden genommen habe. Als er sah, dass sie sich körperlich erholte, wandte er sich wieder seiner Arbeit zu.
In dem Gespräch danach musste auch Iris eingestehen, dass sie es gar nicht gewagt hatte, seine Zuwendung einzufordern. Sie wollte ihn nicht zusätzlich belasten und war auch wieder zum Alltag übergegangen. Es kam noch ein Umzug dazu, weil er mit einem anderen Verbund von Unternehmensberatern zusammenarbeiten wollte. Das forderte ihren Einsatz und ihre Aufmerksamkeit, so dass die drei rasch hintereinander erfolgten Fehlgeburten in den Hintergrund traten. Sie hatte nur gemerkt, wie wenig Energie sie hatte, wie mühsam sie diesen Umzug empfand. Erst jetzt wurde ihr klar, dass sie weder für die körperliche noch die seelische Regeneration Raum gehabt hatte. Auch da merkte man ihm an, dass er das nachvollziehen konnte. Zum ersten Mal spürte ich so etwas wie Nähe zwischen den Ehepartnern. Die Energie tat gut, war für beide entlastend.

Das zweite Mal, dass ich ihn emotional betroffen erlebte, war, als ich ihn dazu brachte, selbst eine Familienaufstellung seiner Herkunftsfamilie zu machen. Er hatte an seiner Frau diese beeindruckende Wirkung erlebt, hatte selbst erfahren, dass es auch ihn – als Beobachter berührte.
In der Aufstellung zeigte sich die Sprachlosigkeit in der Familie. Ein Bruder des Vaters war bei einem Autounfall gestorben. Es wurde nie über dessen Tod gesprochen, außer in nüchternen, sachlichen Zusammenhängen. Er trug auch noch den Namen des toten Onkels!
Er war ein lebendiger, neugieriger Junge gewesen, voller Tatendrang, aber

doch feinfühlig und anlehnungsbedürftig.
Er bekam sehr viel Aufmerksamkeit, es gab materiell nie Einschränkungen, aber an körperliche Berührungen konnte er sich nicht erinnern. Beide Eltern waren hoch gebildet, seine Mutter baute sich einen philosophischen Gesprächszirkel auf, an dem er gerne teilnahm, als er älter wurde. Sein Vater war nie zu Hause – wie er ganz im Beruf aufgehend.
Indem er sich intellektuell ständig verbesserte, Bücher verschlang, Wissen anhäufte, in der Schule gute Noten hatte, erarbeitete er sich über die Anerkennung der Eltern eine Scheinnähe – ihr Lob, ihre Beachtung waren seine Ersatzbefriedigung – so konnte er ihre Liebe wahrnehmen. Als ich ihn sagen ließ: „Papa, ich hätte deine Nähe und deine Liebe so gebraucht, ich hab mich so unendlich danach gesehnt, dass ich alles versucht habe, um sie zu bekommen“, da versagte ihm die Stimme und ihm stiegen die Tränen hoch.
In diesem Augenblick hatte er das volle Verständnis und alle Liebe seiner Frau bei sich – es war wieder so ein ganz kostbarer Augenblick, in den zwei Seelen sich zeigten.
Aber es dauerte nicht lange. Schon am Ende der Sitzung hatte er sich wieder voll im Griff – leider! Warum haben Männer so oft das Gefühl, sich etwas zu vergeben, wenn sie Gefühle zeigen? Manche Ehe könnte gerettet werden, wenn diese Gefühle von Angst, Schmerz und Unsicherheit sein dürften. Leider werden sie dann nach einer Trennung in Vorwürfe, Wut, Härte und als Projektionen auf die Partnerin umgewandelt.
Damit verletzen wir am allermeisten uns selbst und belasten jede zukünftige Beziehung, weil „Mann“ das alleine verarbeitet!

Als es seiner Frau zunehmend besser ging, kam er nicht mehr mit zu mir. Seine Arbeit, die er während ihrer Krankheit etwas hinten angestellt hatte, holte ihn ein. Alle meine Ratschläge, die Beziehung zu pflegen, die Entwicklung der Kinder nicht zu verpassen, gingen auf in Schall und Rauch. Selbst seine Tochter konnte ihn nicht aufwecken. Sie weigerte sich, sich von ihrem Vater ins Bett bringen zu lassen. Als seine Frau das Mädchen fragte, warum, kam die prompte Antwort: „Der Papa gibt mir ja nicht einmal einen Gutenachtkuss und kuscheln kann ich mit ihm auch nicht, ich will, dass du das machst!“
So trägt er die Altlasten seines Elternhauses weiter. Die Krankheit seiner

Frau war auch für ihn eine Chance gewesen. Er hat sie nicht genutzt. Aber die Gesetzmäßigkeiten wirken – wenn wir sie missachten, wenn wir einen Pol ignorieren, holt sich das Leben den anderen Pol – bei jedem auf eine ganz individuelle Art und Weise. Wenn wir das leichte Klopfen des Schicksals nicht hören wollen, ist es so sicher wie das Amen in der Kirche, dass es Mittel und Wege findet, sich Gehör zu verschaffen. Niemand entgeht den Gesetzmäßigkeiten. Es ist keine Strafe, es sind die Prinzipien der Schöpfung, die immer wirken – ausnahmslos!

Der Anteil von Iris

Als ich dann Iris nach ihrer Biografie fragte, erzählte sie mir von einer behüteten und schönen Kindheit, Geld war immer genug da gewesen, die Mutter kümmerte sich ausschließlich um den Haushalt und die beiden Kinder (Iris hatte noch eine Schwester). Der Vater glänzte durch Abwesenheit, weil auch er – wie ihr Mann – in einer Führungsposition gewesen war, es gab wenig körperliche Zuwendung, aber viel Fürsorge und Anteilnahme. Allerdings zeigte sich, als wir über ihre Studentenzeit redeten, dass sie die wie eine Befreiung empfunden hatte – endlich durfte sie ihr Zimmer so einrichten, wie es ihr gefiel, endlich den Tag so gestalten, wie es ihr entsprach. Ihre Augen leuchteten, als sie von dieser Zeit erzählte. Er saß schweigend daneben, machte sich Notizen, als würde er nur die Fakten registrieren und nicht das, was bei seiner Frau emotional ablief. Wenn Iris ihren Alltag heute schilderte, erlosch dieses Leuchten, als würde sich ein Schatten über sie legen, und etwas verblasste, was eigentlich ein Teil von ihr hätte sein müssen.

In den folgenden Sitzungen wurde immer deutlicher, dass sie sich ganz an den intellektuellen Anspruch ihres Mannes angepasst hatte. Sie schien es gewohnt zu sein, die Ansprüche, die an sie gestellt wurden, optimal zu erfüllen, und sie hatte sich so auf seine unterkühlte Art eingestellt, dass sie gar nicht mehr gemerkt hatte, was ihr alles fehlte. Da er der Überzeugung war, dass seine Lebensweise bestens funktionierte, war er nie auf die Idee gekommen, sein Verhalten zu hinterfragen. Dass seine Frau Krebs bekam, hatte mit ihm überhaupt nichts zu tun. Allerdings musste er zugeben, dass er in seine Beziehung nicht mehr investierte, dass er sich hatte

vom Alltag auffressen lassen und die wenige Freizeit, die er gehabt hatte, vor allem für seine Kinder genutzt hatte. Es gab keinen Raum für ein Gespräch zwischen den Eheleuten, außer für die Notwendigkeiten im Alltag. Einfach mal zusammen zu sitzen, sich für den andern Zeit zu nehmen, einfach zuzuhören – das war völlig aus seinem Denken verschwunden.
Als ich ihn fragte, ob und wann er sich an so ein Gespräch erinnerte, wusste er keine Antwort.
Sie saß mit feuchten Augen daneben, ich hatte da einen wunden Punkt getroffen, aber er war so mit Nachdenken beschäftigt, dass er gar nicht dazu kam, ihr in die Augen zu sehen – geschweige denn Antennen dafür zu haben, was sie fühlte.

In unsrer Arbeit zeigte sich immer mehr, dass ihre Kindheit gar nicht so gut gewesen war, auch ihr hatte die Nähe extrem gefehlt. Einfach mal kuscheln, ganz spontan mal einem Elternteil um den Hals fallen – das ging gar nicht, das hatte sie sich schnell abgewöhnt.
Und ihre Mutter hatte immer gewusst, was gut für sie war – Hobbys, Kleidung, die Gestaltung ihres Zimmers – alles bestimmte die Mutter. Ihre eigenen Wünsche und Vorstellungen existierten gar nicht. Sie hatte das damals widerstandslos akzeptiert, es war einfach so und sie war eine brave, pflegeleichte Tochter gewesen – erst im Studium dämmerte ihr, was da alles gefehlt hatte. Und trotzdem, als sie wegen ihrer Promotion noch einmal ein Jahr zu Hause wohnte, war es in Ordnung – sie kannte es gar nicht anders. Diese unendliche Freiheit während ihres Studiums, wo sie sogar mediale Erfahrungen gemacht hatte, es aber damals nicht hatte einordnen können.
Obwohl sie völlig verunsichert war, als sie die Gegenwart eines Schriftstellers spürte, dessen Werk sie verschlungen hatte, und obwohl sie Synchronizitäten erlebte, die sie selbst damals nicht als Zufall einstufen konnte, hatte sie sich nicht getraut, mit irgendjemand darüber zu reden, aus Angst, man würde an ihrem Verstand zweifeln.
Sie hatte immer schon den Sinn des Lebens hinterfragt, sie war interessiert an den verschiedenen religiösen Strömungen und deren Antworten zu Fragen von Leben und Tod, aber als sie dann heiratete, reflektierte sie nicht einmal, dass sie einen Teil von sich wegschloss, es geschah ganz selbstverständlich.

Sobald sie selbst eine Familie hatte, verhielt sie sich, wie sie es in ihrer Herkunftsfamilie gelernt hatte – sie passte sich an – jetzt als pflegeleichte Ehefrau und sich aufopfernde Mutter.

Als sie bestätigt bekam, dass sie frei von Krebs war, reagierte er: Er hatte seine Pflicht getan, jetzt war es ihr Thema. Und es war in der Tat ein großes Thema, denn er war auch sonst kaum zu Hause, kam abends sehr spät und völlig erschöpft, war an den Wochenenden kaum in der Lage, sich mal mit den Kindern zu beschäftigen – die Arbeit fraß ihn auf, er wirkte ausgelaugt und doch angespannt.
Aber Iris hatte genug Hinweise bekommen durch ihre Krankheit, sie wollte ihr wirkliches Ich nicht mehr abspalten, nur weil es dann bequemer war, sie begann, ihren eigenen Weg zu gehen. Sie entdeckte ihre tiefe Sehnsucht nach Religion und Sinnfragen wieder, sie vertiefte eine wunderschöne Freundschaft mit zwei katholischen Priestern, die sehr liberal dachten, mit denen sie tiefe Gespräche über Leben und Tod führen konnte.
Sie entdeckte ihre Freude an ihrer Stimme und an ihrer Ausdrucksfähigkeit, indem sie nur für sich zu schreiben begann, sich in ihrer Gemeinde mit einbrachte, einfach weil es ihr so viel Spaß machte. Sie lernte, sich selbst zu fühlen – ihr Wesen mit all den dazugehörigen Facetten. Sie probierte aus, machte Kurse, beschäftigte sich mit neuen Themenbereichen, voller Neugierde und Entdeckerfreude. Sie nahm sich endlich wieder als die spontane, neugierige und herzliche Frau wahr und lebte mit ihren beiden Kindern diese Nähe und Wärme. Das ging dann soweit, dass die große Tochter nicht mehr vom Vater ins Bett gebracht werden wollte – wie oben bereits geschildert.
Sie konnte immer besser spüren, wie sehr es sie schwächte, wenn seine Abgespanntheit und die daraus resultierende Achtlosigkeit sie erschöpften und ihre Stimmung niederdrückten.
Sie lernte immer mehr, sich energetisch abzugrenzen – von seiner Erschöpfung, von seiner schlechten Laune, seiner Müdigkeit, ohne ihm Vorwürfe zu machen, denn er hätte nichts davon gelten lassen.
All die guten Ansätze, die während ihrer Krankheit aufgekeimt waren, wurden von der Arbeit geschluckt. Er lebte nicht mehr, er wurde gelebt – scheinbar von einer unvermeidlichen äußeren Notwendigkeit. Der Hinweis, mal in Ruhe zusammen zu sitzen und zuzuhören, was der Partner zu

sagen hat, sich auf ihn einzulassen und offen zu sein, etwas zum Ehe- und Familienklima beizutragen, war längst im Alltagsstress untergegangen. Iris aber war nicht mehr bereit, nochmals den hohen Preis zu zahlen – auf Kosten ihrer Gesundheit ein Spiel mitzuspielen, das nicht mal ihres war. Auch heute noch geht sie ihren Weg – noch ist sie bereit, trotzdem bei ihm zu bleiben – noch. Sie hat sich sehr fest vorgenommen, so will sie nicht mit ihm alt werden – wir werden sehen, wohin der Weg führt.

Geschichte 9

Der Fluch der Ahnen

Wie so oft kam zuerst die Ehefrau zu mir in die Praxis. Wovon mir Eva erzählte, war keine Ehekrise, sondern ein Ehekrieg, der bereits 16 Jahre lang andauerte – kurz nach der Geburt des einzigen Kindes hatte diese Tragödie angefangen. Das Schlimme daran war, dass beide beruflich miteinander verstrickt waren – sie sind beide Heilpraktiker.
Eigentlich schien das eine ausgezeichnete Kombination zu sein – die beiden arbeiteten in einer gemeinsamen Praxis recht erfolgreich. Sie war mehr die Bodenständige, die den Menschen – im Rahmen ihrer Körperarbeit – mit praktischen Ratschlägen weiterhelfen konnte, er – Martin – war eher der Meditative, der sich mit ayurvedischer Medizin und der dazugehörigen Philosophie beschäftigte und die Menschen zur Innenschau anregte. Im Privatleben allerdings prallten die beiden gnadenlos aufeinander. Die Atmosphäre zu Hause war spannungsgeladen, darunter litt natürlich auch der Sohn, der sehr viel mehr auf der Seite der Mutter stand, obwohl sie nie versuchte, ihn zu beeinflussen. So sanft sein Vater sein konnte, so hart und unerbittlich konnte er sich zeigen. Sein Sohn hatte Probleme damit, wenn der Vater dann die Situation aus einer höheren Ebene zu betrachten versuchte, er fand das abgehoben und realitätsfremd.
Es war in der Tat sehr schwierig, mit Martin bodenständig und sachlich zu diskutieren, zum Beispiel, was er sich in der Zukunft, im Alter vom Leben wünschen würde, welche Vision er sich als Idealzustand vorstellen würde. Er war immerhin Anfang 50 und da sollte „Mann" sich überlegen, wie er sich die Zukunft vorstellte, zumal er als Freiberufler nicht einfach so in Rente gehen konnte – und er hatte auch keinerlei Vorstellung, wie er seine finanzielle Zukunft gestalten wollte. In philosophischen Fragen verfügte er über ein breites Wissen, aber die praktischen Sachen des Alltags – wie zum Beispiel Buchhaltung, Geldangelegenheiten – das mochte er gar nicht, da fehlte ihm der Bezug. Diese Aufgaben hatte seine Frau bisher übernommen.
Eigentlich kann man sich kein gegensätzlicheres Paar vorstellen als diese beiden. Es wunderte mich überhaupt nicht, dass sie sich in verschiedenen

Sprachen ausdrückten – sie lebten auch in zwei verschiedenen Welten. Natürlich profitierten die Seminarteilnehmer in den gemeinsam veranstalteten Ausbildungen unendlich von der Vielschichtigkeit des Angebots so verschiedener Persönlichkeiten. Die Seminare, die die beiden gemeinsam anboten, waren immer ausgebucht. Auch an Patienten fehlte es beiden nicht. Nach außen bot sich das Bild einer exzellent funktionierenden Praxisgemeinschaft. Aber im Privatleben fehlte jede gemeinsame Basis. Sie – ein Temperamentbündel, die sehr spontan das aussprach, was sie dachte, die es hasste, um den heißen Brei herum zureden.Und ein Problem, das man durch Handeln lösen konnte, war für sie kein Problem. Sie stand mit beiden Beinen auf dem Boden der Tatsachen. Wenn man etwas mit Handeln und Aktivitäten bearbeiten konnte, sprühte sie nur so vor Ideen.
Er dagegen wirkte sehr sanft, sah die Dinge erst mal von der philosophischen Seite, konnte aber, wenn man ihn reizte, auch sehr böse und cholerisch werden, und es fiel ihm unendlich schwer, die Dinge von einer praktischen, nüchternen Alltagsebene her anzugehen.
Das, was die Ehe aber am meisten belastete, war, dass er seit Jahren eine Freundin hatte, mehr oder weniger intim, und seine Frau wusste davon, aber sie ertrug und erlitt diesen Zustand. Für ihn tat das der Ehe keinen Abbruch, die Prioritäten waren aus seiner Sicht klar definiert, er würde seine Familie doch nie wegen einer andern Frau verlassen. Er konnte nicht verstehen, warum das für seine Frau so schlimm war. Er stand aus seiner Sicht hundertprozentig zu seiner Familie, das andre war doch keine Bedrohung – aus seiner Sicht! Aber in unsrer Gesellschaft, für unser Verständnis von Ehe ist das eben nicht so einfach, wie er das empfand – und für seine Frau war es eine unzumutbare Situation – nur des Sohnes wegen waren sie eigentlich noch zusammen, das kristallisierte sich immer mehr heraus. Jedoch – der Sohn war inzwischen alt genug, um zu verstehen, warum sich seine Eltern trennen mussten und wie er zu beiden trotzdem eine persönliche Beziehung haben konnte.
Die beiden verstanden auch gegenseitig gar nicht, was für ein Wesen der andre hatte.
Was bei den Patienten völlig selbstverständlich ablief, verbarg sich im Privatleben hinter jahrelang angestautem Frust durch das Gefühl, ständig unverstanden zu sein, und sie führten, ohne selbst die tieferen Beweggründe erkennen zu können, diesem uralten Krieg der Geschlechter fort.

Für mich war rätselhaft, wie die beiden das so lange durchgehalten hatten, ohne schwer krank zu werden. Allerdings litt Eva schon seit vielen Jahren an immer wiederkehrenden Gelenkbeschwerden und Martin hatte als Junge schon schweres Asthma und Rheuma entwickelt. Mit diesen „Unzulänglichkeiten“, wie er seine Krankheiten nannte, habe er gelernt, umzugehen – er gab ihnen nicht sonderlich viel Bedeutung und kam berufsbedingt gut zurecht mit ihnen. Obwohl ihm natürlich klar war, dass sie eine seelische Ursache haben mussten.
Was hatte die beiden überhaupt zusammengeführt? Was verband sie? Sie konnten sich in ihrer Gegensätzlichkeit weder verstehen noch ergänzen. Aber die Familiengeschichte, die beide mit sich herumtrugen, war so erschütternd und so tragisch, dass dieses unendliche Leid ihrer Ahnen sie aneinander gebunden hatte. Die Rollen der Männer in seiner und die der Frauen in ihrer Familie ergänzten sich und vertieften die alten Verstrickungen. Beiden war aufgrund des eigenen Berufs der Einfluss früherer Generationen bewusst, sie hatten beide schon versucht, daran zu arbeiten, aber die emotionale Ladung aus dieser Altlast hatten sie noch nicht erlösen können.

Die tiefere Bedeutung

Stichworte: Gegensätzlichkeiten, unterschiedliche Wahrnehmung, Unverständnis, weltfremd, sich abhängig machen, jahrelanger Frust, jahrelange Verletzungen, sich selbst nicht spüren, kein Recht auf die eigene Lebensform, aushalten und durchhalten, extrem leidensfähig.

Evas Anteil

Ausnahmsweise möchte ich diesmal mit der Frau aus dieser Beziehung anfangen. Wenn man die Geschichte ihrer Familie betrachtet, ist es ein Wunder, dass sie nicht nur ein – für die Gesellschaft – normales Leben führte, sondern auch noch in der Lage war, andere zu unterstützen. Sie

hatte – bedingt durch die Heilpraktikertätigkeit – schon viel an sich gearbeitet, und das hatte ihr auch immer weiter geholfen, aber den Frieden in ihrem Privatleben hatte sie bisher nicht gefunden.
Wenigstens wusste sie von den Lasten in der Ahnenreihe und hatte auch schon Familienaufstellungen gemacht, aber es war einfach zu viel, was da abgelaufen war. Ihre Ururoma war im Kindbett gestorben und deren Mann – also der Ururgroßvater von Eva – beging Inzest mit seiner ältesten Tochter. Aus dieser Verbindung entstanden Zwillinge, die er aber tötete und verbrannte.
Das Ganze kam heraus und er musste einige Jahre im Gefängnis absitzen.
Die spätere Ehe dieses missbrauchten Mädchens – Evas Uroma – verlief, zumindest nach dem, was Eva wusste, ohne weitere Katastrophen, aber die Tochter – Evas Oma – wurde nach dem ersten Ehejahr von ihrem Mann vor die Türe gesetzt. Sie hatte eine Tochter – Evas Mutter.
Die Oma hatte nie wieder geheiratet, ging zurück in ihr Elternhaus und lebte mit ihrer Mutter, die inzwischen Witwe geworden war, auf engstem Raum.
Für Evas Mutter gab es keine männliche Verwandtschaft, an der sie sich hätte orientieren können, dementsprechend schwierig gestaltete sich auch später ihre Ehe mit Evas Vater. Er hatte sein Leben lang nebenher Geliebte, war kaum zu Hause und wenn, nahm er Eva sogar zu seinen Rendezvous mit. Ab der Pubertät entwickelten sich zwischen Eva und ihrem Vater zerstörerische Auseinandersetzungen. Er erwartete, dass sich ein Mädchen dem Willen des Vaters unterwirft, aber Eva rebellierte und wandte sich verbittert von ihm ab.
Seitdem beim Vater eine Demenz eingesetzt hatte, war er in einem Pflegeheim. Selbst da baggerte er noch die Pflegerinnen an.
Dann gab es bei ihrer Mutter noch eine Abtreibung, direkt vor Eva, und auch sie war kein Wunschkind gewesen, nur ihr jüngerer Bruder, der Kronprinz, war gewünscht und willkommen.
Finanziell waren ihre Eltern sehr gut gestellt, es fehlte Eva aus materieller Sicht an nichts.
Die Eltern übertrugen ihren Kindern, als diese erwachsen waren, jeweils ein ansehnliches Erbe, von dem Eva dann ihre Praxis aufbauen und finanzieren konnte.
Das Schicksal ihres Vaters war keineswegs leichter als das von Evas Mut-

ter. Er musste im Krieg als Soldat die zersplitterten Leichen nach Granateneinschlägen zusammensammeln – da war er gerade mal 18 Jahre alt.
Sein Vater war ein Findelkind gewesen, man konnte bis heute seine Eltern nicht ausfindig machen. Allerdings war die Ehe von Evas Großeltern sehr gut. Das war eine tiefe Liebe zwischen den beiden, aber sie wurden aufgrund ihrer Zugehörigkeit zu einer kommunistischen Partei im Dritten Reich mehrmals eingesperrt und gefoltert.
Evas Vater hatte mitbekommen, dass sie abgeholt wurden und Wochen später – während er bei Verwandten oder Nachbarn unterkam – zerschunden an Leib und Seele wieder auftauchten.
So viel unerlöstes Leid geht nicht einfach verloren, die Lebenden tragen es wie einen schweren Mantel, sie haben es wie Bleikugeln an den Füßen. Meine Patientin wusste das einerseits, aber wie sehr sich das auf ihre Lebensqualität auswirkte, das wurde ihr erst allmählich bewusst. Es ist selten, dass man so viele Generationen zurückgehen muss, oft wissen meine Patienten gar nicht, was bei den Vorfahren wirklich geschehen ist.
Für Eva war es ein Segen, dass sie die Familiengeschichte so gut kannte, das Geschehen war in diesem Fall so tiefgreifend gewesen, dass seine Schatten bis zu Eva hin wirkten.
Wir mussten das Ereignis der Kindstötung aufstellen.
Sheldrake, ein englischer Biologe, fand heraus, dass jede Tierrasse, aber auch jede Nation und jede Familie ein Feld erzeugen, geformt von den einzelnen Mitgliedern. Jede Verhaltensänderung verändert auch dieses Feld. Das kann der Evolution dienen, das kann aber auch nachfolgende Generationen belasten, wenn die Gesetzmäßigkeiten verletzt wurden. Als wir das Leben dieses Ururgroßvaters aufstellten, wurde die Atmosphäre im Raum so schwer, dass wir beide kaum atmen konnten. Sehr oft können Seelen, die so viel Leid verursacht haben, nicht weitergehen, sie bleiben in der Ebene der Lebenden hängen und belasten diese. Erst wenn man ihnen ihre Last zurückgibt und die Verantwortung für ihr Handeln bei ihnen lässt, können sie gehen. Wir mussten auch im Familienstellen die getöteten Zwillinge mit ihrem Vater vereinen – erst wenn Täter und Opfer vereint sind, gibt es Frieden. Täter und Opfer sind wie zwei Seiten einer Münze, der eine existiert nicht ohne den anderen. Wenn sie deshalb im Tod zusammenkommen, wenn sie miteinander vereint sind auf dieser anderen Seite, dann heben sich die Pole auf – wie in der Mathematik, wo aus gleich

viel Plus und Minus Neutralität entsteht. Dann findet der Nachkomme in der Gegenwart seinen Frieden. Die älteste Tochter, die er missbraucht hatte, durfte wieder an ihren Platz als sein Kind zurück, denn er hatte ihr ja die Position seiner verstorbenen Frau aufgezwungen.
Es ist unglaublich, welche Energien sich zeigen, wenn man belastende Situationen aufstellt. Es sind genau genommen nur Holzfiguren, könnte man denken.
Aber wenn das betroffene Familienmitglied die Szene intuitiv darstellt, zeigt sich, was dieser Mensch die ganze Zeit schon mit sich herumschleppt. Das Feld offenbart die Gefühlsebene der Ahnen und erlaubt endlich zwischen dem Schicksal der Ahnen und der eigenen Geschichte zu unterscheiden.
Nach der Aufstellung war Eva zwar wie erlöst, aber auch völlig erschöpft. Und das war nur der Anfang! Das Schicksal der Großmutter lag auch noch auf ihren Schultern. Seit dem Inzest des Ahnen war keine der Frauen in ihren Beziehungen glücklich gewesen.
Die spätere Ehe der missbrauchten Ahnin war zwar unspektakulär, aber nach dem Trauma wohl eher erträglich gewesen. Bei der Großmutter offenbarte sich wieder dieses Programm – sie wurde nach einem Jahr Ehe von ihrem Mann verbannt. Die Frauen lebten auf engstem Raum, aber auch sie bekriegten sich.
Bei Eva hatte sich das wiederholt: Evas Vater war ständig unterwegs, Evas Großmutter und in ihrer frühen Kindheit auch noch die Urgroßmutter sowie Evas Eltern lebten alle unter einem Dach. Wenn ihre Mutter arbeitete, sorgte die Großmutter für sie – allerdings fanden wir heraus, dass diese Frau nie erwachsen geworden war, sie blieb nach der gescheiterten Ehe ein Leben lang bedürftig und unerfüllt. Eva bekam von ihr keine Liebe, sie war eher eine Last – es fehlte an der nötigen Zuwendung.
Diese Lieblosigkeit zog sich wie ein roter Faden durch ihre Familie – die Männer waren unfähig, den Frauen Liebe zu zeigen, die Kinder wuchsen zwar versorgt, aber ohne Liebe auf und gaben diese Lieblosigkeit an die nächste Generation weiter.
Eva hatte ihre Urgroßmutter als strenge, herrische Frau in Erinnerung, die ihre Tochter – Evas Großmutter – bis zu ihrem Tod bevormundete. Evas Mutter setze das Schicksal fort. Sie vergötterte ihren Sohn und setzte ihn an Stelle ihres Mannes – denn auch sie erlebte eine lieblose Ehe – und Eva

lief nebenher. Die Mutter setzte voraus, dass die Tochter funktionierte und keine Ansprüche stellte und wenn, waren ja dann die Omas da.
Eva hatte von klein auf gelernt aus- und durchzuhalten. Das Leben war eine Kette von Problemen, die man zu bewältigen hatte, egal wie. Alle Ahninnen waren starke Frauen, das hatte Eva geerbt, sie war auch immer die Starke, sie fühlte sich immer zuständig, Probleme anzupacken und zu lösen. Schwach werden – das ging gar nicht, dann war man ausgeliefert – dem Mann, dem Leben, den Mitmenschen.
Dass Schwäche etwas Schönes sein konnte, dass es ein Glück bedeuten konnte, sich mal fallen zulassen, zu wissen, dass jemand einen auffängt, man umsorgt wird, das war etwas, was sie nie erlebt hatte. Sie hatte das dann von ihrem Mann auch nicht erwartet. Selbst wenn er gewollt hätte, sie hätte es nicht zulassen können.
Wir mussten mehrere Aufstellungen machen, um endlich Ordnung in das Feld zu bringen, um Frieden und Vergebung zu erreichen. Eva konnte endlich den Platz an der Seite ihres Vaters verlassen, er hatte sie zwar nie missbraucht, aber er hatte sie als Vertraute für seine Eskapaden völlig überfordert. Sie hatte sich der Mutter gegenüber schuldig gefühlt, weil er seine Tochter immer mitnahm zu seinen Freundinnen und die Ehefrau außen vor ließ. Sie hatte den Platz der Mutter zugewiesen bekommen, der nicht ihrer war, dafür hatte sie ihn dann als Teenager gehasst, aber dieser Hass vertiefte noch das Feindbild Männern gegenüber, das ihre Ahninnen geprägt hatten, und es übertrug sich auf ihre Ehe.
Als sie ihren Mann vor 20 Jahren heiraten wollte, mischte sich ihre Familie ein, er war nicht willkommen, Bruder und Eltern hätten jemanden mit mehr Geld erwartet. Eva setzte sich durch – sie war kein Teenager mehr, aber dadurch war auch noch ein Konfliktherd mit der Herkunftsfamilie entstanden. Sie hätte dort nie etwas über ihre Ehe sagen können – da wäre nur noch mehr Öl ins Feuer gegossen worden.
Für Evas Familie war Martin wie ein rotes Tuch. Ihre Mutter versuchte, sie davon zu überzeugen, dass es eine Fehlentscheidung gewesen sei, ihn zu heiraten. Eva erlebte sich in einer Zerreißprobe zwischen Ehe und Herkunftsfamilie. Sie wollte zu ihrem Mann stehen, aber andererseits die Verbindung zu ihrer Familie aufrechterhalten. Es gelang ihr nicht, in einem sehr zerstörerischen Streit mit ihrer Familie kam es zum vollständigen Bruch.

Es gab keine Möglichkeit mehr, mit Kompromissen die Beziehung zur Familie und zum Ehemann zu erhalten. Martin konnte die Angriffe seiner Schwiegermutter nicht von der Beobachterebene her sehen. Er fühlte sich persönlich angegriffen und beschimpft. Diese Verletzung brachte er in den Sitzungen mit mir deutlich zum Ausdruck. Aber Evas Mutter projizierte ihre eigenen und die übernommenen Eheerfahrungen auf Martin. Egal, welchen Mann Eva auch geheiratet hätte, ihre Mutter hätte immer ein Haar in der Suppe gefunden. Und Eva – sie hatte gelernt, alles, was sie tief verletze, abzuspalten. Anders hätte sie in dieser Familie nicht ohne psychischen Schaden überleben können. Es gab nur Polarisierungen, Verurteilungen, Bedrohungen. Das Leben in der Herkunftsfamilie erlaubte keine tolerante, großzügige Einstellung.

Eva hatte eine perfekt funktionierende Überlebensstrategie verinnerlicht: Sie verdrängte Demütigungen, Anschuldigungen, Ungerechtigkeiten. Sie gab sich nur noch mehr Mühe, Leistung zu bringen, bestmöglich zu funktionieren. Ab und zu, wenn das Fass dann doch überlief, konnte sie sich mit einem beißenden Zynismus, mit messerscharfen Kommentaren, die beim Gegenüber voll ins Schwarze trafen, Luft verschaffen und vorübergehend Raum für sich gewinnen. So hatte sie es mit ihrem Vater gemacht, genauso ging sie in Konflikten mit ihrem Mann um. Aber es war ihr nie bewusst, wie lange sie vorher schon geschluckt und ausgehalten hatte. Diese Abwehrhaltung ermöglichte es ihr, in ihrer Ehe so lange auszuhalten, aber es verhinderte auch gleichzeitig, ihren Mann wirklich zu erfassen.

Ich erlebte sie, wie fassungslos sie auf ihn reagierte, sie konnte ihn nicht verstehen, wusste nicht, wie er wirklich war, und deshalb konnte keine Kommunikation stattfinden.

Als die beiden heirateten, hatten ihre gemeinsamen Pläne, ihre spirituelle Suche sie zusammengeschweißt, aber als der Sohn geboren wurde, wurden damit auch die im Unterbewusstsein gespeicherten Programme von den Herkunftsfamilien aktiviert – und die waren bei beiden katastrophal. Wir wundern uns oft, warum manche Situationen bis zu einem bestimmten Punkt problemlos verlaufen und dann – aus unsrer Sicht gesehen – plötzlich zu Krisen eskalieren. Sehr oft haben wir in unsrer Kindheit Programme übernommen, die zu einer bestimmten Lebensphase gehören – ob das nun das Eheleben oder das Elternsein oder den Beruf betrifft.

Bestimmte Auslöser aktivieren das bisher im Unterbewusstsein schlummernde Programm, zum Beispiel: Solange wir nicht Eltern werden, macht es sich nicht bemerkbar, dass wir von unsren Eltern gelernt haben, dass Kinder eine Last darstellen und das Ende der Freiheit bedeuten, dass man sich selbst als Persönlichkeit aufgeben muss und alles der Aufgabe der Kindererziehung unterzuordnen hat, vielleicht auch, dass Frauen vom Partner dabei keine Unterstützung bekommen, oder dass wir ab jetzt dem Partner unentrinnbar ausgeliefert sind.
Erst wenn der Betroffene selbst in diese Lebenssituation kommt, greift das Programm.
Dies gilt natürlich auch für Lebensphasen wie das Klimakterium, wenn wir von unsern Müttern gelernt haben, dass dies das Ende des Frauseins bedeutet, dass man dann alt, hässlich und krank wird. Ganz zu schweigen von dem Programm, das wir hinsichtlich des Altwerdens übernommen haben – da geht es bergab, da kann man nicht mehr, wie man will, alles lässt nach, man wird hilfsbedürftig.
Erkennen wir diese Lebenseinstellung nicht als übernommenes Programm, beherrscht sie uns, und unser ganzes Sein wird von dem Programm bestimmt.
Wir sind uns leider nur selten bewusst, dass uns alte Programme beherrschen. Und wenn wir überhaupt etwas bemerken, dann unterwirft man sich dieser Entwicklung. Wie oft hört man den resignierten Satz: “Das war bei meinen Eltern auch so!“

Aber kaum jemand überlegt, ob das denn wirklich unausweichlich so sein muss, ob das in der heutigen Zeit, unter den heutigen Umständen noch Gültigkeit hat.
Es gibt verschiedene Möglichkeiten, mit den alten Programmen umzugehen – man macht es genauso wie die Eltern oder man fällt ins Gegenteil. Eva, die nie wirklich Liebe, Verständnis und Zuwendung erfahren hatte, konzentrierte sich mit ihrer ganzen Kraft auf ihren Sohn – wie eine Löwenmutter verteidigte und beschützte sie ihn – auch gegen ihren Mann. Sie merkte nicht, dass sie ihren Partner ausblendete, andrerseits sorgte sie für alles, übernahm die Finanzen, die Praxisorganisation – alles Praktische, was er nicht gut konnte. Sie war sehr schnell in allem und selbst, wenn er sie unterstützen wollte – sie hatte es bereits erledigt. Sie überforderte sich

grenzenlos, aber sie merkte es nicht einmal, das war sie gewohnt. Sich Auszeiten gönnen, Mann und Sohn mal zuzumuten, den Alltag ohne ihre Unterstützung zu bewältigen, kam gar nicht in ihrem Gedankengut vor.
Das Paar war kaum in der Lage, irgendetwas in Freude miteinander zu teilen, diese schmerzliche Erkenntnis wurde von der nie endenden Alltagsaktivität komplett zugedeckt.
In unsern Sitzungen, in denen Eva die Familienaltlasten aufarbeitete und sich unter all diesen Schichten allmählich selbst kennen lernte, zeigte sich immer deutlicher, dass es keine gemeinsame Zukunft gab. Sie waren beide einfach zu verschieden und die Gemeinsamkeiten, die die Ehe hätten retten können, waren in diesen zerstörerischen Auseinandersetzungen zerbrochen.
Die gemeinsame Wohnung und dann noch die gemeinsame Arbeit verhinderten, dass da irgendwo eine Entspannung eintreten konnte. Da die berufliche Verstrickung zu kompliziert war, blieb nur die Trennung auf privater Ebene. Eva konnte das immer deutlicher sehen, Martin klammerte sich noch an dieses Bindeglied Familie.
Erst als er dann tatsächlich eine eigene Wohnung bezog, konnte er erkennen, wie nötig er dieses „zu sich Kommen" brauchte. Zuerst war er sauer auf mich, weil ich ihn drängte, diesen Schritt zu tun, später erkannte er, dass die Trennung schon lange vor seinem Auszug stattgefunden hatte, aber er hatte es nicht wahrhaben wollen.
Wenn Paare so zerstritten sind, wie diese beiden, dann kann nur eine räumlich Trennung zeigen, wie viel noch an Bindung übrig ist.
Entweder entdecken die beiden ihre Beziehung neu – arbeiten an sich und genießen wieder die Begegnungen wie am Anfang ihres Kennenlernens – oder es wird deutlich, dass es jedem alleine deutlich besser geht, je mehr er sich selbst zu leben lernt und nach und nach die übernommenen Muster ablegt.
Dann kann man sich im Frieden trennen und nicht in der Hitze angestauter Emotionen, wie Wut, Frust, Enttäuschung, die auf den Partner projiziert werden.
Eva merkte recht schnell, welche Last von ihr abfiel, als Martin ausgezogen war. Sie hatte für ihn und den gemeinsamen Sohn alles mitgetragen, sich für ihn genauso verantwortlich gefühlt wie für ihr Kind. Ihre eigenen Wünsche, Bedürfnisse und Grenzen hatte sie jahrelang hinten angestellt.

Denn außer der Familie forderten sie auch noch ihre Patienten und erwarteten Rat und Hilfe von ihr. Ihre schwierigste Aufgabe bestand jetzt darin, sich selbst wieder spüren zu lernen, zuzulassen, wer sie war und was sie wirklich ausmachte, anstatt das sein zu wollen, von dem sie glaubte, dass man es von ihr erwartete.
Am Anfang tendierte sie dazu, ihre ganze Fürsorge ihrem Sohn zukommen zu lassen, da sie immer schon die Angst gehabt hatte, er würde zu kurz kommen. Aber der Teenager konnte da sehr deutlich – und zum Leidwesen der Mutter – demonstrieren, dass er ihre Fürsorge als Vereinnahmung erlebte, dass seine Mutter ihm zu viel war. Auch da musste sie lernen, Schritt für Schritt loszulassen. Die Gefahr, sich dann noch mehr mit Arbeit zuzuschütten, wurde dadurch gebremst, dass sie immer noch mit ihrem Mann die Praxis teilte.
Mit den Monaten zeigte sich in diesem Bereich deutlich, dass hier eine Trennung ebenso unvermeidlich war.
Die beiden Persönlichkeiten waren so unterschiedlich, die privaten Ablösungsturbulenzen so umfassend – es ging einfach nicht mehr miteinander. Es war, als hätten sich zwei Raupen zu Schmetterlingen verwandelt, aber es entfalteten sich völlig verschiedene Schmetterlinge, die sich in ganz unterschiedlichen Lebensräumen aufhielten.

Martins Anteil

Martins Geschichte erwies sich als nicht weniger leidvoll.
Er war gewünscht und ersehnt gewesen. Es hatte sechs Jahre gedauert, bis seine Mutter endlich schwanger wurde, aber seine Geburt hätte ihr fast das Leben gekostet und dann wurde bereits im Jugendalter sein Rheuma diagnostiziert. Lange kam niemand auf die Idee, die wiederkehrenden Gelenkschmerzen auf Rheuma zu untersuchen, erst nachdem die Beschwerden über Jahre nicht abklingen wollten, klärte man diese Möglichkeit ab. Die Ehe seiner Eltern geriet dadurch in eine tiefe Krise. Er war auf Seiten seiner Mutter, mit der er bis zur Pubertät ein sehr enges Verhältnis hatte – der Vater wurde zum Feindbild.
Aber auch dessen Schicksal war von Traumata gepflastert: Sein Vater hatte beide Eltern noch als Kind verloren, sie hatten im 1. Weltkrieg zwei

Söhne verloren und ein dritter Sohn starb als Kind an einer schweren Krankheit. Als dann auch noch der Großvater starb – in der Familientherapie würde man sagen, er folgte seinen toten Söhnen nach – hatte die Großmutter keinen Lebenswillen mehr.
Obwohl noch ein Junge – Martins Vater – und noch eine Schwester lebten, starb auch Martins Großmutter bald danach – an gebrochenem Herzen.
Martins Vater kam dann in eine Pflegefamilie, eine Handwerkerfamilie ohne Kinder, sein Vater sollte die Werkstatt übernehmen, aber der 2. Weltkrieg machte diese Pläne zunichte. Sein Vater wurde zum Russlandfeldzug eingeteilt und überlebte als Einziger seiner Garnison einen Partisanenangriff. Später wurde er als Aufseher in ein Arbeitslager eingeteilt, in dem Zwangsarbeiter und KZ-Häftlinge untergebracht waren und arbeiten mussten.
Er hatte nie darüber geredet, was da vorgefallen war, wie er mit dieser extrem belastenden Situation zurechtgekommen war, auch nicht darüber, wie er sich in Anbetracht von so viel Gewalt und Unterdrückung gefühlt hatte, wie es für ihn gewesen war, auf der Seite der Täter stehen zu müssen. So war das unendliche Leid ungefiltert an Martin weitergegeben worden. Kein Wunder, dass sich da ein chronisches Rheuma entwickelt hatte.
Auch mit Martin musste ich mehrere Familienaufstellungen machen.
Schon allein seinen Platz in der Herkunftsfamilie anzuschauen, erlebte er als unendlich leidvoll. Er fühlte sich schuldig, weil seine Ankunft fast das Leben seiner Mutter gekostet hatte. Deshalb fühlte er sich dann als Kind ständig verpflichtet, sie zu unterstützen, er nahm so die Stelle des Vaters ein und war als ein Kind total überfordert.
In seinem Vater hatte er nie ein Männerbild gefunden, an dem er sich orientieren konnte – dieser war ja der Böse gewesen – und Martin musste sich mit der Mutter verbünden.
Er hatte zwar viel Fürsorge bekommen, aber keine Liebe, denn die Eltern selbst waren zu belastet, um sie geben zu können.
Seine Mutter war mit ihrem alkoholkranken Vater aufgewachsen, dadurch musste Martins Großmutter arbeiten gehen – da blieb auch für die Mutter von Martin wenig Zuwendung. Aber Kinder erkennen nicht, dass die Eltern es nicht besser können, dass das, was sie geben, auf Grund der eigenen Geschichte alles ist, was sie haben. Kinder geben sich die Schuld für

den Mangel.
Auch Martin hatte es auf sich bezogen, er fühlte sich nicht liebenswert, und in seiner Ehe erlebte er sich wieder in einer entsprechenden Situation. Wie seine Frau hatte er auch ein sehr angespanntes Verhältnis zu seinem Vater. Sein Vater reagierte cholerisch auf das kleinste Fehlverhalten von Martin. Als dieser dann starb – Martin war neunzehn Jahre alt – empfand er es nur als Erleichterung und hatte gleichzeitig ein schlechtes Gewissen, weil er nicht trauern konnte.
Das Aufstellen der NS-Zeit seines Vaters erwies sich als tief belastend. Die Energie, die sich da aufbaute, war kaum auszuhalten, so schwer und leidvoll offenbarte sich das Feld. Er trug das ganze Elend und die Schuld seines Vaters – wie sollte er da jemals ein gutes Leben finden?
Die ganze Last gehörte seinem Vater, sie hatte mit ihm nichts zu tun. Die Opfer dieser KZ-Zeit mussten mit dem Täter – seinem Vater – im Tod vereint werden. Erst wenn sich Täter und Opfer zusammenfinden, kann Friede einkehren – im System der Familie wie auch im Leben.
Für Martin war Reinkarnation selbstverständlich, er konnte es annehmen, dass zwischen seinem Vater und den Opfern eine Verstrickung existierte, die er aber nicht zu kennen brauchte – das anzuschauen war nicht seine Aufgabe. Das entlastete ihn sehr.
Andererseits war und blieb es sein Vater, und er musste lernen, dieses Erbe anzunehmen, denn er hatte dessen Gene unabänderlich in sich. Indem er das Erbe ablehnte, lehnte er fünfzig Prozent von sich ab. Er konnte das Erbe auf seine Weise leben – das half schließlich, dass er es nehmen konnte.
Wir brauchten die tragische Liebe seiner Großeltern, die Vereinigung der Großeltern mit ihren toten Kindern, denn Martin trug eine uralte Überlebensschuld des Vaters – der weitergelebt hatte, obwohl Brüder und Eltern tot waren. Es wurde immer deutlicher, wie sich Martins wirkliche Individualität unter den schweren Decken der Ahnen gar nicht hatte entfalten können – endlich hatte er den Raum, sich selbst zu entdecken!

Und Martin existierte selbst eigentlich gar nicht, er definierte sich über seine Frau, seinen Sohn und seine Patienten. Er kam mit den übelsten Umständen zurecht, indem er sich einfach nicht mehr spürte. Er explodierte dann völlig überraschend, wenn sich im Unterbewusstsein denn doch zu viel angesammelt hatte. Er redete von sich wie von einem Dritten, wenn er über sein Leben sprach, so als würde er nur daneben stehen und sich nur ab und zu mal kurz darauf einlassen. Er wusste sehr wohl, was ihm Spaß machte, war sehr belesen, aber alles, was er tat, war für seine Arbeit. Das Einzige, was er sich erlaubte, war seine regelmäßige Meditation – allerdings profitierten davon auch die Patienten, weil er so seine Batterien auftanken konnte, um danach wieder arbeitsfähig zu sein – trotz Rheuma! Aber nur mal was Sinnloses tun, so richtig ins Leben eintauchen, einfach, weil es Spaß macht, das war ihm nach der Studentenzeit völlig abhanden gekommen.

Er hatte keine Ziele, keine Vision für seine eigene Zukunft, alles hatte sich auf seine Pflichten konzentriert, da war es kein Wunder, dass er ausbrach mit einer anderen Frau – es war so ziemlich das Einzige, bei dem er sich erlaubte, sich zu spüren – aber auch da nur mit Hilfe einer anderen Person. Außerhalb seiner Meditationspraxis und seinen Reisen zu Kraftplätzen in Indien lebte er nicht wirklich, er existierte automatisch. Das erklärte, dass Eva ihn oft gar nicht nachvollziehen konnte. Wie auch – er konnte es selbst nicht wahrnehmen.

In den Rückführungen, die wir machten, erlebte er sich oft als Täter. Er kam mir vor wie ein Mann, der sich selbst über viele Leben hinweg nicht verzeihen konnte, der sich selbst kasteite, weil er des Glückes nicht würdig war. Aber er wusste nicht einmal, was Glück für ihn bedeutete. Er hat sich auf den Weg gemacht, es herauszufinden – auf seine ganz eigene Weise, nicht gebunden an Sicherheiten, offen für Zeichen auf dem Weg. Das, was beim Normalbürger Panik auslösen würde, das brauchte er, um sich und sein Leben jeden Tag neu zu erfinden – jetzt, wo sein Sohn alt genug war, seine Frau ihren eigenen Weg ging und seine Freundin verstanden hatte, dass man ihn nicht binden konnte – jetzt erlaubte er sich die Freiheit, sich zu leben und zu entfalten.

Geschichte 10

Es geht auch anders – wir gehen unsren eigenen Weg

Kurt und Beate - die Vorgeschichte:

Beate begleite ich schon seit 20 Jahren, zuerst in einem intensiven therapeutischen Prozess, heute hat es sich zu einem Personal Coaching entwickelt. Ich bin die neutrale Beraterin, wenn sie selbst nicht mehr weiterkommt oder eine andere Sichtweise benötigt.
Da Beate Psychologin werden wollte, war es ihr ein Anliegen, sich selbst besser zu verstehen, sie machte viele Ausbildungen nebenher und lernte in einem solchen Kurs auch ihren Mann kennen – ebenfalls Psychologe. Kurts Eltern stammen aus dem heutigen Tschechien und seine eigene Biografie, aber auch seine Familiengeschichte waren ähnlich leidvoll wie die von Martin – wie wir noch sehen werden. Die Lasten waren auch hier bei beiden Partnern erheblich.
Beate stammte aus einem gutbürgerlichen Elternhaus, in dem alles seine Ordnung hatte, man machte alles so, wie man das schon immer gemacht hatte, bloß keine Änderungen, bloß kein Risiko! Alles, was neu und unbekannt war, wurde gemieden und gefürchtet. Beate war voller Ängste, als sie zu mir kam. In ihrem Studium lernte sie viel psychologische Theorie, aber Selbsterfahrung und Eigentherapie liefen nur am Rande mit und in sehr oberflächlicher Form. Beate war das zu wenig, sie litt unter ihren durch Angst bedingten Begrenzungen, sie wollte raus aus diesen festgebackenen Strukturen ihres Elternhauses – deshalb kam sie damals zu mir.
Ihre vielseitigen Ängste und ihre innere Anspannung, weil sie immer irgendein mögliches Unheil vermutete, zeigten sich in ständig wechselnden Schwierigkeiten im Außen. Ihre Beziehungen verliefen sehr unbefriedigend, sie fühlte sich nicht angenommen, stellte an den Mann an ihrer Seite hohe Ansprüche – so wie auch an sich selbst – und überforderte und erschreckte die jungen Männer. Sie machte sich Vorwürfe, wenn der Freund sich von ihr zurückzog, und in unsrer Arbeit erlebte ich immer wieder,

wie ihr Selbstwertgefühl schwand, wenn sie eine Trennung durchmachte Sie war in ihrer Familie sehr behütet worden. Auch ihre Mutter war voller Ängste, die sie bei ihrer Tochter auslebte und die Beate übernommen hatte, obwohl das Verhältnis zu ihrer Mutter nicht gut war. Ganz anders war es bei Beates Bruder – der hatte als Junge Narrenfreiheit. Beate war von Natur her ein sehr lebhaftes, neugieriges Kind – damit überforderte sie ihre kleinbürgerlich denkenden Eltern komplett. Damit sie wieder in die Schublade von „anständig“ passte, wurde sie zurechtgestutzt – mit Drohungen: „…dann mag dich keiner mehr“, mit unangenehmen Folgen: „…dann passiert was ganz Schlimmes“.

Beate erlebte nicht nur die ständigen Lebensängste ihrer Mutter, sie engte sich durch diese düsteren Zukunftsvisionen noch mehr ein. Aber wohin sollte sie dann mit all ihrer Power? Energie geht nie verloren, sie wandelt sich nur – bei Beate kam sie in Form von ständig wechselnden Symptomen zum Ausdruck. Und sie stand ständig unter Strom – immer in Lauerstellung, was als nächstes wohl Schlimmes passieren könne.

Nachdem sie drei Jahre lang intensiv mit mir gearbeitet und einige Kurse in Selbsterfahrung gemacht hatte, lernte sie genau bei einem Selbsterfahrungskurs ihren zukünftigen Mann kennen. Eigentlich hatte sie inzwischen sowohl gesundheitlich wie auch psychisch eine solide Stabilität entwickelt, aber als Kurt in ihr Leben trat, schien das alles wie ein Kartenhaus zusammenzufallen. Ihr Körper tobte mit vielfältigen Symptomen – Allergien, Verdauungsstörungen, nächtlichen Attacken von Herzrasen. Kurz gesagt – sie fühlte sich hundeelend und je mehr klar wurde, dass Kurt der Mann fürs Leben sein könnte, umso depressiver und freudloser wurde sie. Sie verstand sich selbst nicht, je länger sich die beiden kannten, umso klarer wussten beide, dass sie zusammenbleiben wollten.

Es war eine sehr tiefe, innige Beziehung im gegenseitigen Verständnis. Zum ersten Mal konnte Beate Schwächen und Eigenheiten eines Mannes erkennen und ihn trotzdem liebenswert finden.

Aber sie kannte ein Leben in Fülle nicht – in ihrem Elternhaus hatte es nie eine Zeit ohne irgendwelche Schwierigkeiten gegeben. Wenn ihre Eltern keine Sorgen hatten, machten sie sich welche. Beate kannte keine sorglosen, guten Zeiten, das war etwas völlig Fremdes für ihr ganzes System. Sie war noch nie vorher von jemand einfach verstanden worden – das alles war so ungewohnt, dass das System rebellierte, um seinen gewohnten Zustand wiederzubekommen.

Unser Unterbewusstsein funktioniert wie ein Thermostat – es ist eingestellt auf das, was es kennt, und wenn sich der Zustand dann über den Toleranzbereich hinaus verändert – vor allem in eine positive Richtung, versucht es mit allen möglichen Tricks und Kniffen den alten gewohnten Zustand wieder herzustellen.
Wir glauben dann, dass diese Schwierigkeiten scheinbar von außen auf uns zukommen, aber in Wirklichkeit werden sie – entsprechend dem Prinzip der Affinität – vom Unterbewusstsein angezogen. Wenn wir uns das bewusst machen, wird ganz klar, dass gerade dann, wenn wir uns auf unser wahres Selbst zu bewegen, Widerstände unvermeidlich sind.
Eckhart Tolle hat in seinem Buch „Jetzt – die Kraft der Gegenwart" den Begriff „Schmerzkörper" verwendet. Das steht ebenfalls als das Symbol für das alte, von Leid geprägte Verhaltensmuster, das – so beschreibt er sehr anschaulich – sich von unseren Ängsten, unseren Zweifeln, unserem Ärger und sonstigen negativen Gefühlen ernährt und dabei dick und fett wird. Schlagen wir einen neuen Weg ein, erlebt dieser Schmerzkörper Entzugserscheinungen und versucht, uns wieder auf die alte Schiene zu locken, wo er wieder reichlich Nahrung bekommt.
Und genau das geschah bei Beate: Ihr Unterbewusstsein tobte – eigentlich war es ein Zeichen, dass sich ihr Leben zum Guten hin verändern sollte. Aber obwohl ich ihr das klarmachen konnte, war es ein heftiger Kampf, sich nicht runterziehen zu lassen.
In der Kabbalah wird dieser Aspekt der Widersacher oder das Ego genannt. Er hat ursprünglich die Aufgabe, uns hier in dieser polaren Dimension in Bewegung zu halten, damit wir – bequem wie wir sind – uns hier nicht in unserem Alltagstrott ausruhen und vergessen, dass wir hier sind, um unseren göttlichen Kern – unser Schöpferpotential – zu aktivieren. Leider haben wir das vergessen und machen den Diener zum Chef. Wir lassen uns von unsrer Gier, unsern Ängsten und all dem, was er benutzt, um uns zu provozieren, vollkommen beherrschen.

Beate kämpfte erfolgreich gegen diesen inneren Dämon. Die beiden heirateten und feierten nur im engsten Familienkreis ein stille, aber sehr kraftvolle Hochzeit.

Stichworte: Verständnis, Bereitschaft, den eigenen Teil zu sehen, Überwindung, Durchhaltevermögen, Wunsch, sich zu entwickeln, Verantwortung übernehmen, Loslassen, Verzeihen – auch sich selbst, Kommunikation, Nicht aufgeben, Lebensqualität, Liebe im Tun, Taten, nicht nur Worte, Ein „Wir“ entsteht nur aus zwei vollständigen Menschen.

Kurts Seite

Kurt kam zu mir, als die beiden schon ein paar Jahre verheiratet waren. Beate kannte seine Biografie und wusste, dass das unverarbeitet eine Gefahr für ihre Ehe werden würde. Kurt, der in seinen Fortbildungen erfahren hatte, wie negativ sich Kindheitstraumata im Erwachsenenalter auswirken konnten, erklärte sich schließlich bereit, rechtzeitig etwas für sich und seine Beziehung zu tun. Beate musste zwar einige Überzeugungsarbeit leisten, doch er erkannte schließlich die Notwendigkeit, etwas für sich und seine Frau zu tun. Er kam nicht wegen körperlicher Probleme, wie viele meiner anderen männlichen Patienten, die erst allmählich begriffen, dass die eigentliche Ursache in ihrer Seele zu suchen ist, und er kam nicht, weil ihm seine Frau drohte, ihn zu verlassen, wenn er nicht endlich was für sich tun würde. Er kam mit der Bereitschaft, seine Altlasten anzusehen und sich zu verändern.

Bei vielen Patienten erlebe ich, dass es ihnen genügt, wenn das Problem, weswegen sie kamen, behoben ist. Sie begreifen nicht, dass das Leben wie ein lebendiger Fluss dahinfließt, niemals stillsteht, sich ständig verändert.

Ein weiser Spruch besagt: Das einzig Beständige im Leben ist die Veränderung.

Wir denken, wenn wir einmal ein Problem bearbeitet und gelöst haben, dann sind wir „fertig“. Aber das Leben gibt uns ständig neue Aufgaben – die Lebensschule hört nie auf. Natürlich braucht man nicht sein Leben lang einen Therapeuten, aber die Offenheit für Veränderung, die Bereitschaft, Herausforderungen anzunehmen und sich ihnen zu stellen mit Techniken, die man in der Therapie lernt, mit dem Ziel, sich ständig weiterzuentwickeln, unser wahres Wesen immer mehr zu entfalten, das ist eigentlich unsre Urnatur.

Wozu soll eine Therapie denn sonst gut sein, wenn sie nicht hilft, den Alltag auf eine neue Weise, die die Lebensqualität erhöht, zu bewältigen? Zu diesem Weg gehört auch die Bereitschaft, Unterstützung zu holen, wenn man selbst vor lauter Bäumen den Wald nicht sehen kann. Dass nur „Gestörte" in eine Therapie gehen, ist eigentlich so antiquarisch, dass derjenige auf peinliche Art und Weise offenbart, wie wenig Ahnung er hat. Therapie und Beratung gehen inzwischen ineinander über. In Amerika hat man dafür das Wort des „Personal Coaching" gefunden. Dort empfinden es die Menschen als ganz normal, dass man sich neutrale Unterstützung sucht, wenn man alleine feststeckt.

Kurt hatte – wie schon erwähnt – auch Psychologie studiert, um später vor allem mit Kindern und Jugendlichen zu arbeiten. Wie Beate war auch er auf der Suche nach sich selbst, nach einem tieferen Lebenssinn. Das war ein Aspekt gewesen, der die beiden zusammengebracht hatte, neben ihren gemeinsamen beruflichen Interessen.
Wie schon erwähnt, stammte Kurts Familie aus Tschechien und während bei Beate die Traumatisierung eher subtil, unterschwellig und über einen langen Zeitraum entstanden war, wusste er sehr wohl, dass es in seiner Biographie viele traumatische Situationen gegeben hatte. Aber auch wenn wir die Belastungen sehen und selbst wenn wir vom Fach sind – uns selbst können wir immer am schlechtesten helfen. Das war Kurt klar, ich erlebte seine prüfende Haltung bei unserem ersten Termin, ob ich jemand war, auf den er sich einlassen wollte – aber dann entstand eine sehr fruchtbare Teamarbeit.
In Kurts Herkunftsfamilie gab es einige tragische Todesfälle. Kurts Großmutter mütterlicherseits war gestorben, als seine Mutter noch ein Baby war, und obwohl die zweite Frau des Großvaters die Kinder aus erster Ehe annahm, zeigte sich deutlich, dass sich Kurts Mutter immer noch am Tod ihrer Mutter schuldig fühlte.
Kinder sehen sich sehr oft als Ursache, wenn etwas Schlimmes in der Familie passiert, vor allem wenn sie noch sehr klein sind. Sie können das größere Bild noch nicht erkennen und beziehen das, was da passiert, auf

sich.
Kurt hatte kein gutes Verhältnis zu seiner Mutter, die nicht in der Lage war, ihrem Sohn Liebe zu geben. Immer wenn wir etwas ablehnen, klebt es noch mehr an uns – erst recht deshalb trug er ihre Schuldgefühle, aber das war noch nicht alles. Der ältere Bruder der Mutter, an dem diese sehr hing, wurde ermordet, als Kurt unterwegs gewesen war, und Kurt hatte auch noch seinen Namen bekommen. Das ist in der systemischen Therapie äußerst bedeutsam!
Wie ein Phantom überschattete dieser Tod das Leben von Kurt: Dadurch, dass er diesen Namen trug, trug er auch dessen Schicksal. Es schien offensichtlich, dass die unerlöste Seele des Onkels auf ihm lastete mit seinem frühen und dann auch noch gewaltsamen Tod.
Kurt neigte sehr dazu, in eine unerklärbare Traurigkeit und Schwere zu fallen, in der er für Beate gar nicht mehr erreichbar war.

Wir sollten darauf achten, welche Namen wir unsern Kindern geben – auf jeden Fall nicht den eines Familienmitglieds, das sehr belastet war oder ist.
Namen haben Energie, wir verbinden uns mit der Energie, die derjenige hatte, der den Namen zuerst trug. Diese Energie überträgt sich sogar noch auf die nächste Generation.
Kurt trug also das Schicksal des Onkels, die Überlebensschuld, denn er war gekommen, der Onkel hatte gehen müssen – und dann auch noch die unverarbeitete Trauer seiner Mutter, die sich von diesem Schock niemals wirklich erholt hatte. Deshalb hatte auch Kurt keine Liebe bekommen, der Bruder war ihr ein und alles gewesen, ein Teil von ihr war mit ihm gestorben.
Zusätzlich war Kurt noch bei genau diesen Großeltern aufgewachsen. Sein Großvater war in Kriegsgefangenschaft gewesen – als er heimkam, starb bald seine erste Frau, später wurde auch noch sein Sohn ermordet. Wie die meisten Männer dieser Generation hatte er nie getrauert, geschweige denn, über seinen Schmerz gesprochen. Als Kurt dann geboren wurde, war das ein Geschenk für ihn. Kurt bekam all die Liebe von seinem Großvater, die er von seinen Eltern nicht bekommen konnte, aber damit übernahm er auch das ganze schwere Schicksal seines Opas. – Und er stellte die Großeltern an die Stelle der Eltern.

In der systemischen Therapie geht das nicht, denn damit lehnt er unbewusst sein Erbe ab – und damit auch sich selbst. Denn wir haben unser Erbgut von unsern Eltern bekommen, nicht von den Großeltern, egal wie wichtig sie in unserem Leben sind – unsre Eltern sind unsere Erzeuger. Um uns selbst annehmen zu können, braucht es unser Einverständnis für diese unabänderliche Tatsache. Hellinger nennt es die Ordnung in der Liebe und es hat nichts damit zu tun, dass wir ein gewalttätiges, missbräuchliches Elternteil lieben müssen. Wir lassen ihr Schicksal bei ihnen und nehmen das Erbe an. Gene sind genauso neutral wie Baumaterial – ich kann daraus ein Haus machen oder jemand damit bewerfen. Wir entscheiden, was wir aus diesem Erbe machen.

Das können wir nicht begreifen, solange wir Kinder sind. Wir sehen nur, was die Eltern aus ihrem Leben gemacht haben und entscheiden, ob wir auch so werden wollen oder deren Lebensweise vehement ablehnen. Allerdings – je mehr wir die Eltern ablehnen, umso größer wird die Gefahr, dass wir, wenn wir älter werden, ihnen immer mehr ähneln. Deshalb war es für Kurt und für den Fortbestand seiner Ehe so wichtig, mit den Eltern Frieden zu schließen. Ich habe in meiner langen Praxistätigkeit kaum Eltern erlebt, die in bewusster Absicht ihren Kindern Leid zugefügt haben. Sie hatten auch ihre Geschichte, waren von Gesellschaft, Religion und vor allem von zwei Weltkriegen geprägt. Niemand fragte damals nach Traumatisierung! Niemand überlegte sich, was sich an Auswirkungen von Erziehung und Lebensumständen der Kinder später im Erwachsenenalter zeigen würde und wie sich das auf ihr zukünftiges Leben auswirkt.

Sehr viele Menschen aus dieser Kriegsgeneration würde man heute als tief traumatisiert bezeichnen, sie litten oft den Rest ihres Lebens an dem, was wir heute ein posttraumatisches Syndrom nennen.

Vor allem die Männer, die in diesem Wahn von einem überzogenen Männlichkeitsbild aufwuchsen und in einen Krieg geschickt wurden, der sie zerbrach und ihr Leben zerstörte, tabuisierten ihr Leid und ihre Verzweiflung.

Sie empfanden es wie einen Aussatz der Seele – als Mann hatte man immer Stärke zu demonstrieren – und versteckten die Qualen der Seele hinter Härte oder hinter Schweigen. Wenn sie denn überhaupt Gefühle zeigten, dann als Wut, als Ärger, wenn sie um ihre Autorität fürchteten.

Kurts Vater war so ein Mann – er hatte den Verlust seiner Heimat nie wirklich verkraftet, die Not des Krieges erlebt und war innerlich erstarrt. Kurts Mutter hatte von ihrem Mann nie Zuwendung bekommen, nur Vorwürfe, wenn etwas nicht so lief, wie er es wollte. Der einzige Mann, der seiner Mutter nahestand, war der Bruder, und der wurde in den Wirren der Nachkriegszeit umgebracht. Sie hatte keine Liebe kennengelernt – als Kind aus der Landwirtschaft hatte sie zu funktionieren und schon früh mitarbeiten müssen auf dem Hof – Kurts Eltern hatten keine Liebe, die sie den Kindern geben konnten – das konnte Kurt jetzt als Erwachsener verstehen.

Es geht auch nicht darum, jetzt die Eltern zu bemitleiden, es ist und bleibt deren Schicksal, keiner kann ihnen das abnehmen, und wir haben auch nicht das Recht, unsre Eltern in Therapien zu zwingen, die sie nicht wollen und nicht verstehen. Sie haben wie wir alle das Recht, ihr Leben auf ihre Weise zu leben. Auch wenn die erwachsenen Kinder das bemängeln, so sollten sie es doch respektieren. Die erwachsenen Kinder wollen ja auch nicht, dass die Eltern sich in ihr Leben einmischen.

Es geht hier um Toleranz und um Achtung. Deshalb heißt der lösende Satz in der Familienaufstellung dann auch: „Ich lasse deine Last bei dir, du gehst auf deine Weise damit um, und ich bin nur dein Kind, ich kann und will es nicht für dich tragen, aber ich achte und ehre dich als meine Mutter/meinen Vater und nehme dein Erbe gerne an, damit ich mein Leben auf meine Weise nehmen kann“.

Bei Kurt, wie bei so vielen anderen Patienten, konnte man diese Erleichterung spüren. Im Familienstellen geht es nicht um den Verstand, unsre Belastungen sitzen in der Gefühlsebene, deshalb hat das Aussprechen solcher Sätze eine lösende Wirkung. Auch die Ahnen wollen nicht, dass wir in einer Zeit, die so viele Möglichkeiten bietet, das alte Leid weiter mit uns herumschleppen und uns dadurch begrenzen und belasten. Genauso wenig, wie wir wollen, dass unsre Kinder unglücklich sind, weil sie unser Schicksal weiterleben, obwohl sich die Zeiten grundlegend geändert haben.

Kurts Opa hatte sein Trauma durch die Geburt seines Enkels ein wenig ausgesöhnt, aber über sein schweres Schicksal hat auch er nie geredet, deshalb hatte Kurt es übernommen. Kinder wollen, dass es den Menschen, die sie lieben, gut geht und versuchen automatisch, das mitzutragen, was den geliebten Menschen belastet. Das geschieht unbewusst, deshalb kann

der Erwachsene es nicht erkennen. Auch wenn die Bezugsperson stirbt, bleibt diese Last trotzdem wie ein schwerer Stein im Unterbewusstsein liegen. Kurt hatte auch nie um den Abschied vom Opa trauern können, er war nicht vorbereitet worden und deshalb bis heute im Schock stecken geblieben. Viele Depressionen resultieren aus übernommenem Leid, aus nicht verarbeiteten Schocks, aber die Schulmedizin weiß nichts besseres, als die Menschen dann mit Antidepressiva voll zustopfen. Das ist für den Arzt – und manchmal auch für den Patienten der bequemere Weg. Kurt holte den Abschied vom Großvater in einem imaginären Zwiegespräch nach und erlebte die wohlwollende Energie des Ahnen, der wie ein geistiger Begleiter im Raum zu stehen schien.
Wir sind uns in unserem Alltag gar nicht bewusst, dass wir von diesen alten Programmen beherrscht werden, wir haben sie ja übernommen, bevor wir denken konnten, und wir ziehen mit solchen Altlasten dann auch Partner an, die zwar zu den übernommenen Mustern passen, aber nicht unbedingt zu unserem wirklichen Wesen.

Die meisten Krisen entstehen, wenn diese alten Programme aktiviert werden – oft sind Heirat, Hausbau oder die Geburt eines Kindes der Auslöser für die Aktivierung. So war es auch bei Kurt – die Geburt seines Sohnes, der wegen eines Herzfehlers sehr früh operiert werden musste, brachte sein eigenes verletztes inneres Kind an die Oberfläche. Hätte er nicht die Bereitschaft und die Unterstützung seiner Frau gehabt, dann wäre die Vorhersage einer Hellseherin doch noch in Erfüllung gegangen.
Kurt gehörte auch zu den wenigen Männern, die ihre Gefühle artikulieren konnten, die sich nicht fürchteten, Schwächen zuzugeben, die noch weinen konnten, ohne sich zu schämen. Aber er wusste auch genau, was er wollte, er konnte sehr klar und sehr konsequent sein, wenn er überzeugt war.
Diese Authentizität machte seine Arbeit mit jungen Leuten so erfolgreich – endlich erfuhren sie eindeutige Botschaften, endlich klare Richtlinien, die nicht aus irgendeiner angelernten Technik stammten, sondern die mit der Erfahrung und dem Einfühlungsvermögen des Therapeuten verbunden waren. Auch dass beide Eheleute in Harmonie und Austausch die Praxis führten, gab einen Einblick, wie Eltern sein könnten – ein Bild, an dem man sich orientieren konnte – und davon hat unsre nächste Genera-

tion viel zu wenig.

Beates Seite

Nachdem Kurt in mehreren Familienaufstellungen all diese Belastungen abarbeitete, gerieten die beiden Eheleute in eine Krise. Da Beate die volle Aufmerksamkeit ihres Mannes gewohnt war, fühlte sie sich in den Hintergrund gedrängt, zumal sie selbst durch die Heirat an ein Thema aus ihrer Familiengeschichte gekommen war, das sie immer weggeschoben hatte, obwohl sie darum wusste: Sie war in der Pubertät von ihrem Bruder, der älter gewesen war als sie, missbraucht worden. Ihre Eltern hatten das nicht bemerkt – oder auch nicht bemerken wollen. Der Sohn war immer der Kronprinz in der Familie – vor allem bei ihrem Vater.

Sie lief mehr oder weniger mit. Auf materieller Ebene wurden zwar keine Unterschiede gemacht, auf der Gefühlsebene aber umso mehr. Aber selbst das hätten die Eltern abgestritten, wenn Beate sie damit konfrontiert hätte. Selbst damals als Teenager war ihr klar, dass ihre Eltern ihr niemals geglaubt hätten, sie hätten das eher als Verunglimpfung des Sohnes betrachtet, weil sie eben eifersüchtig auf ihn war – Beate hatte also keine Chance. Ihr Bruder war auch raffiniert genug, sich nur dann an sie ranzumachen, wenn die Eltern nicht in Reichweite oder unterwegs waren. Also wurde die Abwesenheit der Eltern für sie zu einem sich wiederholenden Alptraum.

Jetzt im Erwachsenenalter ging sie mit dem Missbrauch noch genauso um wie als Teenager. Sie wusste sehr wohl, was damals passiert war, aber sie spaltete immer noch die dazugehörigen Emotionen ab. So hatte sie bisher damit überleben können, aber jetzt wo ihr Mann so mit sich beschäftigt war, erlebte sie ihre Verlassenheit von damals wieder. Ihr Frust und ihre ohnmächtige Wut entluden sich auf ihren Mann, weil er nicht mehr den fürsorglichen Papa repräsentierte, sondern ihr ihre Verantwortung für sich selbst überließ. Obwohl sie es gewesen war, die ihm geraten hatte, an sich zu arbeiten, kam sie jetzt überhaupt nicht damit zurecht. Es wurde zu einer Zerreißprobe für ihre Ehe. Hätte ich ihre Geschichte nicht gekannt und wäre sie nicht offen für meine Hinweise gewesen – wer weiß, ob die

Beziehung das ausgehalten hätte!
Wir hatten das so nicht geplant, aber manchmal kommen die Belastungen zu einem Zeitpunkt alle gleichzeitig an die Oberfläche. Und – was im Augenblick als Belastung erscheint, erweist sich im Nachhinein als Segen – so auch bei diesen beiden. Solche Situationen können auch ohne Therapie entstehen. Wie oft aktiviert ein Ereignis, eine Situation die alten Programme und es entsteht eine Ehekrise, die mit der Gegenwart und mit dem Partner gar nichts zu tun hat. Kurt und Beate erlebten in dieser Zeit, auf welcher Zeitbombe sie da saßen – ohne einen neutralen Dritten und ohne ihre Therapieerfahrungen hätten sie sich hoffnungslos zerstritten und gar nicht gemerkt, dass es sich bei beiden um etwas handelte, was nichts mit der Gegenwart zu tun hatte, sondern dass da alte Muster aufeinanderprallten. So lernten beide, nicht zu projizieren, Auseinandersetzungen zu vermeiden, und jeder erlaubte sich den Rückzug ohne Groll, um die eigenen Wunden zu lecken.
Beate erlaubte sich endlich die Gefühle, die sie als Teenager nie haben durfte, eine unbändige Wut auf die Eltern und auf den Bruder kam hoch, aber jetzt konnte sie die Gefühle zuordnen. Sie schrieb Briefe an Bruder und Eltern, die sie anschließend verbrannte, sie ließ es zu, sich in der Imagination gegen den Bruder zu verteidigen und ihre Tränen von Verzweiflung und Aussichtslosigkeit fließen zu lassen.
Ganz allmählich kehrte in ihrer Seele Frieden ein. Auch sie sah die Geschichte ihrer Eltern und konnte sie lassen. Sie hatte immer noch die Erwartung an die Eltern gehabt, gesehen und verstanden zu werden. Und sie war frustriert und verletzt gewesen, dass das nicht passierte. Durch diese Erwartungshaltung wurde sie zum bedürftigen Kind, das Erfüllung von außen haben wollte – diese Erwartung hatte sie auch teilweise auf ihren Mann übertragen, der damit völlig überfordert war.
Wir hatten schon lange vor ihrer Ehe begonnen, daran zu arbeiten, aber erst jetzt – wo sie selbst Mutter war – konnte sie loslassen und für sich selbst und ihre Bedürfnisse sorgen lernen. Ihr Mann unterstützte sie gerne, wenn es darum ging, ihr Freiräume zu ermöglichen, aber er wollte nicht für die Erfüllung ihrer Defizite zuständig sein – und das ist auch nicht die Aufgabe des Partners – das kann niemand im Außen! Unsre Defizite können wir nur selbst auffüllen.

Und Kurt hatte eigentlich genauso viel Defizit:
In dieser Zeit kam dann auch noch Kurts Geburtserlebnis hoch. Sein Eindruck, Beate sehe seinen Zustand gar nicht, kam nicht aus der aktuellen Situation. In einer Regression erlebte er nochmals seine Geburt. Seine Mutter nahm ihn in ihrem schlechten Zustand gar nicht wahr,
er wurde abgenabelt, gebadet und weggelegt. Er erlebte nochmals, wie schlimm er das empfand – wozu war er überhaupt da, ihn wollte doch keiner? Er hatte mit dem Atmen aufgehört, aber eine Krankenschwester hatte ihn einfach so lange geschüttelt, bis er wieder zu atmen begann. Zwar war sein Vater später voller Stolz über den Sohn, aber Liebe und Zuwendung bekam er trotzdem nicht. Seine Frau hatte schon einige Zeit darunter gelitten, dass – egal wie viel Zuwendung sie ihm gab – es nie genug war. Sie litt sehr darunter und zog sich erst recht zurück, weil sie das Gefühl hatte, vereinnahmt zu werden und zu ersticken. Was er von seiner Frau einforderte, konnte sie ihm gar nicht geben, dann wäre sie in die Mutterrolle gekommen und das hätte die Beziehung erst recht belastet.
Wenn wir etwas von unserem Partner erwarten und es nicht bekommen, sollten wir uns fragen, wo es in unserer Vergangenheit eine Bedürftigkeit gab, die nicht erfüllt wurde?
Ein Partner kann nie ersetzen, was in der Kindheit gefehlt hat, das ist nicht seine Aufgabe und bringt ihn – wenn er es denn tut – in die Elternrolle und macht ihn für sein Gegenüber unattraktiv, denn zu Eltern hat man keine erotische Beziehung. Viele Männer aber kompensieren gerade über Sexualität ihren Mangel an Mutterliebe – das führt zu der fatalen Entwicklung, dass man neben der Ehefrau eine Freundin braucht. Oder man entwickelt eine Bindungsunfähigkeit, denn jede Frau, die diese unvereinbaren Erwartungen nicht erfüllt, wird fallen gelassen. Aber in unsrer Gesellschaft ist es dann üblich, die Frauen dafür verantwortlich zu machen, anstatt zuallererst vor der eigenen Türe zu kehren.

Diese Erkenntnis der Übertragung löste die Spannung zwischen den beiden – Beate fühlte sich nicht mehr bedrängt, etwas geben zu müssen, was sie nicht geben konnte, und Kurt erkannte, dass er sich selbst gegenüber achtsamer werden, seine Gefühle registrieren und ernst nehmen musste, bevor er das von seiner Frau verlangte.

Dennoch – die Belastungen aus Kurts Kindheit waren damit nicht beendet. Ein paar Jahre später, als die Phasen, in denen er nicht ansprechbar war, wieder häufiger wurden, kam in der Sitzung bei mir noch eine weiteres Trauma an die Oberfläche, das er zwar kannte – aber nicht die emotionale Ladung, die sich damit verband:
Als er vier Jahre alt war, wanderten seine geliebten Großeltern nach Deutschland aus. Niemand sagte ihm etwas, erst viel später erzählte ihm sein Vater, der Opa habe ihn mitnehmen wollen, aber das ließen die Eltern nicht zu. Für Kurt war die Trennung ein Schock, er sah nur noch das Auto, das die Großeltern zum Bahnhof brachte. Seine Mutter teilte ihm kurz und knapp mit, die Großeltern würden jetzt nach Deutschland gehen.
Kurt erlebte sich in der Regression wie gelähmt, er starrte dem Auto hinterher und war unfähig, sich zu bewegen. Er hatte das Gefühl, nicht nur den einzigen Bezug – seinen Opa – zu verlieren, sondern auch von Gott verlassen zu sein. Wir konnten die Geschichte aufarbeiten, indem er eine Version zuließ, mit der der Vierjährige leben konnte. Viele Tränen flossen – auch bei seiner Frau, die still daneben gesessen hatte, sie weinte mit ihm. Es war eine sehr berührende Situation, die bei beiden ganz viel Nähe entstehen ließ und das gegenseitige Verständnis, das inzwischen gewachsen war, weiter vertiefte.

Die gemeinsame Arbeit

Beide hatten beschlossen, bei den Therapien des anderen als stiller Beobachter dabei zu sein. Beide hielten sich daran, sich nicht ohne Erlaubnis von mir oder dem Betroffenen einzumischen. Das zu erleben, war auch für mich als Therapeutin etwas sehr Wertvolles. Beide waren durch ihre Herkunftsfamilien schwer belastet, aber im Gegensatz zu dem vorherigen Beispiel von Martin und Eva lag darunter ein Gleichklang der Seelen. Wenn beide zu mir kamen und ich nur mit einem von ihnen arbeitete, fühlte man das Verständnis und die Liebe des anderen wie eine unterstützende Energie im Raum. Und es erzeugte so viel Heilenergie, wenn das Verständnis für den anderen ohne Einmischung zu spüren war.
Aber ich als Therapeutin habe auf diese Seelenverbindung keinen Ein-

fluss, ich kann das abräumen helfen, was sie zudeckt – oder die beiden haben unter der Anziehung der alten Programme nichts, was sie verbindet, so wie bei Martin und Eva.
Es zeugte von viel Achtsamkeit und Interesse dem andern gegenüber, das eigene Ego („Und wo bleibe da ich?") zurückzunehmen. Die beiden wuchsen mit jeder Krise, die sie gemeinsam durchstanden, in ihrer Beziehung und auch in ihrer eigenen Persönlichkeit.
Beate lebte am Anfang noch bei jedem Streit in Panik, weil eine Hellseherin ihr mal gesagt hatte, nach 12 Ehejahren würden sie sich scheiden lassen. Inzwischen sind die beiden fast 20 Jahre verheiratet und ihre Ehe wird immer tiefer und beständiger. Mit dem, was die beiden in all den Jahren miteinander aufgebaut haben, weil das Interesse am anderen nie erlosch und größer wurde als das eigene Ego, haben sie etwas erschaffen, was ein solides Fundament darstellt und auch ihren beiden Kindern ein Vorbild werden kann für deren zukünftige Beziehung.

Beide arbeiten heute mit Kindern und Jugendlichen – ihre eigene Geschichte, ihr eigenes Leid macht sie zu Therapeuten, die bei jungen Menschen wahrgenommen und angenommen werden, so dass deren Seele in einem geschützten Raum heilen kann. Allein eine gute Therapiemethode macht nicht den Therapeuten aus, sondern auch sein eigenes Leid wird zu einem Heilmittel für die, die gerade mitten in ihrem Leid stecken.

Die universellen Gesetze in unseren Beziehungen

Die Ist-Situation:
Die Gesellschaft, in der wir leben – der ganz normale Wahnsinn oder die moderne Form des Götzendienstes

Wir regen uns über alles Mögliche im Außen auf, wir fühlen uns vom Partner, vom Nachbarn, vom Kollegen ungerecht behandelt. Wir schieben die Ursache unsrer Probleme auf andere – die Wirtschaftslage, die Arbeit, das Wetter, irgendjemand hat immer Schuld. Wir haben tausend Ängste – wegen Deflation, den Klimaveränderungen, der Gesundheitspolitik – die Zukunft ist sowieso sehr ungewiss geworden. Wir sind zwar mit unserem Arbeitsplatz unzufrieden, aber wir haben Angst, ihn zu verlieren.
Wir beneiden unsre Nachbarn um ihren Urlaub, ihr neues Auto, ihr großes Haus.
Die Ungerechtigkeit, dass wir das alles nicht haben, zerfrisst unsere Seele. Deshalb tut es gut, darüber tratschen zu können und wenn dann rauskommt, dass er seit Jahren eine Freundin hat und die sich jetzt scheiden lassen wollen, gibt uns das ein bisschen Genugtuung.
Wir machen unserem Nachbarn das Leben schwer, weil das so ein Reingeschmeckter ist, der so gar nicht in die Hausgemeinschaft reinpasst. Natürlich sprechen wir ihn nicht persönlich an, wir beobachten ihn lieber hinter dem Vorhang, wenn er kommt oder geht und zerreißen uns das Maul über ihn, wenn wir auf einen anderen Nachbarn treffen, der mit uns einer Meinung ist.

Wir ziehen uns die neuesten Horrormeldungen im Fernsehen und in der Zeitung rein, diskutieren über die korrupte Politik. Andererseits reden wir mal mit dem Kumpel vom Verein, ob er uns nicht doch so ein bisschen hilft, den Posten in der Firma zu ergattern – natürlich muss das ja keiner wissen, dafür spenden wir dann der Vereinskasse. Aber das ist ja was ganz anderes als das, was diese üblen Politiker machen.
Wir regen uns fürchterlich über die Ungerechtigkeit auf, die der oder die sich erlaubt, aber wir gehen nicht hin und stellen diejenigen zur Rede, das

bringt doch nur böses Blut. In Wirklichkeit sind wir einfach zu feige.

Wir schauen neidisch auf andere, wenn die was haben oder sind, was wir auch gerne hätten oder wären. Aber das gestehen wir uns nicht ein, wir ziehen lieber über diejenigen her, ratschen und tratschen über ihn oder sie. Das gibt uns dann so eine kleine Genugtuung, aber die ätzende Kraft des Neides zerfrisst unser System, wir sind diejenigen, die sich selbst vergiften und wir setzen Gerüchte in die Welt, für die wir keine Verantwortung übernehmen – wir verdrängen die Folgen, aber wir regen uns tierisch auf, wenn jemand über uns herzieht.
In der Kabbalah wird üble Nachrede schwerer gewertet als Mord, denn wir wissen nicht, was sich aus den Gerüchten entwickelt, die wir ausstreuen, und welche Folgen das letztendlich hat, für die wir eigentlich verantwortlich sind. Aber wir können uns hier gut die Hände in Unschuld waschen – so haben wir es doch nicht gemeint. Bei einem Mord ist es offensichtlich – da wird der Täter zur Rechenschaft gezogen, da ist klar, wer das Opfer ist – beim Tratschen treffen wir vielleicht jemanden, wo wir es gar nicht merken.

Wir fahren in den Urlaub, wenn die Kinder Ferien haben, auch wenn wir stundenlang im Stau stehen, wenn wir im Hotel zu viert ein Zimmer teilen müssen und das Essen miserabel ist, aber wenn Ferien sind, glauben wir, wie alle anderen wegfahren zu müssen.
Wir regen uns über die Zustände in der Firma auf, dass wir ausgenutzt werden und unterbezahlt sind, aber wir hätten viel zu viel Angst, etwas Neues zu wagen – schließlich müssen wir unser Häuschen abbezahlen, da kann man kein Risiko eingehen.
Wir regen uns über die Ärzte auf, die uns kaum ausreden lassen und uns irgendwelche Tabletten verschreiben, aber wenn man zu Alternativmedizinern geht, muss man das ja selbst bezahlen und das Geld brauchen wir dringend für das neue Auto.

Damit unterwerfen wir uns einem viel subtileren Götzen als damals unsre Vorfahren:
Den meisten Menschen mangelt es nicht an Intelligenz, nicht einmal an Möglichkeiten, aber wir dienen lieber dem Gott der Ignoranz. Es ist so

bequem, im Strom der Masse mit zu schwimmen, dann muss man nicht selber denken – das wäre viel zu anstrengend und bedrohlich. So wird alles, was diese kleine, rigide Welt stört, angegriffen und niedergemacht – man müsste ja dann vielleicht aus dem sanften Tran aufwachen – und das tut weh! Also schlafen wir weiter – in den ungeliebten Berufen, mit unsren Krankheiten und unsrer Abgestumpftheit gegenüber allem, was lebendig ist.

Krishnamurti formuliert das in seinem Buch „Antworten auf die Fragen des Lebens“ gnadenlos: „Wir graben uns ein kleines Loch und verbarrikadieren uns darin mit unseren Familien, mit unserem Ehrgeiz, unsrer Kultiviertheit, unsern Göttern, unsern unterschiedlichen Gebetsritualen; und dort lassen wir das Leben vorüberziehen und sterben – jenes Leben, das nicht von Dauer ist, sich ständig wandelt, so rasch ist, solche enorme Tiefe, solche außergewöhnliche Vitalität und Schönheit hat.“

Die große Politik spiegelt das wieder, was im Kleinen abläuft, sie demonstriert in Vergrößerung, wie wir im Kleinen leben. Wie heißt es so schön in Stefano D'Annas Schule für Götter: „Wir bekommen genau die Politiker, die wir verdienen!“

Das ist kein Leben, das ist ein Irrenhaus oder – wie Krishnamurti es nennt – „ein stinkender Tümpel“!

Aber was kann da ein Einzelner schon machen? Jeder von uns ist doch ein viel zu kleines Licht, um etwas bewirken zu können – also halten wir tapfer aus und leiden weiter! So ist das Leben nun mal. Und wenn man alt wird, kommen die Zipperlein, da kann man halt nicht mehr so wie früher, jetzt müssen eben die Jungen Rücksicht nehmen.

Wir verbringen unser Leben zwischen Kreuzfahrten, Kegelabenden und Arztbesuchen – man muss sich ja wenigstens im Alter ein bisschen Vergnügen gönnen – man hat ja nie was vom Leben gehabt – immer sich abrackern, es ging halt nicht anders. Schlimmer noch – nicht mal zu diesen oberflächlichen Vergnügen können sich viele ältere Menschen aufraffen. Geprägt von einer Zeit von Krieg, Unsicherheit und Mangel bleiben sie in dem alten Bewusstsein hängen, sparen ihr Geld für mögliche schlechte Zeiten, leben karg und bedürfnislos und begrenzen sich in ihrem Alltag in allem. Meist hört man dann: „Mir genügt das doch.“ Aber die Angst vor Krisen, vor Verlust, die eigentlich dahinter steckt, wird verdrängt – bloß

nicht daran rütteln, selbst wenn es eine Verbesserung brächte!
Dazu noch mal ein Zitat aus Krishnamurtis Buch:
„Wir wünschen uns ein Gefühl von Dauer in unsern Beziehungen, in unsrer Tätigkeit, und das bedeutet, wir suchen ein bleibendes, stetiges Leben im stagnierenden Teich. Wir wollen keinerlei wirkliche Veränderungen, also haben wir eine Gesellschaft aufgebaut, die uns Dauer des Besitzes, des Namens, des Ruhmes garantiert."
Wie grau, wie farblos, wie fremdbestimmt leben wir eigentlich? Aber die meisten Menschen würden lieber sterben, als zu denken, denn in dem Augenblick müssten sie beginnen, zu denken, und wenn sie zu denken beginnen, müssten sie ihre eigene Begrenztheit anschauen, und das würde bedeuten, sie müssten sich ändern – ihr Denken, ihr Reden und ihr Handeln. Das aber würde eine Menge Unbequemlichkeit mit sich bringen. Und wir haben einige Götzen, denen wir bereitwillig dienen – Bequemlichkeit ist der mächtigste von allen.

Wenn meine Patienten sich auf den Weg zu sich selbst machen, hat das einige unangenehme Nebenwirkungen: Es macht überhaupt keinen Spaß mehr, über andere zu tratschen, sich über Politik aufzuregen, in der Partei das tun, was der Vorstand für richtig hält, auch wenn es nicht der eigenen Überzeugung entspricht, aber aus Solidarität zu den Parteistatuten stellt man das eigene Gewissen hinten an. Meist funktionieren Vereins- und Parteizugehörigkeiten nicht mehr, wenn es überhaupt keinen Spaß macht, sich der Masse anzupassen. Oft macht es schon länger keinen Spaß mehr, aber erst mit zunehmendem Bewusstsein kann man sich nicht mehr verstellen.
Ein amerikanischer Psychiater, Dr. Rollo May, benennt unseren zweiten Götzen sehr klar, indem er sagt: „Das Gegenteil von Mut in unsrer Gesellschaft ist nicht Feigheit, sondern Konformität". Die Angst, dass sich bisherige Freunde und Bekannte abwenden, lässt uns im Rudelverhalten archaischen Sippenbewusstseins erstarren. Damals hätte ein Alleingang in der Wildnis den sicheren Tod bedeutet, heute öffnet uns diese Bereitschaft das Tor zu einer unendlichen Weite – voller Möglichkeiten, die wir uns vorher nicht erlaubt hatten.
Deshalb ist der zweite Hauptgott, der all diese anderen Götzen mitbestimmt die Angst.

Sie hält uns von fast allem ab, was neu und unbequem zu sein scheint. Sie ist das beliebteste Werkzeug aller Diktatoren und Religionsführer. Mit ihr kann man ein Volk manipulieren und beherrschen. Was früher die Waffe der Päpste und Könige war, ist heute das Machtinstrument von Wirtschaft, Industrie und Banken und – wir sind immer noch willige Sklaven – die meisten wenigstens. Die meisten Menschen sehen eine Außenwelt, die auf sie einwirkt und mit der man sich mehr oder weniger erfolgreich auseinandersetzt. Die Welt existiert also getrennt von uns. Und sie besteht aus Leid, Schmerz und Chaos. Wir sind dieser grauenhaften Welt ausgeliefert und können nur versuchen, die gegebenen Umstände zu ertragen oder zu bekämpfen.

Ab und zu gibt es ein Aufblitzen von Glück, Erfolg, Freude, aber solche Erfahrungen sind vorübergehend, von kurzer Dauer. Alles in allem ist das Leben eine Mühsal. –

Hölderin beschreibt diese Lebenshaltung sehr drastisch in Hyperions Schicksalslied:

Doch uns ist gegeben, auf keiner Stätte zu ruhn,
Es schwinden, es fallen die leidenden Menschen
Blindlings von einer Stunde zur andern
Wie Wasser von Klippe zu Klippe geworfen
Jahrlang ins Ungewisse hinab.

Inzwischen jedoch hat sich – wie ein Pilzgeflecht ganz lautlos unter der Erde – eine Sorte von Menschen entwickelt, die auf diese Beeinflussungen der Mächtigen nicht mehr hereinfallen, und die nicht mehr bereit sind, die Opferrolle zu übernehmen. Menschen, die erkannt haben, dass es nichts nützt, im Außen Veränderungen herbeiführen zu wollen, sondern die Überzeugung gewonnen haben, dass es nur eine sichere Methode gibt, die Welt zu verändern, und das ist – bei sich selbst anzufangen.

Sie arbeiten an ihrem Bewusstseinsprozess und beeinflussen andere, indem sie als praktisches Beispiel wirken – nicht weil sie klug daherreden, sondern in der Art, wie sie leben.

Dadurch fangen auch andere an, nachzudenken – im Kleinen wie auch im

Großen. Manche von ihnen waren Pioniere wie James Allen, der schon Ende des achtzehnten Jahrhunderts ein kleines Büchlein schrieb: „Wie wir denken, so leben wir“ – und die Macht der Gedanken als die kraftvollste Energie schilderte. Manche dieser Pioniere sind aktuell in der Öffentlichkeit tätig wie Clemens Kuby, der mit seinen Büchern und Videos über ganzheitliche Denkweisen die Menschen zum Nachdenken anregt.
Aber das sind nur zwei Beispiele von unendlich vielen, die inzwischen die Medien nutzen, um die Menschen aufzurütteln – und es werden immer mehr, die sich nicht von den Lügenmärchen aus Politik und Wirtschaft einwickeln lassen, sondern ihren eigenen, individuellen Weg verfolgen.
Und dieses Pilzmyzel der neuen Denkweise, der Bereitschaft, den eigenen Weg einzuschlagen, breitet sich immer weiter aus, unbemerkt von der im Außen orientierten Gesellschaft an der Oberfläche. Diese „Neuen“ machen nicht so viel Wind, sie müssen sich nicht in den Vordergrund stellen, sie produzieren sich nicht lautstark auf der Bühne der Mächtigen, sie kommen aus allen Schichten der Bevölkerung und sie haben eines gemeinsam: Sie gehen ihren eigenen, individuellen Weg und sie sind Sucher und Träumer.
Sie wissen: Es gibt mehr in uns Menschen und in der Welt als wir mit unsern fünf Sinnen erfassen. Wir sind hier, um unsre Träume zu verwirklichen, nicht um einer anonymen Macht zu dienen, die wir selber irgendwann in unsrer Begrenztheit erschaffen haben.
Sie wissen : Wir sind göttliche Wesen, gekommen um den göttlichen Funken in uns Wieder zu beleben und Schöpfer zu werden in Selbstbestimmung – wie Wallace Wattles in seinem Büchlein „Die Wissenschaft des Reichwerdens“ schreibt: „Sie machen die Dinge in einer gewissen Weise – entsprechend den Gesetzen des Universums!“

Die universellen Gesetze als Grundlage aller Schöpfung:
Eigentlich sind diese Gesetze so alt wie die Menschheit. In der Dämmerung der Geschichte gab es einen Herrscher und Eingeweihten – Hermes Trismegistos.
Auf den legendären, sagenumwobenen Smaragdtafeln hatte er schon vor Aeonen diese Gesetze verewigt. Die Tafeln sind verloren gegangen, aber die so genannten „Hermetischen Prinzipien“ waren den Geheimbünden und inneren Zirkeln der Religionen über die Jahrtausende hinweg sehr

wohl bekannt. Erst jetzt, in unserem Jahrhundert, sind sie uns allen zugänglich, erst jetzt haben wir auch das Bewusstsein, sie zu verstehen – und vor allem sie anzuwenden.

Gesetzmäßigkeiten sind nicht beeinflussbar – sie sind die Bausteine unsrer Schöpfung. Wir alle können nur leben, weil diese Gesetze das Leben ermöglichen. Wenn wir sie kennen und nutzen, dienen wir dem Leben und damit auch uns selbst.

Wenn wir sie kennen und missbrauchen, zahlen wir einen hohen Preis – wir ernten genau das Gegenteil – die eigene Zerstörung. Aber selbst wenn wir unwissend diese Gesetzmäßigkeiten missachten, müssen wir die Folgen tragen – bei der Schwerkraft ist das offensichtlich – ob wir es wissen oder nicht, ob wir König oder Bettler sind – wenn wir vom Turm runterspringen, prallen wir immer auf dem Boden auf – das ist das Gesetz. Und dieses eine ist wenigstens allen bekannt – aber alle anderen funktionieren genauso präzise, nur haben wir in der Schule nichts von ihnen gehört. Wir müssen uns selbst auf die Suche nach ihnen machen.

Und sie funktionieren im Kleinen wie im Großen – ob ich ein Steinchen oder einen Felsbrocken von der Brücke werfe – beide landen unten – niemals oben.

Diese Gesetzmäßigkeiten wirken jede Sekunde in unserem Leben, ob wir uns dessen bewusst sind oder nicht.

Wir Menschen haben als einzige Geschöpfe einen freien Willen. Selbst hochintelligente Säuger wie Menschenaffen sind begrenzt auf die Möglichkeiten, die ihrer Rasse zur Verfügung stehen, ihre Entwicklungsmöglichkeiten sind auf diesen engen Rahmen begrenzt. Sie haben nicht die Intelligenz, diese Gesetzmäßigkeiten zu verstehen, nur dem Menschen ist es vorbehalten, in die Geheimnisse der Schöpfungsvorgänge vorzudringen.

Wenn in unsrer Welt Leid, Schmerz und Chaos regieren, wenn Naturkatastrophen und Kriege unsre Welt erschüttern, hat das nichts mit einem Gott zu tun, dessen Wege wir nicht ergründen können. Es hat damit zu tun, dass wir Menschen diese Gesetzmäßigkeiten nicht kennen und nicht beachten.

Genauso wie wir damit unabwendbar rechnen müssen, dass die Schwerkraft wirkt, dass wir am Boden zerschellen, wenn wir von einen Hochhaus runterspringen, genauso haben wir Gesetzmäßigkeiten missachtet, die dann

all das Elend in unsrer Welt zur Folge haben.
Gott oder wie immer wir diese Schöpferkraft bezeichnen wollen, schickt uns kein Leid – diese Welt existiert und funktioniert auf Grund dieser Gesetze.
Wir sind als sein Ebenbild aufgerufen, die Schöpferkraft in uns zu entdecken und zu entwickeln und sie mit Hilfe dieser Schöpfungsprinzipien anzuwenden, aber da wir sie nicht kennen und damit nicht verstehen oder sogar gar nicht verstehen wollen, produzieren wir das Chaos, an dem die Welt zutiefst leidet.

Und – diese Gesetze oder Prinzipien wirken auch in unseren Beziehungen. Weil wir sie da allerdings am wenigsten einzusetzen wissen, gehen in unsrer Zeit so viele Beziehungen schief. Die Zeiten, in denen äußere Notwendigkeiten wie Rollenverteilung, kirchliche Dogmen oder Versorgungsaspekte eine Beziehung zusammengehalten haben, sind vorbei.
Oberflächliche Anziehung wie Aussehen oder rein sexuelle Attraktion reichen nicht aus, um eine dauerhafte Beziehung aufzubauen.
Wenn wir mit einem Menschen zusammenbleiben wollen, müssen wir bereit sein, tiefer zu gehen – wo und wie wirken diese universellen Gesetzmäßigkeiten in unseren Beziehungen und wie können wir sie für die Beziehungsfähigkeit nutzen?
Schauen wir uns diese Gesetzmäßigkeiten also an und übertragen sie auf die Beziehungsebene.
In den folgenden Kapiteln habe ich jeweils ein Prinzip auf eine der zehn Geschichten übertragen. Dabei habe ich versucht, das Prinzip, das sich am deutlichsten in der Geschichte zeigt, zu erklären. Das heißt nicht, dass nicht auch noch andere dieser Prinzipien mitwirken. Unsre Beziehungsstrukturen sind viel zu komplex, als dass da nur ein einziges Naturgesetz nicht beachtet würde.
Es würde mich freuen, wenn Sie beim Lesen auch andere Prinzipien entdecken, deren Nichtbeachtung zu den Krisen beigetragen hat. Ich beschränke mich in jeder Geschichte auf ein Prinzip, das offensichtlich nicht eingehalten wurde.

Die sieben hermetischen Prinzipien

1) Das Prinzip der Geistigkeit

„Das All ist Geist, das Universum ist geistig", so steht es im Kybalion. Zunächst erscheint diese altertümliche Sprache ziemlich unverständlich. Aber wenn wir „Geist" durch das Wort „Energie" ersetzen, macht dieser Satz schon mehr Sinn. Woraus besteht denn letztendlich alles? Ob unbelebte oder belebte Natur – alles, aber auch alles besteht aus Atomen. Diese aber wiederum bestehen zum größten Teil aus reiner Energie. Die Masse der Elementarteilchen ist verschwindend gering und inzwischen weiß man in der Quantenphysik, dass sie lediglich Energieverdichtungen sind. Also bestehen auch wir genau betrachtet aus Energie.

Dazu kommen dann noch die verschiedenen Aggregatzustände: fest, flüssig, gasförmig.

Am Beispiel des Wassers kann man deutlich machen, dass es lediglich an der Schwingungsfrequenz liegt, ob wir etwas als fest, flüssig oder gasförmig wahrnehmen.

Je höher die Schwingung, umso weniger können unsre Sinnesorgane sie erfassen. Denn diese decken nur einen bestimmten Frequenzbereich ab. Wir können zum Beispiel kein Ultraviolett sehen, unsre Ohren haben keine Sinneszellen für Ultraschall.

Dazu kommt, dass alle unsre Sinnesorgane ihre Wahrnehmungen in elektrochemische Impulse umwandeln, und die Nervenbahnen diese Impulse zu ganz bestimmten Zentren des Gehirns weiterleiten, wo diese Impulse wieder in die entsprechenden Wahrnehmungen umgewandelt werden.

Reizt man diese Zentren direkt mit Elektroden, sehen, hören oder schmecken wir, was gar nicht existiert. Diese Welt, so wie wir sie erfahren, ist komplett von diesen Sinnesorganen abhängig. Die Welt eines Hundes oder eines Insekts könnte vollkommen anders aussehen, weil da die Sinnesorgane andere Frequenzen abdecken.

Wir verlassen uns also auf eine Welt, die von unendlich vielen Begrenzungen bestimmt ist. Unendlich viele Schwingungen können wir nicht erfassen, obwohl sie nachgewiesen und messbar sind.

Nicht umsonst bezeichnen die großen Weisheitslehren die Schöpfung als Illusion – das, was wir als so solide und stabil wahrnehmen, ist nichts anderes als gebündelte Energie, die in unterschiedlichen Frequenzen schwingt. Ist es da nicht geradezu vermessen, sich auf diesen Miniausschnitt der Schöpfung, den wir im Alltag wahrnehmen, zu berufen?

Für die klassische Wissenschaft war klar, dass elektrische und chemische Prozesse Felder erzeugen, also auch wieder Energie abstrahlen. Nerven und Sinnesorgane funktionieren durch elektrochemische Prozesse, die sich verändern, je nachdem, in welchem Bewusstseins- und Gemütszustand wir uns befinden. Diese Energiefelder, die jede materialisierte Form erzeugt, beeinflussen sich gegenseitig. Auch das ist eine Tatsache in der Physik. Warum wissen wir, wie unser Partner „drauf" ist, schon wenn er zur Türe reinkommt, aber bevor wir ihn sehen? Und wenn wir achtlos sind, hat er uns mit seiner miesen Laune schon beeinflusst, ohne es selbst zu wollen. Das sind dann die Situationen, in denen ein Streit wegen Banalitäten entflammt, und man sich nachher fragt, was da abgelaufen ist. Wir können unsre Energie sehr wohl steuern, allerdings nur, wenn sie uns bewusst ist. Wenn zum Beispiel ER dazu stehen kann, dass er den Ärger mit dem Kollegen nicht verarbeitet hat und das dann auch verbalisiert, und SIE seine negative Ausstrahlung nicht sofort auf sich bezieht, sondern nachfragt, dann könnte so manch übler Streit schon im Keim erstickt werden. Aber es bedarf der bewussten Wahrnehmung von sich selbst und dem Partner und – es bedarf der Kommunikation.

Das zeigt sich in Geschichte 1

In der Geschichte „Die Vogel-Strauß-Haltung" fehlte es an all diesen Voraussetzungen.

Holger nahm sich selbst gar nicht wirklich wahr. Er existierte nur noch über Petra, all seine Aufmerksamkeit war auf sie fokussiert. Dadurch entging ihm vollständig, wie er eigentlich wirkte, was er ausstrahlte und wie das bei andern ankam, was er aussandte.

Andererseits bezog er alles, was in ihrem gemeinsamen Leben ablief, auf sich und fühlte sich ununterbrochen dafür zuständig, alles wieder in Ordnung zu bringen, was aus seiner Sicht nicht in Ordnung war.

Dabei verlor er die Wahrnehmung, was Petra wollte – er sah sich ausschließlich aus seiner Perspektive. In seinem Übereifer, alles richtig zu machen, ging sein Einfühlungsvermögen, Petras eigentliche Verfassung zu registrieren, völlig unter.

Noch schlimmer, selbst wenn sie versuchte, ihm klar zu vermitteln, wie es ihr ging, was sie wirklich brauchte, hörte er gar nicht zu. Seine Angst, vielleicht etwas verändern zu müssen, machte ihn taub und blind – eine fatale Beziehungskonstellation.

Wie soll eine Frau einen Mann attraktiv finden, der gar keine eigene Ausstrahlung hat, der sich selbst zum Butler seiner Partnerin degradiert?

Holger machte sich mit dieser devoten Haltung zum bereitwilligen Opfer und drängte Petra damit indirekt in die Rolle der dominanten, herrischen Partnerin.

Aber er missachtete dieses Gesetz noch auf andere Weise:

Es gibt noch eine Form von Energie, die die Quantenphysik inzwischen als die machtvollste Energie einstuft und das sind unsre Gedanken. Was wir wieder und wieder denken, potenziert sich und wächst zu einem kraftvollen Magneten, der genau das anzieht, worauf sich diese Gedanken fokussieren.

Bei Holger zeigte sich das sehr deutlich. Er hatte enorme Angst vor Konflikten und versuchte alles zu tun, um diese zu vermeiden. Aber die Fokussierung seines Denkens war Angst vor Konflikt – genau darin lag die Paradoxie. Er zog das an, was er mit aller Macht vermeiden wollte – diese Haltung hatte zum Scheitern all seiner bisherigen Beziehungen geführt.

Als einmal eine Frau seine Rolle übernahm und ihm demütig diente, voller Angst, ihn zu verlieren, beendete er die Beziehung umgehend – es ödete ihn an.

Er merkte nicht einmal, wie sie ihm den Spiegel vorgehalten hatte. Da er nicht sehen wollte, dass sein Verhalten von Angst gesteuert wurde, wiederholte sich das Muster immer wieder und baute sich so lange auf, bis es zum Bruch kam.

Seine Schwächen zu erkennen, ist keine Schande, aber sie zu verdrängen und zu verleugnen bewirkt, dass sie uns beherrschen, mehr noch, dass wir genau dadurch wieder und wieder verletzt werden.

Noch subtiler wirken diese Gedankenkräfte, wenn wir sie als Programm von unsern Eltern übernommen haben, bevor wir sie als fremdes Muster erkennen konnten. In Holgers Familie verdiente man sich die Liebe, in-

dem man sich vollkommen an den anpasste, den man liebte und die eigene Identität opferte.
Holger hatte das bei seinen Eltern erlebt, seine Mutter tat alles, was sein Vater erwartete.
Da es in seinem Elternhaus kaum körperliche Nähe gegeben hatte, verdiente sich auch Holger die Liebe seiner Mutter, indem er alles für sie tat – und genau so handelte er bei Petra.
Es war ihm nicht bewusst, wie sehr ihn dieses alte Muster beherrschte.
Er hatte es für normal gehalten, sich für seine Partnerin aufzuopfern und merkte gar nicht, wie Petra mehr und mehr den Respekt vor ihm als Mann verlor.
Aber damit nicht genug. Er hatte in seiner Herkunftsfamilie gelernt, dass man Konflikte nicht ansprach. Indem man einfach ignorierte, was im Argen lag und so lange schwieg, bis sich das Thema im Sand verlief, versuchte man, die heile Welt aufrechtzuerhalten.
Aber Wut, Ärger, Frustration sind machtvolle Energien, sie verschwinden nicht einfach, sie bleiben unterschwellig so lange erhalten, bis das Thema angesprochen und bereinigt wird, oder sie sammeln sich so lange, bis das Fass schließlich überläuft.
Petra versuchte immer wieder, ihn zu einer Aussprache zu bewegen, sie wollte die Beziehung retten, aber er bemerkte nicht einmal die Brisanz der Situation. Irgendwann hatte ihre Frustration ihre Toleranzschwelle überschritten und alles, was sie für ihn empfunden hatte, wandelte sich immer mehr in Ablehnung um, bis schließlich nichts mehr an Zuneigung übrig war. Liebe ist eine Energie, die auf Resonanz beruht – wenn es keine Resonanz zwischen den Partnern mehr gibt, ist die Beziehung verloren. Als Holger endlich aufwachte, war es zu spät, unsre Arbeit konnte nur noch darin bestehen, eine friedliche Trennung herbeizuführen und nicht noch die restliche menschliche Achtung zu zerstören.

Fazit

Wenn wir uns verlieben, verlieben wir uns vor allem in die Ausstrahlung eines Menschen, in seine Persönlichkeit. Wir suchen ein Gegenüber, mit dem wir unser Leben bereichern und erweitern. Aber wenn dann einer der

beiden Beteiligten in der Beziehung seine Persönlichkeit aufgibt, sich dem andern anpasst, hat der oder die andere kein Gegenüber mehr, sondern einen Diener.
Dadurch stellt sich der angepasste Partner energetisch tiefer, er blickt zu dem anderen auf, macht sich selbst klein. Der andere dagegen muss, ob er will oder nicht, als Idol herhalten, er wird auf den Altar gestellt, und er hat in dem anderen keinen Widerstand mehr, keine Bereicherung, keine Fläche, an der man sich selbst reiben kann – er oder sie lebt mit seinem eigenen Schatten.
Das war vielleicht in früheren Jahrhunderten eine Möglichkeit, eine Ehe zu führen, vor allem dann, wenn die Frau in der patriarchalischen Gesellschaft ihre Identität zu Gunsten des Mannes opferte. In unsrer heutigen Zeit, in der zwei gleichberechtigte Menschen zusammenkommen, kann das nicht funktionieren. Irgendwann kann der, der auf den Sockel gestellt wurde, nur noch Aggressionen, Verachtung entwickeln, oder er sucht sich einen Ersatz, der ihm wieder ein Gegenüber bietet – der oder die Geliebte.
Nur wenn der Partner, der sich so erniedrigt, bereit ist, sich selbst wieder zu entdecken und einzubringen, und wenn der andere dann die Vorteile seiner Vorrangstellung zu opfern bereit ist, nur dann hat eine solche Beziehung eine Chance. Allerdings spielt da die Zeit und die Bereitschaft beider Partner eine Rolle.
Wie viel ist noch übrig von der einstigen Liebe und wie viel Wert legt jeder noch darauf, das gemeinsame Leben fortzuführen? Davon hängt die Überlebenschance dieser Partnerschaft ab.

2) Das Prinzip der Entsprechung

Wie oben, so unten; wie unten, so oben.
Wie innen, so außen; wie außen, so innen.
Wie im Kleinen, so im Großen; wie im Großen, so im Kleinen.

Dieses Prinzip gehört wohl zu den bekanntesten der hermetischen Prinzipien.
Es wird auch oft als Prinzip der Synchronizität bezeichnet.
Es ist die Grundlage von einigen, aus alten Weisheitslehren hervorgegangenen Praktiken wie die Astrologie, die die Position der Sterne bei der Geburtsstunde nutzt, um den Charakter eines Menschen zu erkennen. In der Ohrakupunktur entspricht das Ohr dem menschlichen Körper und die Akupunkturnadeln werden da gesetzt, wo sich die Reflexzonen des zu behandelnden Körperbereichs befinden. Die Fußreflexzonentherapie überträgt die Körperzonen auf die Fußsohle und behandelt von dort aus die körperliche Störung. Die Homöopathie nutzt dieses Prinzip, indem sie den Menschen als kleines Universum sieht und die einzelnen Stoffe aus Mineral-, Pflanzen- und Tierwelt potenziert als Heilmittel einsetzt – entsprechend der Symptomähnlichkeit dieser Stoffe. Wenn also die Tollkirsche bestimmte Vergiftungssymptome hervorruft, kann die Potenzierung dieser Pflanze bei den Krankheiten helfen, die ähnliche Symptome zeigen wie die Vergiftung.

Was aber hat das alles mit der Beziehungsebene zu tun?
Nehmen wir ein einfaches Beispiel. Eine Ehefrau beklagt sich bitterlich über die Schlamperei ihres Mannes, der überall, wo er auftaucht, Chaos produziert. Wenn es für sie nicht einfach eine lästige Angelegenheit (jeder Partner hat Eigenschaften, die den andern stören, aber nicht grundlegende Bedeutung haben), sondern eine tiefe Belastung darstellt, so hat das etwas mit ihr zu tun.
Natürlich ist sie nicht auf der gleichen Ebene unordentlich wie er, das wäre zu banal, aber irgendwo in ihrem Verhalten gibt es eine Entsprechung, die ihr nicht bewusst ist, die aber ihr Leben negativ beeinflusst. Wenn sie bereit ist, ihren blinden Fleck anzuschauen – zum Beispiel ist

sie unzuverlässig in Abmachungen, sie kommt zu spät, sie vergisst den Termin – dann ist das die Entsprechung zu ihrem Mann, denn ein anderer regt sich über sie genauso auf, wie sie sich über ihren Mann aufregt.
Alles, was uns an unserm Partner stört, hat etwas mit uns zu tun. Immer der Mensch, der uns am nächsten steht, spiegelt uns am intensivsten unsre eigenen Schattenbereiche. Aber die Entsprechung zeigt sich nicht auf der gleichen Ebene wie bei unserem Gegenüber. Deshalb entstehen da die Projektionen, denn das, was uns am andern ärgert, hat oberflächlich betrachtet nichts mit uns selbst zu tun.
Auch wenn wir in unserm Alltag immer wieder den gleichen Themen begegnen, ist das ein deutlicher Hinweis dafür, dass wir etwas verändern müssen, um nicht immer wieder mit der Situation konfrontiert zu werden. Ob es sich um dominante Chefs handelt, um lästige Nachbarn oder um wiederkehrende Geldprobleme – wir sind keine Opfer, wir setzen – meist völlig unbewusst – die Ursache.
Oft sind es Programme, die wir von unsrer Herkunftsfamilie übernommen haben. Wir merken nicht einmal, was für eine fatale Entsprechung wir damit im Außen anziehen, weil es uns so in Fleisch und Blut übergegangen ist, dass wir es gar nicht als fremd wahrnehmen.
Auch wenn wir uns von dem trennen, was so belastend erscheint, nützt das nur etwas, wenn wir erkennen, welches Programm da abläuft. Erst was uns bewusst ist, können wir ändern.
Da solche alten Programme sehr zäh sind und automatisch ablaufen, bedarf es der Ausdauer und der Selbstdisziplin, sie zu verändern. Am Anfang fallen wir noch in die alte Verhaltensweise zurück, aber anstatt uns dann dafür zu verurteilen, sollten wir froh sein, den Mechanismus zu durchschauen. Wie beim Sport, bei dem man ständig wiederholen muss, immer wieder trainiert, um sich zu verbessern, genauso ist es auch in der Psyche. Auch da bedarf es der ständigen Wiederholung, bis wir eine neue, uns mehr entsprechende Verhaltensweise integriert haben.
Hirnforscher haben inzwischen herausgefunden, dass der animalische Teil unsres Gehirns so programmiert ist, dass er viel leichter lernt, wenn er schmerzhaft erfahren hat, dass das Verhalten dem Individuum nicht dient. Mit anderen Worten, wir sind es gewohnt, über Leid und Schmerz zu lernen, und es bedarf vieler Wiederholungen, bis das Gehirn umdenkt und Lernen als etwas Positives entdeckt.

Wir investieren immer die gleiche Menge an Energie – entweder in die nervenaufreibenden Wiederholungen oder in die Veränderung. Bei ersterem wachsen der Frust und die Resignation, bei der Veränderung profitieren wir schließlich von der neuen Lebensqualität.

Nehmen wir doch als Beispiel die Geschichte 2 „Bloß nichts verändern"

Peter hatte eine ganze Odyssee von Schicksalsschlägen hinter sich. Er hatte nie gelernt, zu kommunizieren. Seine Frau hatte sich deshalb immer mehr zurückgezogen, aber er war nicht auf die Idee gekommen, die Ursache bei sich zu suchen. Er hatte auch seinen Kindern nie vermittelt, zu artikulieren, was sie fühlten.
Vor allem Söhne übernehmen die Programme der Väter (immer das gleiche Geschlecht trägt das alte Programm am meisten weiter). Die beiden hatten nie miteinander über ihre Gefühle geredet, obwohl der Sohn ins Geschäft seines Vaters mit einstieg. Als sein Sohn starb, war auch das für ihn kein Zeichen, seinen Schmerz mit seiner Frau zu teilen – im Gegenteil, er zog sich noch mehr zurück. Kein Wunder also, dass weder Frau noch Tochter danach fragten, wie es ihm ging oder Interesse an seinem Alltag zeigten. Er wurde immer einsamer, immer isolierter.
Als er Birgit kennen lernte, war das für ihn eine Chance, etwas mit Hilfe eines positiven Ereignisses zu verändern. In der Euphorie der neuen Beziehung gelang es ihm dann auch tatsächlich, über seine Sprachlosigkeit hinauszuwachsen. Leider hielt diese Entwicklung nicht lange an. Er wollte schon gar nicht hinschauen, dass der Lymphdrüsenkrebs etwas mit seiner unverarbeiteten Trauer zu tun hatte. Er sah die Krankheit isoliert, ohne zu hinterfragen, warum und wieso? Das Einzige, was er kurzfristig zuließ, war eine neue Zukunftsperspektive. An Peter sieht man sehr deutlich, wie wenig Menschen ihr Glück nutzen können. In dem Augenblick, als die Therapie fruchtete, waren alle guten Vorsätze wie weggeblasen.
Er fiel zurück in sein altes Muster. Er war nicht mehr zu Gesprächen bereit, geschweige denn zu irgendwelchen Veränderungen. Birgit hätte sich mit dem zufrieden geben müssen, was er bereit war, in die Beziehung einzubringen und das war wenig – nur das, was seinen gewohnten Lebensrhythmus nicht störte.

Er erlaubte sich nicht einmal, verschiedene Varianten in Betracht zu ziehen, zu groß war seine Angst vor irgendwelchen Komplikationen, obwohl er gar nicht so weit kam, detaillierte Möglichkeiten auszuprobieren. Er blockte alles ab.
Birgit blieben nur zwei Alternativen: Die Beziehung auf der gewohnten Basis weiter zu führen oder sie zu beenden. Da für sie dieser normierte Trott viel zu qualvoll geworden war, blieb nur noch der Abbruch.
Er wehrte sich nicht, er hinterfragte nicht, er wusste nur zu genau, warum Birgit den Schlussstrich zog, aber nicht einmal das konnte er zugeben. Er schwieg, so wie er sein Leben lang geschwiegen hatte. Er ahnte vielleicht dann, dass seine Isolation etwas mit seiner Sprachlosigkeit und seiner Unflexibilität zu tun hatte, aber er opferte lieber die Chance einer besseren Lebensqualität auf dem Altar der Gewohnheit, anstatt sich zu verändern.
Es schaudert mich immer wieder, wenn ich mit ansehen muss, wie oft wir unser Leiden selbst erschaffen. Bei Peter war es so offensichtlich, wodurch sein Leid im Außen entstand: Er speicherte sein Leid im Inneren, konservierte und vervielfachte es. Leid zieht Leid an. Aber er verdrängte sogar solche Zusammenhänge. Sein inneres Elend und seine Schicksalsschläge im Außen hatten für ihn nichts miteinander zu tun.
Peter gehörte zu den Menschen, deren Leidensfähigkeit ins Unermessliche steigerbar ist – bis hin zum Tod. Wenn wir denn gar nicht bereit sind, dem Fluss des Lebens zu entsprechen, wenn wir halsstarrig und uneinsichtig versuchen, zu verharren, anstatt uns zu bewegen – und Bewegung ist das Gesetz des Lebens – dann kommt der große, unausweichliche Hüter der allerletzten Transformation zu uns, dem wir nicht ausweichen können, und das ist der Tod.
Ob er uns holt oder die Menschen, die wir lieben, hängt von unserem Schicksal, unserem individuellen Lernprozess ab. Manchmal sind es auch nicht Menschen, sondern Lebensumstände, die uns entrissen werden – unser Geld, unser Besitz oder unsre Heimat – auch das ist ein Sterben auf einer anderen Ebene.
Wie es mit Peter weiterging, habe ich nie erfahren. Der Kontakt zu Birgit brach ab, sie war nur erleichtert darüber, nichts mehr von ihm zu hören.

Aber was hat nun das Gesetz der Entsprechung mit Birgit zu tun? Warum

hat sie sich Peter ausgesucht, warum hat sie sich auf keinen Mann eingelassen, der ungebunden und frei war?
Im Gegensatz zu Peter war ihr wohl bewusst, wo ihre Blockaden lagen. Sie hatte eine Ehe hinter sich, in der sie Mutter und Chef sein musste, dann die ewig lange Ungewissheit, was mit ihrem Freund passiert war. Sie hatte gedacht, mit Peter eine unkomplizierte Beziehung auf Distanz führen zu können, sie war sich ihrer Angst vor zu viel Nähe nach all den schmerzvollen Erfahrungen bewusst. Aber die Rechnung ging nicht auf, es funktionierte nicht mit diesen Halbheiten, und irgendwo, tief in ihrem Inneren, spürte sie, dass sie nicht bereit war, sich wirklich auf einen Partner einzulassen. Sie hatte ihr Leben sehr gut eingerichtet, sie genoss ihre Unabhängigkeit.
Die Beziehung zu Peter brachte sie zu der Entscheidung, alleine zu bleiben und ihr Leben in Freiheit zu genießen. Sie stand zu ihrem Entschluss ohne Bitterkeit, ohne Selbstvorwürfe. Partnerschaft ist nicht die einzige Option für ein erfülltes Leben. Birgit war eingebettet in einen langjährigen Freundeskreis, sie hatte viele Hobbys, sie fürchtete sich nicht davor, etwas alleine zu unternehmen. Sie freute sich auf ihre Berentung und auf all die Dinge, die sie dann endlich ausführlich tun konnte. Es ging ihr hervorragend, sie konnte das Leben in all seiner Fülle genießen – auch ohne Partner.

Aber ich möchte noch auf einen Aspekt beim zweiten Prinzip hinweisen, das ich oben auch schon angedeutet habe – das Prinzip des Wachstums: Alles Leben ist ständiger Veränderung unterworfen, ob wir die Jahreszeiten oder die Wachstumsphasen einer Pflanze betrachten, alles Lebendige ist in ständiger Bewegung, in ständiger Veränderung begriffen, nichts bleibt, wie es war. Selbst Berge, die wir als unverrückbar und dauerhaft wahrnehmen, verändern sich auf eine für unser kurzes Menschenleben nicht wahrnehmbare Art und Weise. Wenn wir die Äonen der Geschichte betrachten, die verschiedenen Zeitalter vergleichen, gibt es auch in unsren Landschaftsformen stetig Veränderungen.
Die Natur nutzt diese Veränderungen zur Evolution, neue Arten entstehen, Tiere und Pflanzen von höherer Differenzierung werden hervorgebracht, das eine baut auf dem anderen auf. Die Natur läuft in Form einer Spirale ab. Es gibt Wiederholungen, aber nicht auf der gleichen Ebene.

Auch wenn diese Zyklen in unendlich langen Zeiträumen stattfinden, kennt unsre Wissenschaft sie sehr gut.

Aber was ist mit uns Menschen? Wir versuchen, zu erhalten, zu konservieren, was wir haben. Wir tun alles, um das Gesetz des Lebens zu umgehen. Wir wollen unsern Besitz, unser Umfeld, unsern Alltag erhalten, damit stellen wir uns gegen das Urgesetz aller Schöpfungen: Das Gesetz von Veränderung und Wachstum.
Solange wir Kinder sind, leben wir noch in Einklang mit dem Gesetz. Kein Mensch will ein hilfloses Baby bleiben, keiner will immer nur in die Grundschule gehen, wir anerkennen die Entwicklungen durch verschiedene Lebensphasen – ein Kleinkind hat einen begrenzteren Horizont als ein Teenager, kein Erwachsener würde im Supermarkt laut schreiend auf den Boden einschlagen, wenn er den gewünschten Artikel nicht bekommt. Aber wenn wir erwachsen geworden sind, glauben wir, „fertig" zu sein, nichts mehr lernen zu müssen. Dabei geht es da eigentlich erst richtig los mit dem Lernen. Die Schule des Lebens ist so viel unerbittlicher als unsre normalen Schulen.
Dem Leben ist es egal, wenn wir nicht vom Fleck kommen, es zieht uns dann einfach hinterher – mit Krankheiten, Geldverlust, Partnerproblemen und vielem mehr.
Das Leben findet immer genau das Thema, wo es uns am meisten weh tut. Aber wir fühlen uns als arme Opfer, wir jammern und lamentieren über die böse Welt, anstatt zu erkennen, dass wir da eine Lernaufgabe bekommen haben, damit wir uns weiterentwickeln. Als Menschen gehören wir zu einer Schöpfung, die niemals stillsteht, die immer weiter fließt, wie ein Fluss, der sich unbeirrbar auf das Meer zu bewegt. Und wenn wir diesem Urgesetz nicht entsprechen, werden wir mitgerissen.
Peter in der zweiten Geschichte dient als ein Beispiel einer Gesellschaft, die sich zwar technisch rasend schnell verändert, aber deren Verhaltensweisen immer noch archaisch ablaufen – Neid, Unterdrückung, Ausbeutung, Konkurrenzkampf, Machtansprüche, Beharren auf dem eigenen Vorteil – im Kleinen wie im Großen.
Wen wundert es da, dass wir und die Welt Leid und Chaos produzieren? Bevor wir auf die große Politik schimpfen, tun wir besser daran, vor unsrer Haustüre zu kehren. Wir haben die Regierung, die unserm Bewusst-

sein entspricht.
Wenn wir an uns arbeiten, wenn sich jeder Einzelne bemüht, dann haben wir die Chance, die kritische Masse zu erreichen – das alte System kippt, weil es nicht mehr unterstützt wird. Dann brauchen wir vielleicht keine Weltuntergangsszenarien mehr, weil wir die Veränderung dort ansetzen, wo sie am meisten fruchtet: Bei uns selbst.

Fazit

Birgit hat inzwischen ihre Lektion gelernt. Sie hat sich mit ihrer Angst vor Bindung konfrontiert und hat auch ihre eigene Vorstellung von Beziehung zugelassen, die sicher nicht der Norm der Gesellschaft entspricht. Sie hat sich eingestanden, dass sie zwar kein konventionelles Zusammenleben mehr möchte, weil sie nicht bereit ist, das aufzugeben, was sie sich an Eigenständigkeit über all die Jahre erarbeitet hat, aber sie erlaubte sich die Vision, dass es einen Mann gibt, dem es ähnlich geht und der trotzdem nicht auf Beziehung als solches verzichten will. Ungebunden an irgendeine Beziehung, unabhängig im klaren Bekenntnis zum Partner und tolerant gegenüber den Eigenschaften des Partners, die ihn als Persönlichkeit geformt haben – nicht als starre Vorgabe, sondern als Basis für eine Bereitschaft, dazuzulernen.
Diese Klarheit hat tatsächlich den Mann in ihr Feld gebracht, der dieser Vision entspricht – es geht ihr sehr gut! Und – es ist nie zu spät für einen neuen Weg.

3) Das Prinzip der Schwingung

„Nichts ist in Ruhe, alles bewegt sich, alles ist in Schwingung“ (Kybalion)

Vielleicht erinnern Sie sich noch an den Physik- oder Chemieunterricht in der Schulzeit – das Kapitel der Brownschen Molekularbewegung, diese bedingt die verschiedenen Aggregatzustände. Das war nicht so schwer zu verstehen, dass langsam schwingende Moleküle uns als fest erscheinen und sich kalt anfühlen. Bei Wasser wäre das das Eis, schneller bewegende Moleküle wirken auf uns flüssig – das Wasser selbst. Aber bei einer sehr hohen Bewegungsintensität können wir den Stoff oft nicht mehr wahrnehmen – wie bei Luft oder Wasserdampf. Wir haben kein Problem damit, dass jeder Stoff bei Raumtemperatur einen eigenen Aggregatzustand aufweist – Wasser ist dann flüssig, Eisen fest und Sauerstoff gasförmig. Aber was in aller Welt hat das mit Beziehung im Allgemeinen und mit der dritten Geschichte im Speziellen zu tun?

Sehr viel – auch wenn das im ersten Augenblick ziemlich abgehoben wirken mag.

Dass Atome größtenteils Schwingungsbündel sind, ist nachvollziehbar, aber die Quantenphysik befasst sich auch mit sehr hohen Schwingungsebenen, die nicht an Materie gebunden sind, die die Materie – die langsamer schwingende Energie – beeinflussen können.

Diese Kraft ist nicht einmal an Zeit und Raum gebunden – das ist die Kraft der Gedanken.

Wir haben alle schon erlebt, dass wir daran denken, jemanden anrufen zu wollen – und das Telefon klingelt – genau die Person ist am anderen Ende der Leitung. Mütter können genau spüren, dass es ihrem Kind nicht gut geht, auch wenn es sich Hunderte von Kilometern entfernt aufhält.

Gedanken sind hoch schwingende Energiemuster, die hellsichtige Menschen als Formen und Farben wahrnehmen können. Das ganze Internet verfügt über solche Muster von Energien. Mobilfunk basiert auf diesem Prinzip. Das menschliche Gehirn ist nur ein unendlich viel feinerer Sender und Empfänger gleichzeitig, nur sind wir uns dieser Fähigkeit kaum bewusst.

Dazu kommt, dass unsre Schwingung auf zwei Ebenen abläuft – dem Be-

wusstsein und dem Unterbewusstsein. Das Unterbewusstsein wird von Geburt an von Familie, Kultur und persönlichen Erfahrungen geprägt, lange bevor wir entscheiden können, ob es uns und unsrer Individualität dient oder nicht. Diese Prägung entpuppt sich später als so viel machtvoller als das Tagesbewusstsein. Wir können es auch oft nicht steuern. Vor allem wenn durch bestimmte Auslöser traumatische Erfahrungen aktiviert werden, reagieren wir der Bewusstseinstufe entsprechend, als das Ereignis stattfand. Wenn zum Beispiel ein Säugling miterlebt hat, was der Sirenenalarm im 2. Weltkrieg bedeutete, kann der Erwachsene heute bei jeder Polizeisirene Panikattacken bekommen, obwohl es ihn nicht betrifft und für ihn in dem Augenblick keine Bedeutung hat. Da nützt es gar nichts, das mit dem Verstand zu erkennen, die Prägung fand auf der emotionalen Ebene statt und kann mit Logik nicht überwunden werden.
Durch all unsere Erfahrungen entwickeln wir ein emotionales Schwingungsmuster und das hat eine bestimmte Frequenz. Menschen mit ähnlichen Frequenzen ziehen sich an – das ist oberflächlich betrachtet – keine neue Erkenntnis. Man ist am liebsten mit denen zusammen, die ähnlich denken, wie man selbst – Parteien, Vereine, Kirchen, Freunde und vieles mehr.
Genauso läuft es unterbewusst in der Partnerwahl ab – wir fühlen uns von dem am meisten angezogen, was uns vertraut ist, auch wenn wir das am Anfang des Kennenlernens nicht wahrnehmen – im Laufe der Beziehung entpuppt sich diese Analogie mehr oder weniger offensichtlich für die Betroffenen.

Nun kommen wir auf Horst und Margit von Geschichte 3 zurück

Obwohl die offensichtlichen Umstände in ihren beiden Familien sehr verschieden schienen, gab es dennoch eine gemeinsame Basis: Das, was von außen diktiert wurde, galt unreflektiert als die oberste Priorität. Man hatte diesen Regeln zu gehorchen und wer es wagte, sie zu brechen, war ein Ausgestoßener.
Margits Mutter hatte die Regeln gebrochen und damit die ganze Familie gebrandmarkt, Horsts Mutter war dieser Schmach nur durch ihren Tod entgangen.

Während Horst die Schuld am Tod seiner Mutter auf sich nahm, fühlte sich Margit als ein Kind des Makels und der Schande. Horst versuchte, sich seine Lebensberechtigung durch Dienen zu beweisen, denn wenn er anderen helfen konnte, hatte sein Leben doch einen Sinn. Margit kompensierte ihren Makel durch ihren Perfektionismus, denn wenn sie vollkommen wurde, konnte sie nicht mehr mit einem Makel behaftet sein.
Das bedeutete gleichzeitig, dass sich beide untersagten, einfach sie selbst zu sein, denn dann kompensierten sie ihre Mängel nicht. Alles, was sie taten, musste Sinn machen, gut sein, Erwartungen erfüllen. Beide orientierten sich an der messbaren Leistung. Lebensfreude und spielerische Leichtigkeit hatten in diesem System keinen Platz. Als die beiden sich ineinander verliebten, hatten sie keine Ahnung, was sie am anderen so faszinierte – aber es war etwas Vertrautes. Auch wenn es uns nicht dient, es ist immer ein starker Magnet.
„Als würde ich dich schon ewig kennen!" Ein Satz der für den angebeteten Partner als Kompliment gedacht ist, erweist sich oft als bittere Wahrheit – es ist das, was wir aus unsrer Kindheit kennen, was uns an dem anderen so fasziniert.
Das Gesetz der Schwingung ist Voraussetzung für das Gesetz der Anziehung – das, was ähnlich schwingt, zieht uns an. Jeder von uns weiß auch, dass durch Entwicklung Veränderungen der Schwingung stattfinden. Wie oft passiert es, dass wir dem großen Schwarm der Teenagerzeit nach vielen Jahren wieder begegnen und erkennen müssen, dass uns nichts mehr mit diesem Menschen verbindet – und uns fragen, was es eigentlich war, was wir damals so toll fanden? Beide haben sich in ganz verschiedene Richtungen entwickelt, es gibt nichts mehr, was uns verbindet.
Hätte bei Horst und Margit keine Entwicklung stattgefunden, hätte es eine so genannte „gute Ehe" werden können. Horst hätte Margit auf Händen getragen, sie verehrt und vergöttert, und sie hätte ihn wie eine Marionette dirigieren können – er wollte ihr ja seine Liebe durch Dienen zeigen. Und indem sie so gewesen wäre, wie er es sich wünschte – die Königin, die Madonna – hätte sie die Bestätigung bekommen, perfekt zu sein.
Viele Ehen funktionieren so – scheinbar gut – aber um den Preis der Lebendigkeit.
Wir sind nicht hier, um gute Menschen zu sein oder um eine gute Ehe zu führen, sondern um uns weiterzuentwickeln. Dabei kann der Partner hel-

fen – meist dadurch, dass er den anderen aufschreckt, indem er die bisherigen Bequemlichkeiten in Frage stellt.
Margit konnte gar nicht anders als weitergehen, bei ihrer Vergangenheit war das der einzige Weg, geistig und körperlich gesund zu bleiben. Außerdem entsprach es nicht ihrem Naturell, sich auf dem auszuruhen, was sie erreicht hatte, dazu war sie viel zu neugierig.
Horst dagegen versuchte, zu erhalten, was gut war, immer in der Angst, das Gute zu verlieren, wenn er sich bewegte. Andererseits erkannte er, dass er Margit ganz sicher verlieren würde, wenn er sich nicht bewegte. Das erzeugte in ihm eine ungeheuere Spannung, die zuerst bewirkte, ihr ein schlechtes Gewissen zu machen: „Ich tue doch alles für Dich, ich arbeite mich krumm, damit Du es gut hast, ich unterstütze Dich, dass Du den Rücken frei hast!"
Aber es bewirkte genau das Gegenteil. Margit – in ihrer panischen Angst, abhängig und damit ausgeliefert zu sein – bewies ihm nur umso mehr, dass sie ihn nicht brauchte.
Obwohl ein Teil von ihr gelernt hatte, sich anzupassen und den Erwartungen zu entsprechen, war da auch inzwischen durch ihre Arbeit die rebellische Seite, ihr Überlebenstrieb so stark geworden, dass sie nicht mehr opfern konnte, auch wenn sie den Mann noch so sehr liebte.
An einem solchen Punkt zerbrechen Ehen oft – einer verändert seine Schwingung, der andere beharrt auf seinem Zustand. Dann müssen sich die beiden trennen. Oft kann einer der Partner den Weg nicht mitgehen, weil es nicht seinem Wesen und seiner Lebensaufgabe entspricht. Wenn ein Paar aber trotzdem zusammenbleibt, opfert sich einer für den anderen und verzichtet auf seine Veränderung – eine verhängnisvolle Entscheidung, die eine psychische oder physische Erkrankung zur Folge haben muss.
Wir können uns nicht verleugnen, ohne Konsequenzen tragen zu müssen. Diese Selbstaufgabe kann letztendlich den Tod bedeuten – wie bei Horsts Mutter – für sie war es die einzige Möglichkeit gewesen, dieses Ehegefängnis zu verlassen.
Margit gab sich nicht auf und Horst bewegte sich – wenn auch anfangs nur ihretwegen.
Dann aber merkte er, dass auch er von dieser Veränderung profitierte, obwohl es bei ihm länger dauerte, er mehr Zeit brauchte, aber er machte sich

auf den Weg. Das gemeinsame Interesse an spirituellen Lehren, an Möglichkeiten der Bewußtseinserweiterung, am Sinn des Lebens und des Sterbens, verband die beiden.
Deshalb ist es so wichtig, dass Ehepartner ein gemeinsames Ziel, eine gemeinsame Aufgabe haben – diese Synchronizität in der Schwingung verbindet, schafft Austauschmöglichkeiten und gegenseitiges Verstehen, viel tiefer als eine Prägung aus der Herkunftsfamilie, die nur aufrechtzuerhalten ist, wenn man erstarrt. Und das macht alt – etwas erhalten wollen, sich dem Fluss des Lebens zu verweigern, unterstützt den Alterungsprozess, psychisch wie physisch. Gedanken sind sehr starke Schwingungen, die unseren Körper genauso beeinflussen wie unser Umfeld – wie es im Kybalion heißt: „Nichts ist in Ruhe, alles bewegt sich."
Und auch ein altes Sprichwort drückt das aus:

Wie wir glauben, so denken wir
Wie wir denken, so handeln wir
Wie wir handeln, so werden wir
Wie wir geworden sind, so ergeht es uns.

aus: Der Mensch als Mittelpunkt von Dr. Hans Endres

4) Das Prinzip der Polarität

„Alles ist zweifach, alles hat zwei Pole. Gegensätze sind identisch in der Natur, nur verschieden im Grad, Extreme berühren sich.“ Kybalion)
Das Prinzip der Relativität als ein Aspekt der Polarität

Wieder spricht das Kybalion in Rätseln. Dennoch – bei genauerem Hinsehen erleben wir das im Alltag als so selbstverständlich, dass wir uns über die universelle Gültigkeit dieses Prinzips gar keine Gedanken machen und schon gar nicht darüber, dass es nicht nur in der Materie, sondern auch in unseren Handlungen zur Wirkung kommt. Fangen wir mit dem offensichtlichen an: Alles, egal was als feste Materie existiert, hat mindestens zwei Seiten – ob es sich um ein Blatt Papier handelt oder um einen Berg oder um den menschlichen Körper. Sogar ein Atom hat nur dann Stabilität, wenn die entgegengesetzt geladenen Teilchen – Elektronen und Protonen – ausgeglichen sind. Der elektrische Strom funktioniert nur dann, wenn wir einen Plus- und einen Minuspol haben, zwischen denen die Elektronen fließen können. Selbst eine Kugel hat verschiedene Seiten, auch wenn die nahtlos ineinander übergehen.
Aber nicht nur die sichtbaren Dinge funktionieren nach dem Prinzip, sondern alles.
Was wir im Leben erfahren, hat mindestens zwei Seiten, die wir meist als gut oder schlecht bewerten. Und wie in der Materie gibt es nichts, dass so gut ist, dass es keinen Nachteil gibt, und selbst die schlimmste Gräueltat hat irgendwo eine tiefere Bedeutung.
Sehr oft kommt das auch auf die Einstellung des Betrachters an. „Die Geschmäcker sind verschieden“, ist eine gängige Redensart. Aber sehr oft be- und verurteilen wir aus unsrer begrenzten Sicht – gesellschaftlich, kulturell, religiös betrachtet, und wir vergessen dabei, was es für uns wirklich bedeutet. Deshalb ist Polarität im Leben relativ und von vielen Faktoren abhängig.
Aber inwiefern können Pole identisch sein? Am Beispiel vom Fanatismus kann man das sehr leicht zeigen: ob jemand ein fanatischer Glaubensanhänger ist oder ein fanatischer Atheist – beide sind intolerant, beide lassen keine andre Meinung gelten, beide beanspruchen die absolute Wahrheit.

Je extremer die Pole auseinander zu liegen scheinen, umso ähnlicher sind sie sich – identisch in der Natur, nur verschieden im Grad.

Aber was hat dieses Prinzip mit der Geschichte von Fritz und Anna aus Geschichte 4 zu tun?

Beide sind tolerante und offene Menschen, die sich bemühen, ihren Tag wach und bewusst zu leben.
Jedem von uns fallen unendlich viele Beispiele aus Geschichte und Politik ein, wenn es um dieses Prinzip geht: Herrscher und Sklaven, Eroberer und Eroberte, Glaubenskriege, Ausbeutung der Dritten Welt, Revolutionen – sie alle fallen offensichtlich unter dieses Prinzip.
Aber es hat auch eine subtilere Ebene: Das Prinzip von Geben und Nehmen.
In den 2000 Jahren christlicher Prägung haben wir mehr oder weniger bewusst verinnerlicht, dass Geben seliger ist als Nehmen. „Ach das wäre doch nicht nötig gewesen", sagt man als anständig erzogener Mensch, anstatt sich einfach herzlich zu bedanken und dem Geber die Freude über das Geschenk zu zeigen.
Natürlich sollte beides ausgeglichen sein. Wenn mir ein Freund zum Beispiel ständig etwas schenkt, alles für mich tut und mir keine Chance lässt, ihm mal eine Freude zu bereiten, ist das keine echte Freundschaft – beides kann beglücken – das Geben und das Nehmen.
Aber um auf unser Paar zurückzukommen, wir finden auch da kein Ungleichgewicht – beide waren gegenseitig großzügig und tolerant, schenkten sich gerne was Schönes.
Freuten sich, wenn sie den Geschmack des Partners getroffen hatten. Wie schon erwähnt – beide waren nicht eifersüchtig, gönnten dem anderen von Herzen, wenn demjenigen etwas Schönes widerfuhr und konnten sich mitfreuen. Also wo wirkte das Prinzip?
Nur auf der emotionalen Ebene finden wir die Antwort und auch die tiefe Ursache, warum beide in ihrer Bedürftigkeit erstarrt waren.
Fritz hatte in der Kindheit immer wieder erfahren, dass von ihm erwartet wurde, zu geben, was er nicht geben konnte und wollte. Seine übergriffige Mutter bekam nie genug, egal wie er es auch anstellte, und sie war nie

zufrieden mit dem, was er geben konnte, weil sie immer etwas anderes erwartete. Er hatte sich in einer Ecke seiner Seele verbarrikadiert, wo man ihn mit Anforderungen nicht mehr erreichen konnte: Seine Barrikade war sein brillanter Intellekt.
Da war er sicher – aber da erreichte er sich auch selbst nicht mehr.
Er konnte unendlich mitfühlend und Anteil nehmend sein, solange es ihn nicht selbst betraf. Sobald es aber mit ihm selbst zu tun hatte, verschwand er hinter seiner Mauer aus Intellekt und Zynismus. Wenn man seine Kindheit oberflächlich betrachtet, hatte er alles bekommen, was er brauchte, um ein normales Leben zu führen, aber eben nur oberflächlich.
Ein Säugling ist in seiner Hilflosigkeit komplett darauf angewiesen, zu bekommen.
Eltern geben – wenn sie in ihrer Mitte sind – dem Kind dies alles bedingungslos. Es ist absolut selbstverständlich, dass die Eltern geben und das Kind nimmt.
Leider sieht die Realität oft anders aus. Bei Fritz fing es schon damit an, dass er die Muttermilch ablehnte, was sich später bis zum Ekel steigerte. Wenn seine Mutter ihn berührte, spürte er ihre grenzenlose Bedürftigkeit hinter ihrer Geste.
Das soll in keiner Weise heißen, dass man die Frau deshalb verurteilen kann. Sie hatte auch ihre Geschichte, die sie zu dem gemacht hatte, aber es würde zu weit führen, darauf einzugehen. Es geht hier vielmehr darum, nachvollziehen zu können, warum Fritz das menschliche Grundbedürfnis, bedingungslos zu empfangen, nie kennen gelernt hatte. Und wer nicht annehmen kann, kann auch nicht geben – wie auch? Ich muss zuerst etwas haben, um es geben zu können. Ein Kind lernt Geben von seinen Eltern und es lernt an sich selbst, wie schön das Empfangen sein kann.

Fritz kannte beides nicht. Durch seinen Panzer aus Intellekt und Verstand musste er dieses Defizit nicht mehr spüren und verlagerte Geben und Nehmen auf die materielle Ebene, da tat es nicht weh. Als er in einer Aufstellung erstmals spüren konnte, wie seine Frau an seiner Seite emotional verhungerte, kamen ihm die Tränen: „Das will ich doch gar nicht!“
Er begriff, dass es in den meisten Auseinandersetzungen nicht um Recht haben oder nicht ging, sondern vielmehr darum, den andern in seinem Befinden wahrzunehmen.

Zudem spürte seine Frau sehr oft Entwicklungen, schon bevor sie eingetreten waren – wie sollte sie das dann begründen können? Er schätzte die Fähigkeiten seiner Frau sehr, aber er konnte nicht damit umgehen.
Das führte auch dazu, dass er kaum spüren konnte, was ihm gut tat, was sein Herz öffnete. Der einzige Zugang, der von dem Muster nicht berührt wurde, war die Musik.
Obwohl er gegenüber allen spirituellen Bereichen offen war und sich für Philosophie und Mystik interessierte, konnte er keine Beziehung zu einem gütigen, freundlichen Universum aufbauen, das auch ihn annahm, wie er war. Zu sehr hatte sich der sprachlose, selten anwesende Vater in sein Unterbewusstsein eingegraben.
Ich konnte in ihm einen ganz tiefen qualvollen Schmerz nach dieser väterlichen Liebe spüren, aber er fand keinen Mut, ihn wirklich zuzulassen, aus Furcht, es würde ihn überwältigen. Stattdessen fiel er immer wieder in eine namenlose Traurigkeit, die er nicht zuordnen konnte, weil er eigentlich ein erfülltes Leben hatte. Er konnte auch nicht stolz sein auf das, was er alles erreicht hatte – trotz all seiner Erfolge fühlte er sich oft nutzlos, sogar überflüssig.
Bei Anna fand ich die komplementäre Seite zu seinem Verhaltensmuster. Von klein auf hatte ihr ihre Mutter eingeimpft, dass eine Frau für das Wohl ihres Mannes verantwortlich sei, dass man sich selbst nie in den Vordergrund drängeln sollte, sondern immer dem Ehemann die erste Reihe überlassen müsse. Wenn es dem Mann schlecht geht, ist es die Aufgabe der Frau, dafür zu sorgen, dass es ihm wieder gut geht, egal wie. Auch wenn das nur auf eigene Kosten möglich ist, das spielt keine Rolle. Die einzige Aufgabe einer Ehefrau ist das Wohlergehen des Ehemanns.

Annas Mutter hatte das akribisch umgesetzt, mit dem Ergebnis, dass sie nach dem Tod ihres Mannes nichts mehr mit sich anzufangen wusste, denn ihr einziger Lebensinhalt war nicht mehr da. Die Kinder waren zu dem Zeitpunkt alle schon aus dem Haus und konnten als Stellvertreter nicht mehr zur Verfügung stehen. Trotzdem versuchte sie ständig, ihre Kinder in die Verantwortung zu nehmen, wenn es ihr schlecht ging: „Von dir hört man ja nie etwas, und wenn ich anrufe, bist du immer im Stress und hast keine Zeit für deine alte Mutter. Ach ja, es ist schon ein Elend, wenn man alt und so allein sein muss!“ Ich denke, vielen Lesern kommt das irgendwie

bekannt vor!
Nun war Anna von Natur aus nicht der unterwürfige, fürsorgliche, mütterliche Frauentyp – und trotzdem, als ihr Vater nach ihrem Schulabschluss von ihr eine bestimmte Berufsausbildung erwartete, gab sie nach, machte die Lehre als Bankkauffrau und war vom ersten Tag an todunglücklich, aber man hatte ihr beigebracht, gehorsam zu sein. Nach Gott kommt entweder der Vater oder der Ehemann – also gehorchte sie. Es ist ein sehr tief eingebranntes, durch viele Jahrhunderte hindurch verfestigtes Paradigma, dass die Frau zu geben hat, dem Manne untertänig zu sein hat, und dass ihre eigene Individualität dahinter zurückstehen muss. Frauen haben sich zu kümmern und sind dazu bestimmt, zu geben, aber nicht dazu, zu nehmen – und schon gar nicht dazu, irgendwelche Ansprüche zu stellen!
In den arabischen Kulturen ist das heute noch gang und gäbe, dort gibt es immer noch genug Frauen, die diese Einstellung auch noch unterstützen und sich in ihrer Sklavenrolle sonnen.
Anna war von einer solchen Einstellung weit entfernt – zumindest oberflächlich gesehen.
Sie hatte – mit Unterstützung von Fritz – ihren Traumjob gefunden und konnte die verhasste Bankkauffrau hinter sich lassen, sie verdiente ihr eigenes Geld und ihr Mann machte ihr keine Vorschriften, aber sie war ständig krank – keine lebensbedrohlichen Krankheiten, aber immer wieder tauchten unterschiedliche Symptome auf, die sie in eine tiefe Erschöpfung trieben – ob das unerträgliche Rückenschmerzen waren oder eine Nahrungsmittelallergie oder irgendeine subtile Virusinfektion – sie war immer in ihrer Kraft eingeschränkt.
Das Muster, das sie von ihrer Mutter übernommen hatte, zeigte sich nicht oberflächlich, sie kochte nicht für ihren Mann, da sie voll berufstätig war. Beide teilten sich die Hausarbeit auf, sie war auch nicht das bedürftige Hascherl, das von ihrem Mann gepflegt werden wollte, wenn es ihr schlecht ging. Sie kam immer alleine klar, sie bekam alles hin – trotzdem, auch wenn es ihr schlecht ging!
Aber das Muster setzte ein, wenn es ihm schlecht ging. Dann setzte sie Himmel und Hölle in Bewegung, damit er sich besser fühlte. Wehe, wenn jemand ihn zu kritisieren wagte oder ihm gar Vorwürfe machte – wie eine Löwenmutter stellte sie sich vor ihn und griff den „Gegner" an. Wenn sie es nicht schaffte, dass er sich wohlfühlte, war das ihr Versagen – sie hatte

ihm nicht das gegeben, was er gebraucht hätte.
Anna hatte ganz einfach ein Tabu auf dem Thema „Nehmen“, wenn es um ihre Ehe ging. Deshalb konnte sie das Muster auch so schwer greifen, denn in anderen Bereichen konnte sie problemlos nehmen, da stimmte die Balance.
Als ich einmal mit beiden arbeitete und bei Fritz ein Muster hochkam, bei dem er sie nicht wahrnahm – also eigentlich etwas, was ihr helfen sollte – da wurde ihr so schlecht, dass ich abbrechen musste. Sie konnte nicht ertragen, dass ich ihn korrigieren wollte, obwohl er sehr offen und bereit war, hinzuschauen.

Es brauchte mehrere Sitzungen und viel Eigenarbeit Annas, bis sie zulassen konnte, wie sehr sie die Rolle ihrer Mutter verinnerlicht hatte und damit für Fritz genau das repräsentierte, worunter er als Kind so gelitten hatte: Die Mutter, die immer besser wusste als er, was er brauchte. Es wurde ihr allmählich klar, dass sie beide nie gelernt hatten, ihre Bedürfnisse auszusprechen, weil sie sich beide verboten hatten, diese überhaupt zu spüren – jeder mit seiner eigenen Geschichte im Hintergrund.
Das war auch der Grund, warum sie eher wie Geschwister oder beste Freunde miteinander umgingen und nicht wie ein Ehepaar. In den banalen Alltagsgelegenheiten war das alles kein Problem, nur wenn Emotionen ins Spiel kamen, wenn es um Intimität, um Nähe ging, lief bei beiden das Muster ab und erzeugte wieder eine für ihn ungefährliche Distanz. Beide blockierten einander – sie ihn, weil er nicht frei atmen konnte und er sie genauso, weil er ihr demonstrierte, dass ihre Bemühungen erfolglos waren.
Der erste Schritt lag bei Anna – sie musste nicht immer geben, schon gar nicht dann, wenn er gar nichts wollte. Sie musste lernen, ihre eigene Bedürftigkeit zuzulassen, ohne sich als Versagerin zu fühlen, sondern dies als einen Aspekt zu sehen, der zu jeder Beziehung dazugehört. Jeder darf auch mal schwach und bedürftig sein und damit dem andern die Chance geben, seine Stärke in Liebe als Unterstützung anzubieten. Geben ist nicht seliger als nehmen!
Wie sagte mein Lehrer, Hans Endres, immer so treffend: „Beim elektrischen Strom sagt doch auch niemand, dass ein Pol der schlechte und der andre der gute ist, es braucht beide Pole, dass Strom fließen kann“.
Genau so braucht jeder Ehepartner beide Seiten. Seit Anna das erkannt

hat, ist sie viel seltener krank, fühlt sich viel weniger erschöpft, denn sie verschleudert ihre Energie nicht mehr dort, wo sie gar nicht genommen werden kann. Sie spürte , wie kraftvoll sie eigentlich war und wie erfüllend sie es erlebte, wenn ihre Kraft in ihre Kreativität einfließen konnte. Sie sprühte dann nur so vor neuen Ideen, sie arbeitete mit viel Freude, erntete eine Menge Anerkennung ihrer Vorgesetzten, und einige neue Produkte wurden die Verkaufsschlager ihrer Firma. Außerdem empfand sie eine große Erleichterung, nicht mehr für das Wohlergehen ihres Mannes zuständig sein zu müssen, das gab der Beziehung viel Leichtigkeit, ohne dass sie an Tiefe verlor.

Fritz erlebte, dass da ein Druck wegfiel, der ihn unbewusst immer wieder in eine Nervosität und Unruhe getrieben hatte. Nachdem Anna einen Schritt zurückging und nicht fürsorglich an ihm klebte, konnte er sie viel besser wahrnehmen und auf sie eingehen.

Er realisierte, dass er den Respekt und die Achtung seiner Umgebung ohne seine Abwehrmechanismen ganz mühelos und wie von selbst bekam, wenn er sich erlaubte, authentisch zu sein. Authentizität zeigt sich immer in einer selbstverständlichen, natürlichen Autorität, weil sie dem Wesen des Menschen entspricht und nicht etwas künstlich Antrainiertes darstellt.

5) Das Prinzip der Vergebung

Vergebt und Euch wird vergeben – Lukas 6,37
Das Prinzip der Vergebung ist ein Aspekt des Prinzips der Entsprechung
(Siehe auch Geschichte Nr. 2)

Unsre Gesellschaft tendiert dazu, alles, was Menschen an Ungerechtigkeit widerfährt, mit dem Prinzip „Auge um Auge, Zahn um Zahn“ zu erwidern. Diese Denkweise stammt eigentlich aus archaischen Zeiten – ein Stamm raubte den anderen das Vieh, die Bestohlenen rächten sich, indem sie gegen die Diebe in den Kampf zogen. Die eine Missetat zog eine nächste nach sich – die eine unendliche Kette von Opfern und Tätern nach sich zog, bis sich entweder die Stämme gegenseitig ausrotteten oder irgendwann ein vernünftiger Anführer es schaffte, einen Frieden auszuhandeln. Unzählige Kriege kamen so zustande, unzählige Familien sind auf diese Weise ausgerottet worden. Es gab nie einen wirklichen Sieger.
Auch wenn einer kurzfristig triumphierte, er unterlag dem Gesetz der Entsprechung – die Aura von Hass und Rache zog neue Feinde an, die eine entsprechende Einstellung hatten. Bis heute sind Israelis und Palästinenser ein herausragendes Beispiel einer Jahrtausende alten Feindschaft: Die Palästinenser stammen von Ismael ab, der von Abraham und seiner Sklavin Hagar gezeugt wurde, weil beide glaubten, dass Sarah, Abrahams Frau, nicht schwanger werden könne. Als Sarah denn doch einen Sohn, Isaak, gebar, verbannten sie Hagar und Ismael.
Bis heute schaffen es beide Völker nicht, diese Feindschaft zu überwinden. Unendlich viel Blut ist deshalb auf beiden Seiten geflossen, unvorstellbares Leid erfuhren Menschen auf beiden Seiten – bis heute!
Eigentlich kann uns diese Tragödie nur als negatives Beispiel für unsern Alltag dienen, aber wir kommen oft gar nicht auf den Gedanken, dass wir in ein ähnliches Verhaltensmuster fallen.
Wer Reinkarnationstherapie macht, erfährt da eine gründliche Läuterung. Wenn wir dann erkennen müssen, dass wir den Chef, der uns das Leben zur Hölle macht, früher als Ehepartner aus Habgier mal umgebracht haben, dass er uns dann zuvor als Sklave gequält hatte und davor war er dann der Wanderer gewesen, den wir als Wegelagerer ausgeraubt und ge-

tötet hatten. Eine endlose Kette, endlose Verstrickungen mit tausend Varianten bei jedem von uns – und doch wiederholt es sich immer wieder mit umgekehrten Vorzeichen. Wenn wir jemandem, der uns das Leben heute schwer macht, nicht noch viele Male leidvoll begegnen wollen, gibt es nur eine Möglichkeit, aus dem Kreislauf auszusteigen, und das ist Vergebung!

Vergebung hat eben zwei Aspekte – denen das Prinzip der Entsprechung zugrunde liegt. Einmal ist sie scheinbar nach außen gerichtet, weil uns jemand etwas Schlimmes angetan hat, aber die Entsprechung in unserm Innern ist viel bedeutsamer: Zum Ersten wissen wir gar nicht, ob unsere negativen Gefühle den Betroffenen wirklich erreichen. Und wenn sie ihn erreichen – das ist mit Voodooritualen oder anderen schwarzmagischen Techniken durchaus möglich – tragen wir Verantwortung für das, was dem anderen zustößt, und wir sind noch mehr mit demjenigen verstrickt.
Zum zweiten wirken dann Hass und Rache besser als jeder Sekundenkleber – sie verkleben unser und des Täters Schicksal – wir werden ihn also nicht mehr los.
Was für eine schreckliche Vorstellung, damit bestrafen wir uns nur selbst, aber nicht genug damit, diese negativen Gefühle sind erst mal in unserem System.
Heute kann man ausmessen, bei wie viel Hertz Gefühle schwingen – Liebe liegt bei 528 Hz. (Dr. Joseph Puleo), negative Gefühle wie Hass und Rache liegen um und unter 100 Hz. – das heißt, diese Schwingungen sind hochgradig schädlich für unser ganzes System, das bei 528 Hz. in eine harmonische Schwingung kommt, die die Gesundheit des Körpers unterstützt. Wir schauen immer nur nach außen – auf Mobilfunkantennen, auf Radioaktivität und vieles mehr. Kein Zweifel, diese Einflüsse schaden uns, aber keine Strahlung ist unserer DNA so nahe, wie unsre eigene emotionale Schwingungsebene. Dr. Puleo hat auch herausgefunden, warum gregorianische Choräle so wohltuend auf uns wirken. Ihre Grundfrequenz beläuft sich auf 528 Hz. Das bedeutet aber, dass man schon seit vielen Jahrhunderten weiß, dass Schwingung beeinflusst – negativ wie positiv – je nach Frequenz! Wenn wir also solche negativen Gefühle über längere Zeit aufrechterhalten, zerstören wir uns sukzessive selbst!
Wir schaden also primär uns – und verstricken uns noch mit dem, was wir

ablehnen – wie unsinnig! Und – um dem noch eins oben drauf zu setzen – wir ziehen im Außen auch noch alles an, was mit der Frequenz dieser negativen Gefühle in Resonanz schwingt.
Sie können sich unschwer vorstellen, dass das nichts ist, was uns dient – wir bekommen noch mehr belastende Situationen und Menschen in unser Leben. Aber dann redet die Religion von den verborgenen Wegen Gottes – Gott hat uns seine Schöpfungsgesetze gegeben. Wenn wir nicht fähig sind, sie zu beachten, hat das nichts mit Gott zu tun! Wenn Sie in eine Steckdose fassen, obwohl man ihnen sagt, das seien 220 Volt und einen Stromschlag kriegen, ist auch nicht das Elektrizitätswerk schuld!

Aber nun zu Bernd in der 5. Geschichte

die ohne die obige Erläuterung nicht zu verstehen ist:
Bernd war in seinem Alltag sehr bemüht, in all seinen Geschäften achtsam und ehrlich zu sein. Er ging mit Geld verantwortungsbewusst um, war nicht geizig und bemühte sich im Umgang mit Kunden und Bekannten fair zu sein, auch wenn ihm innerlich nicht danach war.
Aber der Schlüssel für seine Eheprobleme war sein unverarbeiteter Hass auf seine Mutter. Diese Schwingung störte sein ganzes System und wirkte sich auch auf sein Umfeld aus.
Seine Frau trennte sich kompromisslos sofort von ihm, als sie von dem Seitensprung erfuhr – Bernd hatte nicht die geringste Chance, das abzuwenden. Genauso gnadenlos, wie er seine Mutter ablehnte, obwohl sein Vater schon lange tot war, so wurde jetzt auch er behandelt.
Er übernahm immer noch die Gefühle, die sein Vater vielleicht mal hätte haben müssen. Obwohl er gar nicht wusste, wie sein Vater seine Ehe empfunden hatte, dieser hatte nie darüber geredet. Bernd ging von einer Vermutung aus und machte sie zu seiner Wahrheit. Was aber noch eine viel größere Auswirkung hatte, war, dass er sich damit an die Stelle seines Vaters stellte, dessen Rolle übernahm, und das nicht mit falsch verstandener Liebe, sondern auch noch im Hass. Der Familientherapeut Dr. Langlotz nennt das eine maligne Symbiose.
Wie ich oben schon sagte, Hass wirkt besser als jeder Sekundenkleber: Der Platz für Partnerschaft war gar nicht frei bei Bernd, den besetzte er

noch mit seiner Mutter! Als Bernd das bewusst wurde, war er total entsetzt und zum ersten Mal erklärte er sich bereit, sich in einem Familienstellen von seinem Hass und damit von seiner Mutterbindung zu verabschieden. Ihm wurde auch klar, dass er sich mit seiner Einstellung in die Ehe seiner Eltern eingemischt hatte. Hätte seine Mutter versucht, sich in seine Ehe einzumischen, wäre er ausgerastet – also musste er auch lernen, wo sein Platz war.

Im Familienstellen zeigte sich sehr deutlich, dass sein Vater nicht der Engel und seine Mutter nicht der Teufel war. Seine Mutter hatte sehr unter der emotionalen Kälte und der Sprachlosigkeit ihres Mannes gelitten. Viele Frauen der damaligen Generation haben dann, wenn sie keinen positiven Zugang zu ihren Männern fanden, diese so lang provoziert, bis endlich eine Resonanz von den Männern kam – und wenn es nur ein Wutausbruch war, aber sie hatte es wenigstens geschafft, ihn zu erreichen.

Unser Stellen wurde sehr tief und sehr bewegend. Bernd konnte endlich den Schmerz, der hinter dem Hass lag, in Tränen ausdrücken. Eigentlich hatten beide Eltern nicht die Voraussetzung gehabt, ihre Kinder wahrzunehmen. Diese Generation wusste es nicht besser, sie hatte keine Alternativen zur Verfügung.

All diese Möglichkeiten, die wir heute selbstverständlich zur Verfügung haben, existierten nicht. Bernd konnte das im Stellen spüren und empfand es als eine unglaubliche Erleichterung, diesen Hass endlich loszulassen.

Bemerkenswert fand ich, dass Bernd zu dieser Zeit eine Freundin hatte, die sich mit allem möglichen primitiven, schwarzmagischen Zauberzeug beschäftigte, und er konnte spüren, dass sie ihn an sich zu binden versuchte, obwohl er ihr nie Versprechungen gemacht hatte.

Nach all den Erkenntnissen verlor er jedes Interesse an ihr. Sein Feld hatte sich verändert, trotzdem brauchte es viele klare und unmissverständliche Worte, um die Frau zu überzeugen, dass es keine Chance gab für eine Fortsetzung.

Für ihn zeigte sich diese Gesetzmäßigkeit sehr eindrucksvoll. Er und seine Exfrau sind inzwischen gute Freunde geworden. Er weiß heute viel klarer, was er für eine Beziehung möchte, und das Verhältnis zu seiner Mutter ist entspannt und freundlich geworden.

Wir müssen den Menschen, den wir hassen, nicht lieben lernen, aber wichtig ist, dass wir ihn loslassen, und wenn wir ihm begegnen müssen, sollte es in einer neutralen Weise sein, die den andern als Mensch respektiert und gleichzeitig ihm doch klar vermittelt, wo wir Grenzen setzen. Dann entsteht Friede und wir können wieder nach vorne gehen ohne die Bleikugel des Hasses aus der Vergangenheit an unsern Füßen.

6) Das Prinzip der Anziehung

Gleiches zieht Gleiches an. Gleich und gleich gesellt sich gern.
Das Prinzip der Anziehung oder Affinität ist ein Aspekt des Prinzips der Schwingung
(Siehe auch Geschichte 3)

Kein anderes Prinzip erfreut sich derzeit so viel Beliebtheit wie das Prinzip der Anziehung, Affinität oder Resonanz. Der Film „The Secret“, der weltbekannt wurde, beschäftigt sich intensiv damit. Im Film wird vermittelt, dass das, was wir uns intensiv, emotional involviert, über längere Zeit wünschen, sich in unserm Leben manifestiert. Der Film hat viel dazu beigetragen, dass wir unsere Kreativität neu überdenken. Wie viele von uns sind als Kinder ausgeschimpft worden, weil sie schon wieder mit offenen Augen träumten, anstatt etwas „Vernünftiges“ zu machen? Fantasie wird heute noch oft gleichgesetzt mit Hirngespinsten, verlorener Zeit, die man besser für eine sinnvolle Arbeit nutzt. Aber dadurch verlieren viele Erwachsene den Zugang zu den inneren Bildern. Dabei können wir gar nicht ohne sie existieren. Wenn ich mir meine Wohnung neu einrichten will oder mir gar ein Haus bauen will, brauche ich ein Bild, wie das aussehen soll. Die Fernsehwerbung ersetzt dann mit ihren subtilen Techniken, die unsern Konsum ankurbeln sollen, unsre inneren Bilder, die wir in Wirklichkeit selbst erschaffen müssen, um unsrer Individualität Ausdruck zu verleihen.

Wir übernehmen einfach, was angeboten wird, ohne zu überlegen, ob wir es höchstenfalls als Anregung für unsere eigene Kreativität nutzen. Oft sind wir auch so zugedeckt mit Beruf und familiären Pflichten, dass wir gar keine Energie mehr für unsre Träume haben, sondern nur noch den Alltag überstehen wollen.

Dadurch gehen die Überlegungen, ob es nicht noch andere Möglichkeiten gibt, sein Leben zu gestalten, völlig unter. Es ist dann halt so, man versucht, mit dem zurecht zu kommen, was ist, auch wenn es uns auslaugt und krank macht. Die Zeit, die dann noch bleibt, hängen viele noch vor dem PC mit Videospielen oder lassen sich vom Fernseher berieseln.

Da wirkt bereits das Prinzip der Affinität: Wir fallen in eine langsame, schwere Schwingung. Das zieht dann im Außen genau die entsprechende Schwingung an: Ein Umfeld, das genau so nieder schwingt, wie wir selbst – seien es die Familienmitglieder, die Nachbarn oder die Bedingungen am Arbeitsplatz. Wir selbst werden stumpf und unsensibel, weil wir irgendwann resignieren und einfach nicht mehr wahrnehmen wollen, in welcher schlimmen Lage wir uns befinden. Diese Stumpfheit wiederum bedingt, dass wir mit anderen unachtsam umgehen und wieder neuen Ärger auslösen, den wir natürlich auf das Außen projizieren. Dies ist die Schwingungsebene von einem notorischen Opferzustand, der krank macht an Leib und Seele.

Der Film „Secret“ hat uns daran erinnert, dass wir neue Perspektiven bekommen, wenn wir unsre Fantasie benutzen. Aber er hat versäumt, darauf aufmerksam zu machen, dass man dann auch in Aktion treten muss. Wenn ich eine Vorstellung von dem habe, was ich will, muss ich auch etwas dafür tun – ob ich nun die Stellenanzeigen durchlese oder mich erkundige, was ich tun muss, um mein Ziel zu erreichen, hängt von meinem Wunsch ab, aber einfach hinsetzen und warten, dass die gute Fee mir das Gewünschte vor die Füße legt, führt zu Frust und wieder zur Resignation. Zuerst brauche ich ein klares Bild von dem, was ich will, den brennenden Wunsch, es zu erreichen, und ich muss aktiv werden, um das Ziel zu manifestieren. Allerdings kommen dann die Einwände, dass man all dies beachtet habe und trotzdem – keinen Ansatz von Erfolg verzeichnen kann.

Da mischt sich eine tiefere Ebene ein, die auch in unsrer Geschichte 6 eine große Rolle spielt: Die Prägung unsres Unterbewusstseins. Lange bevor wir selbst entscheiden können, was für uns stimmig ist, werden wir von Geburt an und teilweise noch im Mutterleib von unserem Umfeld geprägt – Eltern, Familie, Kultur, Religion, Zeitgeist – all das nehmen wir auf wie ein trockener Schwamm. Da ein Mensch sehr anpassungsfähig sein muss, um die Sprache zu lernen, in der Familie klarzukommen, soziale Kontakte aufbauen zu können, braucht er diese Fähigkeit, aufzunehmen.

Ein Mensch ist nicht festgelegt wie ein Tier, das die Instinkte seiner Rasse automatisch erbt, bei dem das Verhalten, das es lernt, nur auf seine Rasse zutrifft und sich durch die Generationen nicht verändert. Aber Menschen können in die unterschiedlichsten Kulturen und Zeitalter geboren werden, die sich stark unterscheiden. Der Mensch muss lernfähig sein, um überleben zu können. Das ist Segen und Fluch zugleich! Einerseits lernen wir als Kind schnell und leicht, andererseits nehmen wir vieles auf, was uns als Erwachsene blockiert und behindert.

Nehmen wir an, Sie sind in einer Familie groß geworden, in der jeder, um zu überleben, hart arbeiten musste, und dass die Familienmitglieder der Überzeugung waren, dass das immer so ist, dass vielleicht andre reich sein können, aber man selbst hat keine Chance.

Wenn Sie jetzt einen gut bezahlten Job bekommen, wird diese Prägung aktiviert, denn wenn Sie für weniger Tun mehr bekommen, funktioniert das Programm nicht mehr – und das hat aber eine starke Anziehung, solange es unbewusst abläuft. Also wird zum Beispiel eine Hausfinanzierung viel teurer als vorhergesehen, dass Sie wieder hart ums Überleben arbeiten müssen – trotz aller Visualisierungsübungen. Gleiches zieht Gleiches an – das, was hier die stärkere Schwingung hat, bestimmt, was in Resonanz angezogen wird – und das ist immer das Unterbewusstsein, denn das Muster ist Ihnen über ständige Wiederholung in Fleisch und Blut übergegangen.

Eine andre Möglichkeit, dass die Imagination nicht funktioniert besteht, wenn Sie in negativen Gefühlen verstrickt sind. Wenn Sie zum Beispiel eifersüchtig sind auf den Wohlstand anderer, dann ist das der sicherste Weg, arm zu bleiben. Eifersucht ist eine sehr niedere Schwingung, sie wird keinen Reichtum anziehen können – oder ein Reichtum wird angezogen, der aber nur mit Schwierigkeiten und Problemen behaftet ist.

Aber es gibt noch eine tiefere Ursache, warum unser Bemühen nicht fruchtet: Das können Programme sein, die wir von den Eltern oder von noch früheren Generationen unbewusst übernommen haben und die in dem Augenblick greifen, wenn wir die Grenzen dieses Programms zu überschreiten versuchen.

Sehr oft hindern uns auch karmische Belastungen am Erreichen unsrer Ziele – Traumata oder Verstrickungen, die wir in dieses Leben mitgebracht haben. Das ist dann auch eine Chance, sich von all dem alten Ballast zu befreien.

So einfach, wie im Film dargestellt, kann man seine Wünsche leider nicht verwirklichen, da sollte man schon bereit sein, Arbeit in sich zu investieren. Dieser Aufwand ist vielen Menschen in ihrer Bequemlichkeit viel zu groß, und sie fangen gar nicht erst an, ihr Leben verändern zu wollen. Es ist unglaublich, wie viel der Mensch bereit ist auszuhalten, nur um jegliches Risiko zu vermeiden.

In der Geschichte 6 treffen alle hier aufgezählten Ursachen zu

Bettina und Juan hatten auf allen Ebenen zu kämpfen, um sich aus einem Knäuel von Blockaden und Traumata zu befreien.

Die oberste offensichtliche Schicht, die die beiden zwar aneinanderkettete, aber nicht zusammenkommen ließ, war ihr abgrundtiefer Pessimismus und ihre Selbstzerfleischung.
Wenn Juan in seinen Verkaufsgesprächen mal erfolglos war, sah er nicht in erster Linie die Unzulänglichkeit seines Gesprächspartners, er suchte die Schuld immer erst mal bei sich und zerfleischte sich für jede kleine Ungereimtheit in seiner Gesprächsführung.
Andererseits konnte er, ohne zu übertreiben, die Vorteile dieses Gerätes so darstellen, dass die meisten Kunden begeistert waren. Aber seine Erfolge traten hinter den wenigen Misserfolgen in den Hintergrund. Er verausgabte sich deshalb so, um ja perfekt zu sein, auch alle Berichte optimal zu schreiben für seinen Chef, dass er am Wochenende kaum in der Lage war, seinen Haushalt zu bewältigen, geschweige denn mit Bettina etwas zu unternehmen. Er war muffelig, weil überfordert, und aus einer Kleinigkeit ergab sich ein heftiger Streit, der damit endete, dass er sich schweigend in seine Wohnung verzog. Da er sich ständig Vorwürfe machte, sich selbst nichts gut genug machte, erlebte er das Resonanzfeld in der Beziehung. Er hatte immer den Eindruck, egal wie sehr er sich anstrengte, er konnte es Bettina nie recht machen. Obwohl er gut verdiente, gab es immer wieder Sonderausgaben, die sein Gehalt aufzehrten. Wie sollte er denn Fülle und Anerkennung bekommen, wenn er sich nie gut genug war? Dieses Resonanzfeld schien offensichtlich.
Bettina verhielt sich genauso. Sie bemühte sich, bei ihren Patienten perfekt zu sein, viel mehr zu machen, als man erwartete, und sie suchte immer bei sich die Schuld, wenn mal jemand unzufrieden war. Außerdem setzte

sie keine Grenzen. Sie nahm auch am Wochenende Praxisgespräche an, wenn jemand am Samstagabend klingelte, weil er sich übernommen und jetzt Rückenschmerzen hatte, ließ sie ihre Einladung fallen und behandelte, natürlich ohne mehr zu verlangen. Ihre Patienten wussten das und nützen ihre Gutmütigkeit weidlich aus. Sie kam nie wirklich zur Ruhe, konnte nie regenerieren. Kein Wunder, dass sie ständig krank war. Wenn wir keine Grenzen setzen, uns benutzen lassen, obwohl es kein Notfall ist, dann gibt es genug Menschen, die dieses Resonanzfeld bedienen.
Da entstand dann eine Spirale, die sich immer tiefer runterschraubte: Kein Verständnis der Patienten für sie, ihr eigener Anspruch an sich und dazu noch ihre Schuldgefühle, weil sie nicht funktionierte, wie sie es von sich erwartete, und natürlich hatte sie für sich selbst keinerlei Verständnis.

Wie soll da noch eine Beziehungsebene zustande kommen? Weder sie noch Juan erlaubten sich Freiräume und gingen mit sich selbst achtsam um – ihre Muster waren identisch und deshalb für die Beziehung das pure Gift.
Leider wurde das Programm auch noch von den Verstrickungen in der Familie gespeist.
Juans und Bettinas Familien – obwohl aus unterschiedlichen Ländern stammend – waren beide auf harte Arbeit programmiert und auf:„Ich muss mit dem Minimum zufrieden sein, mehr habe ich nicht zu erwarten".
Beide erkannten das Programm sehr wohl bei ihren Eltern, aber es dämmerte ihnen erst in den Therapiesitzungen, wie sehr sie es selbst verinnerlicht hatten.
Wie sollte da Fülle in ihr Leben kommen und wie eine harmonische Beziehung? Sie hatten beide Eltern, die nur zusammen waren, weil sie nie den Mut hatten, über Trennung nachzudenken, und weil diese Generation gar keine Möglichkeiten hatte, an sich und an der Beziehung zu arbeiten. Man nahm die Umstände hin, wie sie waren und verstärkte das Feld von Resignation und fügte sich in sein Schicksal. Dementsprechend gestaltete sich das Leben der Eltern. Juan und Bettina wollten auf keinen Fall so enden, also hielten sie Abstand voneinander – was natürlich genau so unbefriedigend war.
Bettina wurde erst allmählich bewusst, dass sie immer mehr ihrer Mutter ähnelte – der gleiche Pessimismus, die gleiche Besserwisserei gegenüber

Juan, die gleiche ständige Überforderung und die gleiche Lebensablehnung. Das zu erkennen, aktivierte das zweite Paradigma: „Ich bin schlecht, wertlos, will nicht mehr leben“ – es dauerte, bis sie spüren konnte, das auch das ein übernommenes Programm in der Frauenlinie war. Nicht nur ihre Mutter, auch ihre Groß- und Urgroßmutter hatten so gelebt. Kein Wunder, dass es so eine kraftvolle Schwingung hatte.
Das entsprechende Programm fand ich bei Juans Vater und den Großvätern: Hart arbeiten müssen, für alles Verantwortung übernehmen, aber sich nicht beklagen, sondern von der Familie erwarten, dass alle Rücksicht nehmen – und natürlich war es ein Tabu, sich schwach zu zeigen, Gefühle zu empfinden oder gar darüber zu reden. Hinter dem so modernen jungen Mann verbarg sich ein versteinerter Patriarch, dessen größte Angst es war, durchschaut zu werden.
Die beiden lebten das Leben der Eltern und dementsprechend zogen sie im Außen die passenden Umstände an.
In unsern Gesprächen zu dritt waren beide oft völlig erstaunt, zu erfahren, wie sich der andere Partner wirklich fühlte. Sie hatten es nie geschafft, einfach zuzuhören. Jeder hatte vom anderen ein festgefahrenes Bild und ließ nicht zu, dass dieses Bild erschüttert wurde. Die Heilung lag aber darin, dass dieses Bild zerfallen durfte. Die beiden lernten einander ganz neu kennen, indem sie ihre übernommenen Vorurteile über Bord warfen. Auch frühere Leben spielten eine große Rolle, sie hatten sich nie Fehler verziehen, sich in verschiedenen Leben geliebt und gleichzeitig geschadet und zerstört. Es war höchste Zeit, Frieden zu finden und zum ersten Mal achtsam miteinander umzugehen.

Aber sie hatten noch eine Prüfung zu bestehen: Als sie es endlich wagten,zusammenzuziehen, repräsentierte der Vermieter nochmals die alte Familienstruktur beider Familien. Er entpuppte sich nach anfänglicher Süßholzraspelei als bevormundend und aggressiv. Nichts konnte ihm recht gemacht werden, ständig hatte er etwas zu meckern, ständig tauchte er auf, stellte unsinnige Beschuldigungen in den Raum und terrorisierte beide zunehmend, bis sie sich nach drei Monaten Leidenszeit, in der sie sich wiederum anzupassen versuchten, zur Kündigung entschlossen. Die Wiederholung war zu offensichtlich – es ging darum, aus den alten Bahnen auszubrechen. Sie fanden sehr schnell etwas Neues und diesmal ohne Einschränkung, weil sie es sich endlich wert waren, zu empfangen und das Gute – ein eigenes Haus – annehmen konnten – endlich!

7) Das Prinzip des Rhythmus

Alles fließt aus und ein, alles hat seine Gezeiten....das Schwingen des Pendels zeigt sich in allem (Kybalion)

Dieses Prinzip erscheint uns selbstverständlich im Hinblick auf die Natur. Ob wir die Gezeiten des Meeres betrachten, die Phasen des Mondes und vor allem den Tag-Nacht-Rhythmus, bedingt durch die Eigenrotation der Erde um die Sonne, so wie die Jahreszeiten durch die Drehung der Erde um die Sonne entstehen. Wir erleben dies alles so selbstverständlich, dass wir uns nicht bewusst werden, dass auch wir einem Rhythmus unterliegen. Oft werde ich gefragt, was der Unterschied zwischen Schwingung und Rhythmus ist. Nun, der Rhythmus ergibt sich aus der Schwingungsfrequenz. Die Phase, die eine Schwingung benötigt, um sich zu wiederholen, bezeichnet man dann als Rhythmus. Langsame bzw. niederfrequente Schwingungen haben einen langsameren Rhythmus, hochfrequente Schwingungen wiederholen sich dementsprechend schneller. In der Physik bezeichnet man den Rhythmus auch als Schwingungsamplitude.
Bei Schallwellen kennen wir diese Aufzeichnungen, aber auch beim EKG, wo unsre Herzfrequenz aufgezeichnet wird, oder beim EEG, wo die Hirnströme dargestellt werden und in der Medizin für Diagnosen dienen.
So wie unser Körper unterliegt auch unser Leben bestimmten Rhythmen – dem Schlaf- und Wachrhythmus, dem Biorhythmus und nicht zuletzt den Lebensrhythmen – vom Säugling bis hin zum Greis.
Jede Phase hat eine Bedeutung für uns. In der anthroposophischen Medizin richtet man sich nach den Jahrsiebten, weil innerhalb von sieben Jahren alle Körperzellen erneuert worden sind – ausgenommen das zentrale Nervensystem.
Neben diesen großen Rhythmen, in die alle Menschen eingebunden sind, hat auch jedes Individuum einen ganz persönlichen Rhythmus, den zum Beispiel ein Astrologe im Horoskop erkennen kann. Das hilft uns dann, Ereignisse aus einem anderen Blickwinkel zu betrachten.

Der Mensch tendiert dazu, festhalten zu wollen, was er kennt und was ihm vertraut ist. Aber das Leben ist ein beständiger Strom, der niemals still-

steht. Wenn wir versuchen, das zu konservieren, was uns glücklich macht, werden wir erst recht unglücklich.
Es gibt ein arabisches Märchen: Da hat ein König in seiner Gemahlin seine Seelengefährtin gefunden. Das Glück der beiden scheint vollkommen. Da stirbt die junge Königin ganz unerwartet und der König fällt in eine abgrundtiefe Verzweiflung. Er will nicht, dass sie begraben wird, er stellt den Sarg mitten in den schönsten Raum, schließt alle Läden und verharrt davor in seiner Trauer. Allmählich breitet sich ein übler Geruch im Schloss aus, die Bediensteten flüchten, das Schloss verkommt, die Untertanen sind führungslos und versinken im Chaos. Der König sitzt wie versteinert bei geschlossenen Läden vor dem Sarg, in dem das, was einmal seine wunderbare Frau war, allmählich zerfällt. Endlich fasst sich sein engster Berater ein Herz. Er geht leise in den verdunkelten Raum und öffnet einen Laden. Draußen scheint die Sonne, die Vögel zwitschern, der Garten ist voller grüner Bäume und blühender Blumen. Er nimmt den König, der völlig abgemagert und krank aussieht zu einem Fenster und fragt ihn: Glaubst du, deine Gemahlin hätte gewollt, dass du auf das alles verzichtest und dich selbst zu einem Toten machst?
Da erwacht der König aus seiner Erstarrung, er sieht den lebendigen Garten, ihm wird bewusst, dass da ein Volk ist, das seine Führung benötigt, und dass der Tod seiner geliebten Frau umsonst sein würde, wenn er nicht etwas Neues daraus entstehen ließe. Und er begräbt endlich die Überreste seiner Geliebten und lebt.

In diesem Prinzip des Rhythmus versteckt sich ein noch anderes Prinzip: Das Prinzip des Nicht-Widerstands oder der Hingabe

Es gibt Ereignisse in unserem Leben, wo wir die Uhr nicht zurückdrehen können – beim Tod eines geliebten Menschen, bei einem Unfall, einer Naturkatastrophe oder einem Verbrechen.
Diese Schicksalsschläge treffen uns im Kern unsres Wesens. Sie können uns für den Rest unsres Lebens zerstören, oder wir machen etwas daraus, drehen es um, indem wir anderen später helfen, die Ähnliches durchmachen, oder wir erschaffen etwas, das verhindert, dass solche Dinge sich

wiederholen.
Wie viele Selbsthilfegruppen, wie viele Hilfsprojekte sind so entstanden. Oder wir betrachten unser bisheriges Leben und erkennen, dass wir etwas Grundlegendes ändern müssen, was wir vor dem Ereignis nicht sehen konnten oder wollten. Es gibt nichts, das so schlecht ist, dass darin nicht auch der Keim von etwas Gutem stecken könnte!
Das offenbart sich in dem uralten Yin-Yang-Zeichen, bei dem der Same des Gegenpols immer schon im Pol enthalten ist. Das wusste die Menschheit schon immer, wir vergessen nur so leicht! Egal, was immer wir auch erleben, es steckt ein tieferer Sinn darin.
Es gibt einen Spielfilm, in dem ein hellsichtiger Mann zum Mörder wird, weil er den Opfern ihr grausames Schicksal ersparen will. Bevor er seinen nächsten Mord begehen kann, erwischt ihn die Polizei. Der Gerettete erleidet genau das vorausgesagte Schicksal, er hat einen Unfall und ist bis zum Hals hinauf gelähmt – und er macht der Polizei die bittersten Vorwürfe.
Natürlich können und sollen wir dem anderen sein Schicksal nicht abnehmen, denn es hat einen Sinn! Aber vielleicht wäre bei dem Talent des Mörders eher angesagt gewesen, die Fähigkeit zu nutzen, um den Betroffenen einfach zu warnen oder zumindest dann Hilfe anzubieten. Denn nichts geschieht unausweichlich! Wenn wir uns ändern, dann ändert sich auch unsre Zukunft.

Kommen wir nun auf Geschichte 7 zurück

Andreas widerfuhr genau ein solches unausweichliches Schicksal. Seine Frau starb in jungen Jahren. Er musste sich um zwei kleine Kinder kümmern und nebenher noch seinem Beruf gerecht werden. Oberflächlich betrachtet hatte er diese Aufgabe mit Bravour gemeistert.
Ihm war der Spagat bewundernswert gelungen, für die Kinder Mutter und Vater gleichzeitig zu sein. Aber tief in seinem Innern ähnelte er dem König aus dem arabischen Märchen – seine Seele saß wie versteinert vor dem Sarg. Das merkte niemand, der nicht tiefer schaute.
Andreas war keineswegs depressiv, er stand mit beiden Beinen im Leben, er konnte mit seinen Kindern lachen und Blödsinn machen, aber wenn

man ihm näher kam, prallte man gegen einen dicken Panzer. Deshalb hatte er auch eine Freundin, die sehr nüchtern und distanziert war und diesen Panzer nicht berührte. Da bestand keine Gefahr, diesen unverarbeiteten Schmerz spüren zu müssen. Aber in ihrer Nüchternheit verletzte sie ihn erst recht – sein Schutz erwies sich als unwirksam. Selbst diese vielen kleinen Verletzungen verdrängte er erfolgreich.

Wenn ich sie dann in der Therapie an die Oberfläche holte, explodierte er, die ganze angestaute Wut entlud sich und er wurde von seiner eigenen Heftigkeit überrollt.

Er hatte gedacht, er hätte den Tod seiner Frau verarbeitet, das Gegenteil war der Fall – er hatte seine Trauer, seinen Schmerz eingemauert, um der Kinder willen. Doch die Zeit forderte ihren Tribut, und wenn er noch mal in der Lage sein wollte, eine neue Beziehung einzugehen, blieb ihm nichts anderes übrig, als den Schmerz zuzulassen und die Trauerarbeit nachzuholen.

Er ließ sich – wie Sie wissen – auf diesen Prozess ein. Es gab viele heftige Momente in unseren Sitzungen. Unter der Trauerarbeit kam die Erstarrung hoch, die ihm in seinem Elternhaus als Schutz gedient hatte – alles Rhythmen, die längst überholt waren, die ihn heute nur noch blockierten. Zuweilen wehrte er sich vehement gegen das Loslassen seiner Schutzmechanismen.

Die Panik, die in ihm hochstieg, dass man seine Gutmütigkeit ausnutzen könnte, wenn er seine weiche Seite zeigte, war enorm. Er konnte und wollte nicht erkennen, dass sein Widerstand die Wiederholung des alten Musters provozierte. Aber das Leben kam mir dann als Co -Therapeut zur Hilfe.

Am meisten zeigte ihm seine neue Beziehung, von der er glaubte, das sei jetzt die richtige, und die ihm dann nach ein paar Monaten gnadenlos demonstrierte, dass es sich nur wieder um eine neue Variante des alten Musters handelte. Zähneknirschend musste er dann zugeben, dass er noch mal einen Umweg eingeschlagen hatte, der ihm viel Energie abverlangt hatte, nur weil er seinen Widerstand und seinen Kontrollanspruch nicht aufgeben wollte.

Es ging einfach nicht mehr – dieser Panzer war längst überholt. Je mehr er zu seiner weichen, liebevollen Seite stand, die er bisher nur gegenüber den Kindern zugelassen hatte, umso eher konnte er eine Frau anziehen, die diese Qualitäten auch lebte. Das machte die Abwehr- und Kontroll-

mechanismen ganz einfach überflüssig, weil die beiden miteinander kommunizieren konnten.
So allmählich lernte er den Unterschied zwischen einer klaren, unmissverständlichen Einstellung und einem rigiden Abwehrpanzer zu unterscheiden.
Er wusste jetzt sehr schnell, ob eine Frau zu ihm passte, ihn faszinierte oder nicht. Und er lernte, das zu artikulieren, ohne die Frau vor den Kopf zu stoßen, was anfänglich einige Male passiert war.
Die Hingabe an den Rhythmus des Lebens kann eine tief beglückende und bereichernde Erfahrung werden, wenn wir uns nicht selbst im Weg stehen! Vorausgesetzt wir vergraben uns nicht wie ein blinder Maulwurf masochistisch in unserem Elend – dann bietet uns das Durchlittene die Möglichkeit, als fruchtbarer Boden zu dienen für eine neue Fülle!

Wenn eine Tür sich schließt, öffnet sich eine neue.
Wenn du dich auf die geschlossene Tür fixierst, bist du blind für die Tür, die sich öffnet.

8) Das Prinzip des Geschlechts

Das Geschlecht ist in allem, alles hat männliche und weibliche Prinzipien.
Geschlecht offenbart sich auf allen Ebenen (Kybalion)

Dieses Prinzip wird von allen am meisten missverstanden und wird meist fehl interpretiert.
Es ist das Prinzip, in das sich wie in kein anderes Be- und Verurteilung einnisten, bedingt durch jahrtausende alte Denkstrukturen, die in so vielen Religionen, Kulturen und Gesellschaftsschichten zu finden sind. Jeder nimmt für sich auf seine Weise in Anspruch, die absolute Wahrheit zu vertreten. Den Menschen wird vermittelt, es gäbe mehr und weniger wertvolle Schöpfungen und Geschöpfe. Aber es ist immer die begrenzte Sichtweise weniger Führungspersönlichkeiten, die so ihre Macht untermauern wollen, indem sie bestimmen, was mehr oder weniger wertvoll zu sein hat. Hinter der Fassade des Alleinanspruchs aller Wahrheit verbirgt sich immer die große Angst, die Vorherrschaft zu verlieren. Und in keinem Bereich zeigt sich das so offensichtlich wie bei der Bewertung von männlich und weiblich!
Selbst in unserer modernen westlichen Welt halten sich diese alten Vorurteile zäh und oft unterschwellig. In der arabischen Welt gehören diese Wertvorstellungen noch zum Alltag.
Ein fataler Irrtum, der sich noch bis heute überall einschleicht ist, männlich mit dem Mann gleichzusetzen und weiblich mit der Frau.
Die daraus resultierenden Vorstellungen haben zu absurden Auswüchsen geführt wie in China, wo man unter dem staatlichen Druck die Ein-Kind-Familie vorschrieb. Weibliche Embryonen wurden dann häufig abgetrieben, um die Chance zu haben, ein Sohn zu zeugen, der als viel wertvoller betrachtet wurde. Die Folge war ein enormer Männerüberschuss und der Mangel an Ehefrauen.
In Indien wurde die Witwe mit ihrem toten Mann verbrannt, weil sie als Frau alleine keine Existenzberechtigung hatte. Die Inquisition – ursprünglich dazu gedacht, Ketzer allgemein zu verurteilen – konzentrierte sich immer mehr auf das sündige Weib, das sich vom Teufel verführen ließ und

als Hexe ihr Unwesen trieb. Aber dahinter steckte der durch den Zölibat auferlegte Zwang, alles, was mit Sexualität zu tun hatte, zu unterdrücken. Natürlich war dann die Frau die Versuchung, da sie die künstliche Asexualität ins Wanken brachte. Aber indem man die Frauen folterte und umbrachte, brachten die Männer auch ihre eigene weibliche Seite um und erstarrten in ihrem Dogmatismus.
Selbst in unsrer modernen Gesellschaft wirkt diese Be- und Verurteilung noch: Einem alternden Mann gesteht man eine junge Frau zu, aber wehe, wenn eine ältere Frau sich einen jüngeren Liebhaber zulegt – dann zerreißt sich das Umfeld das Maul darüber. Eine Frau hat es viel schwerer, in der Wirtschaft eine Führungsposition zu bekommen. Heute sind wir uns der Absurdität dieser Situation sehr wohl bewusst – und doch wird sie immer noch praktiziert.

Das Prinzip des Geschlechts kann man auch als einen Aspekt des Prinzips der Polarität einordnen – und doch betrachten es die Hermetiker als ein eigenes Prinzip, weil es sich um sehr spezifische Pole handelt.
Beim Betrachten des Atoms kann man die Definition dieses Prinzips anschaulich erörtern: Selbstverständlich haben wir es mit Teilchen entgegen gesetzter Ladungen zu tun – den Protonen mit Plusladung und den Elektronen mit der Minusladung. So weit geht die Dualität, die wir in allem Erschaffenen finden. Es ist auch klar, dass die Neutralität nur dann gewährleistet ist, wenn gleich viele Plus- und Minusladungen im Atom vorhanden sind.
In der Hermetik, wie auch in anderen Weisheitslehren, wird die Plusladung dem Männlichen – im Chinesischen dem Yang – und die Minusladung dem Weiblichen – dem Yin – zugeordnet.
Hier gibt es keine Wertung, weil beide Pole nötig sind, um ein Ganzes zu bilden.
Allerdings haben die beiden atomaren Teilchen sehr unterschiedliche Qualitäten.
Während das Proton im Kern ruht und mit Hilfe der Neutronen trotz mehrerer gleicher Ladungen mit anderen Protonen einen stabilen Atomkern bildet, ist das viel kleinere Elektron in ständiger Bewegung, es kann auch seine Bahn verlassen und zu einem anderen Atom wechseln – dadurch entstehen aus Atomen geladene Ionen. Beim elektrischen Strom wandern

die Elektronen durch dass leitfähige Metall. Das Elektron bewirkt Veränderung, das Proton stabilisiert im Hintergrund.
Am Atom wird deutlich, dass es beider Pole bedarf, aber jedem Pol eine spezifische Aufgabe zukommt, und dass beide Pole in einer Einheit existieren, die letztendlich alles Leben ermöglicht. Das kann man natürlich auch auf den Menschen übertragen.
In der Hermetik wird vom mentalen Geschlecht gesprochen: Das „Ich" ist der männliche Teil in uns. Er symbolisiert das Wollen – den Schöpfungsgedanken. Dieser Teil ist auch der „ultimative Beobachter", wie er im Film „Bleep" genannt wird. Er überträgt seine Intension auf den weiblichen Teil, den die Hermetik das „Mich" nennt – das ist der bewegliche, ausführende, umsetzende Teil in uns – der Teil, in dem unsere Emotionen ihren Platz haben, die der Umsetzung unserer Vorhaben dienen oder – wenn das „Ich" nicht kraftvoll genug ist – diese auch blockieren können.
Der Meister der Hermetik ist nicht der Mensch, der keine Emotionen mehr hat, sondern er lässt sich nicht mehr von ihnen beherrschen. Im Buddhismus sagt man, dass er nicht mehr verhaftet ist. Er entscheidet mit seinem „Ich", ob er sich auf die Emotion einlässt, denn er weiß, wie veränderlich und temporär Gefühle sind. Dennoch braucht er das "Mich", um aktiv zu sein, um sein Denken in Taten umsetzen zu können – der weibliche Teil verschwindet nie, aber er transformiert und transzendiert im Laufe unserer Bewusstseinsentwicklung.
Der Meister veredelt seine Aspekte und verschmilzt die beiden Teile in sich zu einer sehr mächtigen Kraft, die in der Alchemie die „Chymische Hochzeit" genannt wird. Aus dieser Vereinigung wird die Fähigkeit geboren, Materie zu manifestieren. Sai Baba, der die heilige Asche manifestieren konnte, war ein Beispiel für diese Fähigkeit.
In unsrer heutigen Gesellschaft erleben wir, was die Extreme der beiden Pole bewirken können: Auf der männlichen Seite der Despot, der überhebliche und arrogante Fanatiker, aber auch der Manipulator, der Hypnotiseur (das kann immer auch eine Frau sein) – auf der weiblichen Seite repräsentiert die Masse, die nicht selbst denkt, sondern sich von Medien und Politik wie ein Heringsschwarm hin und her treiben lässt, das entgegen gesetzte Phänomen.
Beides dient unsrer Entwicklung nicht, beides erzeugt in uns eine niedere Schwingung, die uns anfällig macht für negative Einflüsse.

Und damit komme ich zu unsrer Geschichte 8

Iris hatte in jungen Jahren Krebs bekommen. In ihrer Herkunftsfamilie war sie regelrecht darauf dressiert worden, sich der Gesellschaft und eben auch dem Mann anzupassen. Als sie während des Studiums von zu Hause weg war und erstmals die Energie erlebte, die aus ihrer Freiheit, sich selbst zu leben, hervorging, war sie zum ersten Mal glücklich. Ihr war der männliche Teil ihres Wesens aberzogen worden, der ihr zeigte, wer sie war und was sie umsetzen musste, um ihr Potential zu entfalten. Er zeigte sich erst, als der Einfluss des Elternhauses durch die Entfernung abgeschwächt wurde. Aber sie verliebte sich genau in den Mann, dessen Familie nach den gleichen Prinzipien lebte wie ihre Familie. Dazu kam, dass er so rational eingestellt war, dass nicht einmal die quirlige, bewegliche, weibliche Seite Raum hatte. Das Leben entfaltete sich als ein Opferritual – man musste alles abgeben, um dem gesunden Menschenverstand gerecht zu werden.
Dabei wirkte Volker in keiner Weise despotisch oder hart. Er liebte seine Familie über alles, er war besorgt um das Wohlergehen seiner Frau. Aus seiner Sicht tat er alles Menschenmögliche, um ihr zu helfen. Er war sich seines Musters, dem er selbst unterworfen war, in keiner Weise bewusst. Während er wenigstens – vor allem in seinem Beruf – seinen männlichen Teil entfalten konnte, war Iris in beiden Ebenen gefesselt – und merkte es nicht, weil sie es so von klein auf verinnerlicht hatte.
Die Krebsdiagnose war wie ein großer Wecker für sie. Aus einem reduzierten Wesen wieder in die Fülle des mentalen Geschlechts zu wachsen, war ihre Aufgabe. Sie hatte dazu noch ein feuriges Temperament, das in dieser Unterdrückung wie eine Dynamitbombe wirkte. So viel ungenutzte, wunderbare Kraft konnte nur ins Gegenteil umschlagen. Aber sie unterstützte auch ihren Überlebenswillen, als ihr bewusst wurde, worum es ging. Es war ihr schnell klar, dass ihr „Ich“ gestärkt werden musste, um diese ungestümen Emotionen beherrschen zu lernen, anstatt sie zu unterdrücken.
Da ihr Mann in seinem Berufsstress unterging, erforderte es von ihr noch mehr Klarheit und Konsequenz, um sich nicht von ihm in das alte Muster

hineinzuziehen lassen. Wir bekommen immer für unsre Aufgaben auch die richtigen Werkzeuge.
Ihre Power half ihr, bei sich zu bleiben, seine unbewussten Provokationen zu erkennen und mit ihrem „Ich“ in die richtigen Bahnen zu lenken – so dass eine Kommunikation wieder möglich war an Stelle einer unerquicklichen Streiterei. Volker diente ihr als Lehrer, durch ihn konnte sie üben, ihren weiblichen und männlichen Teil immer mehr zu synchronisieren. Ihr Körper muss dann nicht mehr als Wachrüttler dienen!

9) Das Prinzip der Relativität und das Prinzip des Opfers

Schmal ist das Tor und eng der Pfad, der zum Leben führt,
und es sind wenige, die ihn finden – Matthäus 7, 14
Das Prinzip der Relativität ist ein Aspekt des Prinzips der Schwingung und das Prinzip des Opferns ein Aspekt des Prinzips des Rhythmus

Auf die beiden Grundprinzipien wurde in den vorherigen Kapiteln schon eingegangen.
Aber was hat nun Schwingung mit Relativität zu tun? Nehmen wir zum Beispiel den Schall – tiefe Töne haben eine langsamere Schwingung als höhere. Aber was empfinden wir mit unserem Wahrnehmungsbereich als hoch?
Die Frequenzen, die wir gerade noch wahrnehmen können. Hunde können die Tonhöhe wahrnehmen, die für uns im Ultraschallbereich liegen – für sie sind unsre höchsten Töne nur relativ hoch. Oder für ein kleines Kind erscheint ein Baum riesig und unbezwingbar, für einen Erwachsenen hat er eine mittlere Höhe. Relativität hängt immer mit dem Blickwinkel zusammen und mit den Grenzen, denen der Einzelne unterworfen ist – oder es hängt von der Begrenzung ab, die man sich selbst gesetzt hat. Relativität zeigt sich auch in der Individualität des Einzelnen. Was dem einen Menschen noch relativ akzeptabel erscheint, ist für einen anderen bereits unannehmbar.
Auch der Faktor Zeit spielt dabei eine große Rolle. Wir verändern unsern Blickwinkel im Laufe unseres Lebens viele Male. Das, wofür wir uns als Teenager begeistern konnten, entspricht nicht mehr unbedingt unserem Geschmack, wenn wir vierzig oder fünfzig Jahre alt geworden sind.
Oder aber wir verändern unsre Einstellung aufgrund schlechter Erfahrungen. Das geschieht im Alltag ständig – Nahrungsmittel, die uns nicht gut tun, streichen wir aus unserm Speiseplan.
Wenn jemand uns nicht mehr versteht, den wir als Freund bezeichnet haben, sind wir enttäuscht, verletzt und lösen die Freundschaft, wenn eine Aussprache keine Klarheit bringt.

Eine Schwingung ist per se weder gut noch schlecht, nur aus einer be-

stimmten Perspektive und in einer bestimmten Situation werten und beurteilen wir sie. Manchmal versuchen wir etwas, was einmal schön war, zu konservieren. Obwohl es uns eigentlich nicht mehr so gut tut, wir machen einfach im alten Stil weiter. Bei Traditionen erleben wir nur allzu oft, dass sie über Jahrhunderte beibehalten werden, ohne zu reflektieren, ob es überhaupt noch Sinn macht und in die Zeit passt – wie zum Beispiel ein traditionelles Festessen: Seit Generationen gab es an Weihnachten in vielen Familien die traditionelle gefüllte Weihnachtsgans – obwohl viele eigentlich entsprechend der heutigen Ernährungsweise so etwas gar nicht mehr gut vertragen. Obwohl wir Gänsefleisch eigentlich nicht gerne essen, wird die Tradition beibehalten. Es sollte für uns selbstverständlich sein, zu reflektieren, ob das, was wir übernehmen und wie wir es tun, uns und unserem Leben, oft auch der Familie, noch dient.
Manchmal kann uns dann eine neue Perspektive helfen, den relativen, aktuellen Wert neu zu bestimmen.

Das Wort „Opfer" hat leider in unserem Sprachgebrauch eine sehr negative Bedeutung erlangt, die sehr stark von den Kirchen geprägt wurde, aber auch in vorchristlichen Religionen mit etwas Unerfreulichem, ja Bedrohlichem verbunden wurde: Vom Extremsten, dem Menschenopfer, um die Götter zu ehren und sie günstig zu stimmen, über das Opfer des Weltlichen, um in einem Kloster Gott zu dienen, bis hin zu materiellen Opfern, um einen Herrscher günstig zu stimmen.
Sobald wir dieses Wort hören, wehrt sich etwas in uns gegen diese sinnlosen Zwänge. Aber all das hat mit dem Opfer, das hier gemeint ist, nichts zu tun. Es geht darum, dass wir Platz schaffen müssen, wenn wir etwas Neues wollen. Da wir begrenzte menschliche Wesen sind, die in einem Raum-Zeit-Gefüge leben, können wir nicht alles gleichzeitig erfahren, wir müssen uns fokussieren, und wir können nicht gleichzeitig am Alten festhalten und uns dem Neuen zuwenden.
In den oben genannten Beispielen kann die alte Einstellung zu einer Sache nicht gleichzeitig mit der neuen existieren. Wenn wir nicht die alte Einstellung loslassen – sie zu Gunsten der neuen opfern, werden wir selbst zum Opfer dessen, was nicht mehr in unser Leben passt. Sehr oft merken wir nicht einmal, dass wir uns zum Opfer unsrer eigenen Auffassung machen. Nach Trennungen oder Scheidungen geschieht das häufig.

Solange ein Partner nach einer gescheiterten Ehe an dem Leid und der Frustration über die Trennung festhält, ist er für eine neue Beziehung nicht wirklich offen. Und wenn er jemanden kennen lernt, überträgt er früher oder später all diese negativen Gefühle auf den neuen Partner, mehr noch, er zieht ein Gegenüber an, das dem Expartner entspricht, und dadurch entwickeln sich im Lauf der Zeit wieder ähnliche Belastungen.
Wenn wir in einer neuen Beziehung glücklich werden wollen, müssen wir die alte verarbeiten und vor allem unsern Anteil sehen und verändern, der zu der Trennung beigetragen hat.
Das bedeutet, dass wir das Alte zu Gunsten des Neuen opfern müssen. Das bedeutet, dass wir daran denken können, ohne negative Gefühle zu empfinden, sondern vielmehr das dankbar annehmen können, was gut war und was wir dadurch gelernt haben.
In unserm Leben tun wir das ständig, ohne es als Opfer wahrzunehmen. Betrachten wir das mal ganz neutral: Aus der Schwingung – der Amplitude – ergibt sich der Rhythmus. Wiederum kann man Musik zugrunde legen, um emotionslos hier das Prinzip des Opferns zu zeigen: Ein Walzer hat einen anderen Rhythmus als ein Fox. Wenn der Walzer vorbei ist und ein Fox gespielt wird, wird kein Tänzer versuchen, den Walzerrhythmus beizubehalten.Ganz selbstverständlich passt er seine Schritte dem neuen Rhythmus an.
Auch unsre Kleidung unterliegt diesem Prinzip. Da empfinden wir es gar nicht als Opfer, wenn wir die altmodisch gewordenen Kleidungsstücke entsorgen, auch wenn wir sie vor Jahren noch so attraktiv fanden. Aber unser Kleiderschrank würde bald überquellen und wir hätten keine Übersicht mehr über unsre Garderobe.
Wenn wir den Kleiderschrank ausmisten und uns dabei selbst beobachten, wie wir an manchem Kleidungsstück hängen, obwohl wir es schon einige Zeit nicht mehr getragen haben, dann können wir feststellen, wie verhaftet wir mit der Materie sind, wie gut wir loslassen können ohne diese Angst, es vielleicht doch irgendwann brauchen zu können und zu bereuen, dass wir es entsorgt haben.
Dasselbe gilt für die Einrichtung – wenn wir neue Möbel wollen, müssen wir die alten rauswerfen.
In all den Bereichen gehen wir ganz selbstverständlich mit diesem Opfer-

prinzip um, weil es anders gar nicht möglich ist, dem Neuen einen Platz zu geben.
Manchmal zeigt sich dieses Prinzip aber nicht so eindeutig und auch nicht so klar – wenn wir unsre Verhaltensmuster betrachten, sieht es ganz anders aus.
Wir sind so in einer Gewohnheit gefangen, dass wir gar nicht merken, dass sie uns und unsrer Umgebung nicht mehr dient, mehr noch – sie schadet oder blockiert uns. Vielleicht hat es uns als Kind geholfen, gute Miene zum bösen Spiel zu machen. Wir wussten, dass ein Einwand gar nichts nützen würde, es gäbe nur böses Blut, jeder Protest wäre wirkungslos. Also lernten wir, am besten den Mund zu halten und sich zu fügen.
Wenn das aber dann zum Beispiel eine erwachsene Frau in ihrer Ehe so handhabt und gar nicht merkt, dass sie da ein altes Muster weiterlebt, wird sie mit ihrem Mann Probleme bekommen, der ihre Anpassung nutzt, um sie nach seiner Vorstellung zu formen, sich aber dann heimlich eine Freundin zulegt, die interessanter für ihn ist.
Oder die Ehefrau wird krank, weil das, was sie ihrem Mann zuliebe lebt, in keiner Weise ihrem Wesen entspricht. Auch wenn sie nicht weiß, wer sie eigentlich ist und wie sie dahin kommen soll, muss sie, um ihren Seelenfrieden und ihre Gesundheit wieder zu finden, das alte Muster, das sie so gut kennt, das so vertraut ist, opfern, um eine neue Lebensweise zu entdecken, die wirklich zu ihr passt.
Die Krankheit ist dann die Alarmglocke, dass sie nicht ihr wahres Ich lebt. Es könnte ja sein, dass sie dann entdeckt, dass ihr Mann gar nicht dem entspricht, was sie als Partner braucht – das macht Angst – neue, unbekannte Entwicklungen deuten sich an, von denen man nicht weiß, wie schwierig, wie anstrengend sie sein werden.
Und doch – wenn sie sich gegenüber ehrlich ist, spürt sie, dass sie nicht so weiterleben kann wie bisher. Dies kann selbstverständlich auch umgekehrt für einen Mann zutreffen – und für ihn gilt es dann genauso, dass er, um seine Lebensqualität zu finden, sich selbst finden muss. Nicht immer muss dann im Außen ein radikaler Schnitt erfolgen, sehr oft verändert sich auch der Partner und die beiden entdecken sich neu, entwickeln sich gemeinsam weiter.

Wenn wir diese beiden Prinzipien nun auf Eva und Martin aus der Geschichte 9 übertragen,

dann zeigt sich, dass alle beide diese Prinzipien nicht beachtet hatten. Eva hatte von klein auf gelernt, dass sie alles selbst in die Hand nehmen musste, um weiterzukommen. Sie hatte nie erlebt, dass jemand ihr etwas abgenommen und dann auch noch in ihrem Sinne erledigt hatte. Ihr Vater hatte zwar versucht, für sie zu entscheiden, aber nur, wie er es für richtig hielt. Evas Wünsche und Vorstellungen spielten bei ihm keine Rolle. Von Evas Mutter kam keine Unterstützung, die traute sich nicht, sich gegen ihren Mann aufzulehnen.
In ihrer Ehe übernahm Eva von Anfang an die Führungsrolle, und Martin, der keinen Bezug zu Geld und Büroarbeiten hatte, überließ ihr die Organisation im Beruf und privat. Aber Eva fühlte sich ständig überfordert und ausgenutzt. Dieses Muster diente ihr in ihrer Ehe nicht mehr. Es erschöpfte und verbitterte sie. Gleichzeitig hatte sie auch noch gelernt, aus- und durchzuhalten, egal wie – Hauptsache, die intakte Familie blieb bestehen. Wenn sie nicht funktionierte, würde alles zusammenbrechen, und da war noch das Kind, für das sie Verantwortung trug, es brauchte seinen Vater, auch wenn sie selbst dabei das Nachsehen hatte.
Alles selbst in die Hand zu nehmen, hatte bei ihrem Vater Sinn gemacht, nur so gelang es ihr, ihren eigenen Weg zu gehen. In ihrer Ehe dagegen blieb kein Raum mehr für sie selbst. Was einmal relativ sinnvoll gewesen war, zeigte sich jetzt als destruktiv, doch durch ihre enorme Zähigkeit konnte sie extrem viel aus- und durchhalten.

Martins Anteil lief noch viel subtiler ab. Er lebte ein Muster, das er selbst gar nicht wahrgenommen hatte. Für seine männlichen Vorfahren war es selbstverständlich gewesen, dass sie ihre Persönlichkeit und ihre Wünsche opferten, um den Pflichten in der Familie gerecht zu werden. Um Streit und Auseinandersetzung zu vermeiden, zog „Mann" sich zurück und schwieg. Die einzige Möglichkeit, dem zu entkommen, war eine heimliche Geliebte, die selbstverständlich nie als Ehefrau in Frage kam, denn die Familie war unantastbar.
Mit der Geburt des gemeinsamen Kindes aktivierte sich dieses Muster. Martin wurde immer mehr ein Schatten seiner selbst. Aber Eva versuchte

– temperamentvoll wie sie eben auch war – den Mann wiederzufinden, den sie geheiratet hatte – und sie provozierte ihn umso mehr, je mehr er sich zu entziehen versuchte, bis er dann endlich explodierte und sich beide gegenseitig niedermachten.
Im Gegensatz zu Eva merkte Martin gar nicht, was für ein Automatismus da bei ihm ablief, und warum Eva so über ihn herfiel. Er empfand sich als Opfer, da er doch nur das Beste für die Familie wollte.
Um zu überleben, hatte er die Wahrnehmung für sein Befinden vollkommen abgeschaltet.
Er holte sich seine Kraft in der Meditation, wenn er arbeitete oder bei der Freundin war.
Er investierte seine ganze, ihm zur Verfügung stehende Energie in seine Arbeit und in seine privaten Abwehrmechanismen. Was er für sich brauchte, wie er sich seine Zukunft vorstellte, das hatte in seinem Leben keinen Raum. Auch er hielt mit Vehemenz an der Ehe und der Familie fest – so hatte er es gelernt. Dieses gemeinsame Muster schweißte die beiden einerseits zusammen, aber es erhöhte auch die Leiderfahrung bei jedem von beiden und entfremdete sie noch mehr voneinander. Dass der gemeinsame Sohn inzwischen zum Teenager herangewachsen war und die ständigen Querelen seiner Eltern nicht mehr hören konnte, nahm er nur am Rande wahr.
Was damals, solange der Junge noch klein gewesen war, Sinn gemacht hatte, erwies sich jetzt als belastend für die Vater-Sohn-Beziehung. Jörg – so hieß der Sohn – verstand seinen Vater nicht, er konnte die Reaktionen seines Vaters nicht nachvollziehen und ging auf Distanz zu ihm.
Aber Martin hätte es ihm ja nicht mal erklären können, er dachte, so wie er es machte, sei es gut. Dass ihn da ein altes Programm beherrschte, war ihm in keiner Weise bewusst. Es waren einige Therapien nötig, dass er spüren konnte, wie er sich von seiner emotionalen Wahrnehmung abtrennte und nur noch extreme Provokationen zu ihm durchdrangen. In seiner Arbeit nahm er sich immer sehr sensibel und einfühlsam wahr, aber das funktionierte nur solange er selbst nicht in die Situation involviert war.

Eva und Martin waren beide extrem leidensfähig, so leidensfähig, dass es mir oft den Atem verschlug. Wie lange kann ein Mensch eine unerträgliche Situation ertragen, ohne daran zu zerbrechen? Die Antwort ist – es ist relativ, wie viel ein Mensch ertragen kann – jeder hat seine ganz individuellen Grenzen. Bei beiden allerdings war es inzwischen fünf vor Zwölf – lange hätten sie es nicht mehr durchgehalten und sie hätten sich und dem Sohn mehr geschadet als genützt!

Was das Prinzip des Opferns betrifft – beide hatten doch geopfert – sie hatten sich selbst hinten angestellt, um dem Sohn die heile Welt der intakten Familie zu bieten. Aber genau in diesem Opfer lag der große Fehler! Diese Denkweise, dass der Erhalt der Familie immer an erster Stelle zu stehen hat, egal wie es im Innen wirklich aussieht, ist eine in der Vorkriegsgesellschaft und auch in der katholischen Kirche gängige Einstellung. Sie hat endlos viel Leid über die Nachkommen gebracht, denn die Kinder, die solche Kriege erleben müssen, übernehmen diese Verhaltensweise, wenn sie selbst eine Familie gründen. Zusätzlich übernehmen sie für die Eltern Verantwortung – wie es bei Eva geschehen war – und geraten so in eine ständige Überforderung. Das Leid der Eltern, das die Kinder mitzutragen versuchen, weil sie ja beide lieben, lastet viel zu schwer auf ihren Schultern. Daraus resultierend wird das ganze Leben als schwer, anstrengend und als ewiger Kampf erlebt – genauso zeigte es sich bei Eva.

Aber wir können erst das opfern, was uns bewusst ist. Daher kommen wir nicht umhin, schonungslos wahrzunehmen, wie es sich wirklich für uns angefühlt hat. Und wir müssen uns erlauben, unsre Schwächen und Stärken, unsre Wünsche, Sehnsüchte und Blockaden wahrzunehmen. Erst dann können wir eine Entscheidung treffen.
Wir verbieten uns unsre Visionen, weil wir nicht wissen, wie wir da hinkommen sollen. Genau die gegenteilige Vorgehensweise bringt uns ans Ziel: Erst wenn wir ein klares Bild davon haben, was und wie wir leben wollen, finden wir den Weg, es zu verwirklichen.
Wir können erst entscheiden, ob wir den Zug, das Auto oder das Flugzeug nehmen, wenn wir unser Reiseziel festgelegt haben – mit den Lebenszielen verhält es sich ganz genauso!
Oft bedarf es vieler kleiner Zwischenschritte, ohne die wir das Endziel gar nicht erreichen. Diese Zwischenschritte lassen wir aus und dann erscheint das Endziel unerreichbar, wir resignieren, und finden uns mit dem ab, was wir kennen. Paolo Coelho nennt das: „Den guten Kampf aufgeben". Es

gibt ein Sprichwort, das sagt: “Halte an deinen Träumen fest, denn wenn deine Träume sterben, ist das Leben wie ein Vogel mit gebrochenen Flügeln, der nicht mehr fliegen kann!“

Eva und Martin standen kurz davor, solche Vögel zu werden, und nicht nur sie! Wie viele Menschen opfern ihre Träume für scheinbare Notwendigkeiten, anstatt die scheinbaren Notwendigkeiten für die Verwirklichung ihrer Träume zu opfern. Das Ganze hat allerdings einen Haken. Wir müssen dazu unsre Bequemlichkeitszone verlassen, neue unbekannte Wege einschlagen, Risiken eingehen – und vor allen zu uns selbst finden, was bedeutet, dass wir alte Verhaltensweisen opfern müssen. Vielleicht kommen wir auf dieser Entdeckungsreise zu dem Schluss, dass wir mit einem Zwischenziel so einig sind, dass das Endziel seine Attraktivität verliert – wie auf einer Ferienreise. Wir wollen eigentlich bis runter nach Spanien und entdecken unterwegs den Liebreiz der Provence – und entscheiden – wir wollen den Rest der Ferien hier verbringen, Spanien wird uninteressant – dann hat uns dieses Ziel letztendlich doch dahin geführt, wo wir uns wohl fühlen. Oder wir entdecken unterwegs einen ganz anderen Ort, der uns viel mehr fasziniert als der ursprüngliche Plan. Aber nur wenn wir uns auf die Reise begeben, können wir das erkennen.
Nur wenn wir bereit sind, bestehende Zustände aufzugeben, zu opfern, damit sich etwas Neues entfalten kann, was viel mehr unserm Wesen entspricht, nur dann erleben wir uns wirklich im ganzen Spektrum unsrer Persönlichkeit.
Es geht nie darum, dass die Dinge einfach sind, es geht vielmehr darum, immer mehr zu uns selbst zu finden. Aber dazu müssen wir uns auf den Weg machen – in Aktion treten.
Dann können wir für die nachfolgende Generation die alten Weisen sein, die ihre Erfahrungen zur Verfügung stellen und nur dann suchen die jungen Menschen unseren Rat. Wenn wir aber unsre Welt immer mehr schrumpfen lassen, je älter wir werden, um bloß nicht unsre Bequemlichkeit zu opfern, dann werden wir für unsre Kinder zur Last und sie verlieren vor uns die Achtung.
Eva und Martin haben den Schritt vollzogen. Beide sind inzwischen weit davon entfernt, dem alten Leben nachzutrauern. Beide können gar nicht mehr nachvollziehen, wie sie das so lange ausgehalten haben. Beide sind

wieder quicklebendig – jeder auf seine ganz persönliche Weise. Und für ihren Sohn geben sie ein wesentlich besseres Vorbild ab, als wenn sie in diesem Krieg so lange verharren würden, bis sie sich um ihre Krankheiten kümmern müssen und eine Trennung nicht mehr zu verkraften wäre.

Ich kenne viele alte Ehepaare in meinem Umfeld, die es dann eben miteinander aushalten.

Sie haben sich dafür entschieden, ihre Freiheit und Lebendigkeit dem Gewohnten zu opfern – auch das ist eine Entscheidung. Jeder hat seinen freien Willen – und das ist auch gut so! Wir haben nicht das Recht, zu urteilen. Aber eins ist sicher: ein Opfer müssen wir immer bringen! Wir können nur bewusst unsre Entscheidungen fällen und so das Beste aus unserm eigenen Leben machen.

10) Das Prinzip der ständigen Umwandlung und das Prinzip des Erfolgs

„Der kann, der glaubt, dass er kann!“
Das Prinzip der ständigen Umwandlung ist ein Aspekt des Prinzips des Rhythmus,
das Prinzip des Erfolgs ist ein Aspekt des Prinzips der Geistigkeit.

Das Prinzip der ständigen Umwandlung begleitet uns wie selbstverständlich jeden Tag. Allein die Zeit verursacht ständigen Wandel – der Morgen weicht dem Mittag, der wandelt sich zum Abend. Auch wenn am nächsten Tag die Sonne wieder aufgeht, auch wenn wir an diesem Tag die gleiche Tätigkeit verrichten wie am Vortag, den gleichen Tagesablauf durchleben, ist er nicht identisch mit dem Vortag – alles verändert sich ständig und lässt sich nicht reproduzieren, nur angleichen. Auch wir verändern uns ständig – wir hatten schon darüber gesprochen, wie wenig es uns dient, etwas festhalten zu wollen. Das Leben ist in der Raum-Zeit-Dimension ein ständig fließender Strom, der unaufhaltsam dem Meer zuströmt.
Wenn wir ein Glas Wasser betrachten, hat jedes Wassermolekül eine unendliche Reise hinter sich – es war im Körper von den verschiedensten Tieren und Menschen, es durchwanderte Erdschichten und verdunstete unzählige Male, es erlebte vielleicht sogar eine Reise durch das Universum, um jetzt in unserm Glas zu landen.
Natürlich könnte man jetzt einwenden, dass das Wassermolekül sich nicht verändert hat.
Aber das stimmt nicht ganz, denn seine Elemente waren vielleicht Teil von anderen Verbindungen, und durch irgendeine chemische Reaktion entstand das Wassermolekül, das jetzt in unserm Glas gelandet ist.

Selbst das, was wir als beständig wahrnehmen, ist nur in unsrer begrenzten Zeitwahrnehmung stabil, sogar ein riesiges Gebirge wie der Himalaya hat sich irgendwann in grauer Vorzeit der Erdgeschichte geformt und wird sich irgendwann wieder verändern.
Nichts, aber auch gar nichts in unsrer materiellen Welt ist von Dauer.
Von Dauer ist nur das, was wir nicht mit unsern fünf Sinnen wahrnehmen

können – und das, was unser linear denkendes Gehirn nicht erfassen kann. Wir sind darauf programmiert, linear zu denken, unserm Gehirn ist es nicht möglich, Ursache und Wirkung gleichzeitig zu erfassen. Wir brauchen Symbole, Analogien, um wenigstens eine Ahnung zu bekommen von Zusammenhängen, die jenseits von Zeit und Raum bestehen.

Aber alle Prozesse in unsrer Zeit-Raum-Dimension laufen nach ganz bestimmten Gesetzmäßigkeiten ab – sie erfüllen sich immer so, wie es den Gesetzmäßigkeiten des Universums entspricht. Und dieses Universum wächst und entfaltet sich ständig in neue Seinsebenen. Die Schöpfung will immer weiter wachsen, und das menschliche Wesen ist keine Ausnahme, es will sich entfalten und selbst zum Schöpfer werden. Nur wenn wir uns diesem Wachstum entgegenstellen und versuchen, festzuhalten, stehen zu bleiben, dann erfahren wir Leid. Das Universum ist freundlich – da ist kein zürnender Gott. Aber er hat uns seine Gesetzmäßigkeiten gegeben, die uns zum Wachstum dienen. Wenn wir sie ignorieren oder boykottieren, dann erfahren wir die Korrektur auf sehr schmerzliche Art und Weise. Wenn wir im Fluss bleiben, werden wir weiter getragen und das, was wir zu unserm Wachstum brauchen, kommt auf uns zu.

Und damit kommen wir zum Prinzip des Erfolgs:
Wenn wir Samen in den Boden legen, wissen wir genau, welche Pflanze wachsen wird. Je nachdem, wie wir sie pflegen, wird die Ernte besser oder schlechter ausfallen. Das Prinzip des Erfolgs ist immer garantiert – immer entsprechend den Ursachen, die wir setzen. Da aber in unsrer Gesellschaft solche Zusammenhänge weitgehend unbekannt sind, wundern wir uns über den Verlauf unsres Lebens und suchen die Ursachen in der Welt da draußen, anstatt in uns zu gehen und dort die Veränderung vorzunehmen. Zusätzlich erfahren wir uns als begrenzte Wesen. Wir glauben, nur im Kleinen können wir Einfluss nehmen, indem wir die Bank wechseln oder unsern Job, aber selbst da erleben wir Grenzen. Wenn die neue Bank andere Nachteile hat und nicht besser ist als die letzte, wenn wir viele Bewerbungen schreiben und nicht das bekommen, was wir suchen, dann fühlen wir uns hilflos, einem undurchdringlichen Schicksals-Dschungel ausgeliefert, in dem wir orientierungslos umherirren, und viele Men-

schen resignieren im Laufe ihres Lebens und ertragen ihre Situation.

Aber es gibt auch die andere Sichtweise: Wenn alles sich nach bestimmten Gesetzmäßigkeiten entfaltet, dann können wir unser Schicksal selbst steuern und zum Schöpfer werden, wenn wir die Gesetzmäßigkeiten kennen und anwenden, so wie es uns die Natur vormacht, wo es selbstverständlich erscheint, dass wir – um einen bestimmten Ertrag zu bekommen – ganz bestimmte Voraussetzungen und Vorgehensweisen beachten müssen. Das wiederum setzt voraus, dass wir alles, was dem Gedeihen der Pflanzen hinderlich wäre, tunlichst vermeiden. Genau dasselbe findet jeden Tag in unserem Leben statt, nur merken wir gar nicht, wenn wir unsre Saat wieder ausbuddeln oder an den Keimlingen ziehen oder vergessen zu gießen. Wir merken nicht, dass wir uns kontraproduktiv verhalten. Wir kennen ganz einfach die Regeln nicht – oder schlimmer noch, wir kennen sie und ignorieren sie trotzdem.

Eigentlich wäre es gar nicht so schwer. Es gibt eine kabbalistische Lehrgeschichte, in der ein Schüler seinen Meister fragt, ob man die kabbalistische Lehre so zusammenfassen könnte, dass man dabei auf einem Bein stehen bleiben könnte. Der Lehrer antwortet: „Liebe deinen Nächsten als dein Selbst – der Rest ist Kommentar! Und jetzt geh und lerne!"
Die einfachste Regel, um den Erfolg im Leben zu haben, den man sich wünscht, bedeutet also, dass wir jeden Mitmenschen – egal wie sympathisch oder unsympathisch wir ihn finden, immer so behandeln, wie wir selbst in der entsprechenden Situation behandelt werden wollten.
Da keiner von uns angebrüllt, betrogen, manipuliert oder bestohlen werden möchte, sollte er einem anderen, egal wie wütend er auf ihn ist, egal was der getan hat, immer mit menschlichem Respekt begegnen. Das hört sich einfach an, aber wenn wir emotional aufgewühlt sind, kann es eine gewaltige Überwindung kosten, nicht impulsiv zu reagieren, sondern verantwortungsbewusst und angemessen zu handeln. Das setzt eine große Selbstdisziplin voraus und ist nichts, was uns in die Wiege gelegt wird, das müssen wir uns im Laufe der Jahre hart erarbeiten. Aber diese Selbstdisziplin, diese Achtsamkeit sind die Voraussetzungen für Weisheit und Gelassenheit. Denn die Gewissheit, dass alles gesetzmäßig abläuft, bedeutet auch, dass der, der uns negativ behandelt hat, genauso die Konse-

quenzen zu spüren bekommt, wir müssen nicht dafür sorgen.
Rache führt nur zu Verstrickung und noch mehr Leid. Deshalb heißt es in der Bibel dann: „Mein ist die Rache, spricht der Herr." Hier ist das Gesetz gemeint, das ausnahmslos für die ganze Schöpfung gilt. Jeder von uns hat es in der Hand, welchen Erfolg er erntet.
Es gibt auch den Spruch in der Bibel: „An ihren Taten sollt ihr sie erkennen".
Jedes Tun wirkt auf uns zurück und trägt dazu bei, unser Leben zu gestalten – wir sind die Schöpfer – auch wenn wir keine Ahnung haben, dass wir es sind. Deshalb herrscht so viel Chaos – weil wir keine Ahnung haben, was wir da eigentlich bewirken. Aber eine scheinbar ausweglose Situation kann eine Gelegenheit werden und uns zu einer neuen Größe verhelfen – wenn wir bereit sind, bewusst hinzuschauen und unsere Perspektive zu wechseln.

Was aber hat das alles mit Beate und Kurt aus der Geschichte 10 zu tun?

Beim Gesetz der ständigen Umwandlung kam klar zum Tragen, dass es eine Ebene gibt, die nicht von dieser ständigen Wandlung betroffen ist, die spirituelle Ebene. Und in diesem Bereich hatten beide eine gemeinsame Haltung: Sie standen und stehen beide zu ihrer Beziehung, sie rütteln nicht an dem Fundament, dass sie dieses Leben gemeinsam meistern möchten, dass sie die Probleme in der Beziehung lösen wollen und nicht gleich die Beziehung in Frage stellen, wenn Schwierigkeiten auftauchen.
Das machen viele Paare heute falsch. Das soll nicht heißen, dass man auf Gedeih und Verderb zusammenbleiben muss. Das heißt vielmehr, dass man zuerst innerhalb der Beziehung eine Lösung anstrebt und nicht bei der geringsten Auseinandersetzung an der Beziehung zweifelt oder sich im Außen ablenkt und die Schwierigkeiten so lange verdrängt, bis sie zu einer Katastrophe anwachsen. Wenn das der Fall ist, dann kann die Liebe zwischen den Partnern nicht allzu groß sein, und es fragt sich dann in der Tat, was die Beziehung überhaupt zusammenhält und ob eine Weiterführung Sinn macht.
Kurt und Beate hatten sich sehr bewusst füreinander entschieden und standen auch in den tiefsten Krisen zu dieser Entscheidung. Auch das ist et-

was, was beide Partner bedenken sollten. Eine Partnerschaft einzugehen, ist viel mehr als das Strohfeuer des Verliebtseins.
Es bedeutet für die Beziehung und für die eigene Haltung, die Verantwortung für dieses gemeinsame Leben zu übernehmen.
Beide waren sich – auch bedingt durch ihre Arbeit an sich selbst – sehr bewusst, dass das Zusammenleben ständigen Veränderungen unterworfen sein würde. Ihnen war klar, dass das für beide galt und dass auch Umstände eintreten würden, die die Beziehung erschüttern könnten.
Aber beide wollten auch nicht stehen bleiben, nur um die Beständigkeit zu gewährleisten.
Das gehört ebenso zu den Grundlagen einer gelungenen Beziehung – beide wollen sich verändern, aber im Zusammenspiel mit dem Partner. Wir hatten das Beispiel in Geschichte 2. Wenn einer stehen bleibt und der andere weitergehen will, hat die Beziehung keine Chance oder sie wird zu einer seichten Zweckgemeinschaft. Allerdings darf man sich nicht der Illusion hingeben, dass eine Beziehung wie die von Beate und Kurt einfach wäre. Gerade wenn zwei Menschen solch starke Persönlichkeiten sind, müssen sie viele Stürme bestehen. Natürlich kamen die beiden mehrmals an den Punkt, wo sie zu zweifeln anfingen, ob sie noch zusammenpassten. Natürlich gab es in solchen Phasen viele gegenseitige Missverständnisse und Verletzungen, und beide konnten nicht mehr miteinander kommunizieren. Aber vor allem Beate erkannte dann, dass sie den Knoten alleine nicht mehr lösen konnten. Auch wenn Kurt am Anfang noch Widerstand leistete, wusste er doch aus eigener Erfahrung, dass sie recht hatte und willigte schließlich ein, Hilfe von außen anzunehmen.
Wir sind es in unsrer Gesellschaft so gewohnt, gut dastehen zu wollen. Wir glauben, dass es nur uns passiert und die andern uns verurteilen, weil wir solche Probleme haben.
Dabei kann ich nur sagen: Gott sei Dank gibt es in Beziehungen, in Familien Probleme. Das ist ein Zeichen, dass die Menschen lebendig sind. Da sich alles ständig im Wandel befindet, kann es nicht immer glatt und angenehm sein – alles Wachstum ist Krisen unterworfen.

Wir sind nicht allein! Es hat sich in unsrer Gesellschaft dieser Irrglaube festgesetzt, dass man nicht über Probleme redet, das macht man mit sich selber aus, das ist ein Zeichen von Schwäche, eine Schande, wenn wir das

eingestehen. Dann jammern wir lieber wie die Weltmeister über die böse Umgebung und verstecken unser eigenes wirkliches Elend hinter sauberen Gardinen und ordentlich gepflegten Vorgärten. Entweder wir sehen Schwierigkeiten als Chancen und als Trainingsmöglichkeit oder wir belügen uns und unser Umfeld und bekommen die Quittung um so schmerzhafter. Aber was hat denn meine Krankheit mit meiner Psyche zu tun? Da geht man eben zum Doktor und holt sich ein paar Pillen – und gut ist! Obwohl diese Rechnung noch nie aufgegangen ist, noch nie funktioniert hat, halten die Gesundheitssysteme eisern daran fest.
Natürlich sind solche Krisen kein Spaziergang. Sie fordern uns und bringen uns in Emotionen, die wir gar nicht mögen, und doch – wie im Sport – helfen sie uns, eine bessere Kondition zu bekommen.
Jedes Mal, wenn Kurt und Beate den Weg zu mir fanden – einmal, weil Kurt vor Rückenschmerzen nicht mehr sitzen und liegen konnte – gelang es ihnen, die Position des anderen – mit meiner Hilfe als neutrale Vermittlerin – besser zu verstehen, und sie erkannten zusätzlich ihre eigenen Blockaden.

Allerdings setzt das voraus, dass es nicht darum geht, wer recht hat, und wer ja schon die ganze Zeit wusste, was das Problem war, sondern Priorität hatte, dass die Beziehung wieder funktionierte, dass neue Möglichkeiten und Ideen eine neue Ebene im Miteinander offenbarten. Solange ein Partner auf seiner Meinung beharrt, sich selbst und seine eigene Verletzung wichtiger nimmt als den Fortbestand der Beziehung, wird es für das Paar schwierig, einen gemeinsamen Weg weiterzugehen. Auch wenn der andere mich verletzt oder verärgert hat, muss ich mir zugestehen, dass auch ich ihn verletzt und geärgert habe. Entweder bin ich bereit, mein Ego meiner Beziehung zu opfern oder der Partner ist mir nicht wichtig genug, um mich mal hinten anzustellen. Sicher haben diese Krisen auch die Option, dass es zu einer Trennung kommt – wie in Geschichte 9, wo schon viel zu viel Porzellan zerschlagen worden war.

Je mehr Krisen ein Paar durch- und übersteht, umso stabiler wird die Partnerschaft.
Das, was da über die Jahre wächst, ist ein kostbares Juwel, über das man in einer jungen Beziehung noch gar nicht verfügen kann. Das gibt so viel

Geborgenheit, Vertrauen und Sicherheit, dass es mit dem Prickeln einer neuen Liebe nicht aufzuwiegen ist, denn auch diese Liebe wird irgendwann in den Alltag übergehen. Eine wirklich gute Ehe hat viele Krisen gemeistert und zwar gemeinsam, mit der Bereitschaft beider, ihr Bestes zu geben, um zusammenbleiben zu können.
Dabei hilft auch, wenn man eine gemeinsame Aufgabe, ein gemeinsames Ziel hat. Das heißt nicht, beide sollen den gleichen Beruf oder lauter gleiche Hobbys haben, aber es muss etwas da sein, was beide verbindet, was beide vertreten und für das sie einstehen können.
Ich habe sehr oft erlebt, wie unterschiedliche Lebenseinstellungen die Paare Auseinander bringen. Wenn ein Partner die Lebenshaltung des andern missbilligt – wenn einer sehr in der Spiritualität verankert ist und für den anderen nur die materielle Welt existiert – dann fehlt die Basis für ein Zusammenleben. Dann ist es besser, die beiden trennen sich, bevor sie sich gegenseitig zerfleischen oder sich anschweigen.

Kurt und Beate haben einen anderen Weg gewählt und hier kommt das Gesetz des Erfolgs zum Tragen: Sie haben immer wieder die Saat – ihre Beziehung – gepflegt und unterstützt, sie haben das Unkraut – die Krisen – gejätet und können heute auf zwanzig erfüllte Jahre zurückblicken. Erfüllt bedeutet keineswegs problemlos und unbeschwert, es schließt alles ein – alle Kämpfe, alle Widerstande, all die Schwierigkeiten, die ihnen gedient haben, zu wachsen. Als Persönlichkeit, aber auch in der Beziehung und in ihrem Umfeld gehören sie zu den wenigen Paaren, die nach so langer Zeit noch so gut zusammenleben.
Ihre Reise ist noch lange nicht zu Ende, es werden noch viele Herausforderungen kommen, aber inzwischen sind beide so weit gewachsen, dass sie auch diese als Teil des Prozesses annehmen können, mit all den Hürden, die dazugehören, denn sie wissen, wenn wir das überwunden haben, sind wir wieder ein Stück gewachsen und haben ein Stück mehr Lebensqualität dazu gewonnen. Sie fließen mit dem Fluss des Lebens, sie wissen, dass sie nicht stehen bleiben können, wenn sie eine lebendige, tiefe Beziehung wollen. Inzwischen haben sie das Prinzip des Erfolges erfahren. Sie kennen diese tiefe Verbundenheit zueinander, dieses gute Gefühl, dass ihre Ehe mit den Jahren immer intensiver wird – wie ein guter Wein. Und sie wirken – vor allem für junge Leute – als ein Vorbild dafür, dass es sich

lohnt, in eine Beziehung zu investieren, und dass eine gute Ehe auch in unsrer hektischen, schnelllebigen Zeit möglich ist – trotzdem, jetzt erst recht!

Die Geistigen Gesetze

a) Die 7 hermetischen Prinzipien:

Das Prinzip der Geistigkeit
Das Prinzip der Entsprechung
Das Prinzip der Schwingung
Das Prinzip der Polarität
Das Prinzip des Rhythmus
Das Prinzip von Ursache und Wirkung
Das Prinzip des Geschlechts
Ergänzung dazu: Das Prinzip der mentalen Transmutation (Umwandlung) und das Prinzip des göttlichen Paradoxons

b) Working with the Law (mit den Gesetzen arbeiten) von Raymond Holliwell

Das Gesetz des Denkens
Das Gesetz der Versorgung
Das Gesetz der Anziehung
Das Gesetz des Empfangens
Das Gesetz der Zunahme oder des Lobpreisens
Das Gesetz des Ausgleichs
Das Gesetz des Nicht-Widerstandes
Das Gesetz der Vergebung
Das Gesetz des Opfers
Das Gesetz des Gehorsams
Das Gesetz des Erfolges

Epilog

Ein paar hilfreiche Sätze für Krisen in der Beziehung – und auch in anderen Bereichen:

Wenn Sie in Ihrer Verletztheit, in Ihrer Wut nicht mehr klar sehen, schreiben Sie dem Partner einen Brief und schreiben Sie alles hinein, was Sie belastet. Schreiben Sie ohne Rücksicht, genauso, wie Sie es gerade empfinden. Dann verbrennen Sie den Brief und übergeben die Asche der Natur. Das hilft, wieder klarzusehen und ist ein schönes Ritual.
Wenn Sie dann noch eine Antwort brauchen, schreiben Sie sich die Sätze auf Kärtchen und ziehen Sie, was in der aktuellen Situation wirklich wichtig ist. Die Antwort kann helfen, aus dem Hamsterrad oder aus der Ratlosigkeit herauszukommen. Lassen Sie den Satz auf sich wirken, legen Sie das Kärtchen irgendwohin, wo Sie öfters darauf schauen. Glauben Sie mir, es wirkt!

1) Ich kann nur bei mir etwas ändern.
2) Alles, was mich betrifft, hat etwas mit mir zu tun.
3) Das Verhalten meines Partners will mir etwas zeigen.
4) Ich fasse meine Empfindungen in Worte und bringe sie zur Sprache. Ich spreche aus, was mich belastet.
5) Das Universum/Gott straft nicht, sondern schickt mir Herausforderungen.
6) Wenn die Situation unausweichlich ist, dient sie mir, auch wenn ich den Sinn jetzt noch nicht erkenne.
7) Was auch passiert, es hat immer einen tieferen Sinn.
8) Ich bin nur das Opfer der Umstände, wenn ich mich selbst dazu mache.
9) Ich suche eine neue Sichtweise – außerhalb meiner üblichen Denkmuster.
10) Ich bin bereit, Hilfe von außen anzunehmen.
11) Ich mache meinen Partner nicht zum Täter und nicht zum Feind – ich suche meinen Anteil in der Sache.
12) Ich höre meinem Partner wirklich zu und lasse ihn ausreden.

13) Ich fixiere mich nicht auf eine Lösung, die ich für die beste halte.
14) Ich höre nicht auf das, was die Leute sagen, nur damit ich gut dastehe.
15) Ich spüre in mich hinein und mache, was ich spüre und was ich verantworten kann.
16) Ich gehe mit dem Partner so um, wie ich will, dass er mit mir umgeht.
17) Ich verhalte mich immer so, dass ich mir später nichts vorwerfen kann: ich reagiere nicht impulsiv, ich zähle auf drei, bevor ich antworte – sonst mache ich mich zum Spielball meines Partners.
18) Egal, um was es geht: Wenn ich die Lektion verstehe und lerne, gehe ich gestärkt daraus hervor!
19) Egal, was der andre auch macht, ich lasse seinen Teil bei ihm und nehme meinen Teil zu mir.
20) An jeder Krise sind immer beide Partner beteiligt. Es gibt nie nur einen Schuldigen.
21) Ich gehe durch den Prozess hindurch, ich bleibe nicht in meinen negativen Gefühlen stecken.
22) Alle negativen Gefühle vergiften vor allem meine Psyche und dienen mir am wenigsten.
23) Ich gewinne dem Leben trotz alledem die schönen Seiten ab.
24) Ich sorge jetzt erst recht für mich.
25) Die Krise führt mich näher zu mir selbst.
26) Ist das meines oder übernehme ich das von meinem Partner?
27) Ist das wirklich meine persönliche Überzeugung oder denke ich so, weil alle das so denken?
28) Bin ich in der Situation reaktiv – dann beherrscht mich das Außen – oder proaktiv – dann beherrsche ich mich und die Situation.
29) Es gibt keine Hindernisse – nur Herausforderungen.
30) Die einzige Begrenzung, die es gibt, setze ich mir selbst.

Zu guter Letzt

Unsre gemeinsame Reise durch die Höhen und Tiefen der Beziehungslandschaft geht nun zu Ende. Ich hoffe und wünsche, dass die Erfahrungen dieser Paare Ihnen in Ihrer eigenen Beziehung zu mehr Klarheit verhelfen können! Und wenn Sie das Gefühl haben, es zu zweit nicht zu schaffen, dann scheuen Sie sich nicht, professionelle Hilfe in Anspruch zu nehmen! Ein neutraler Dritter kann hilfreich in eine festgefahrene Situation eingreifen. Das verhindert, dass ein kleines Problem sich zu einer verfahrenen Situation ausweitet oder Sie in dem Hamsterrad der Wiederholung hängen bleiben. Krisen sollten Wachstumsmöglichkeiten sein, keine Rosenkriege! Das Leben ist viel zu kurz, um es mit einem Beziehungskrieg zu vergeuden!

Ich jedenfalls wünsche Ihnen eine lebendige, sich stets neu entfaltende Beziehung, in der Sie und Ihr Partner/Ihre Partnerin sich selbst und Ihre Beziehung immer wieder neu erfahren.

Liebe ist wie eine Pflanze, sie braucht Nahrung und Zuwendung, um gedeihen zu können!

Lassen Sie Ihre Beziehung zu einem kräftigen Baum heranwachsen!

Die Autorin

Literaturliste:

Kybalion	Hans Edo Schwerin – Hrsg. (alte Ausgabe)
Der Meisterweg des Kybalion	Andreas Campobasso – Hrsg.
Die Schule für Götter	Stefano Elio D'Anna
Die Wissenschaft des Reichwerdens	Wallace Wattles
Erkenne den Reichtum in dir	Bob Proctor
Succsess Puzzle	Bob Proctor
Working with the Law	Raymond Holliwell
Denke nach und werde reich	Napoleon Hill
Emotion Code	Dr. Bradley Nelson
Der Healing Code	Dr. Alexander Loyd
Wabi Sabi Love	Arielle Ford
Psycho-Cybernetics	Maxwell Maltz
Wie wir denken, so leben wir	James Allen
Your Invisible Power	Genevieve Behrend
Derselbe Wind lässt viele Drachen steigen	Gunthard Weber - Hrsg.
Liebe dich selbst und es ist egal, wen du heiratest	Eva-Maria Zurhorst
Er hat nie darüber geredet	Wolfgang Schmidbauer
Gott trägt Lippenstift	Karen Berg
Das Gesetz der Resonanz	Pierre Franckh
Das Handbuch des Kriegers des Lichts	Paul Coelho
Der Alchimist	Paul Coelho
Das spirituelle Menschenbild	Hans Endres
Der Mönch, der seinen Ferrari verkaufte	Robin Sharma
Wenn es verletzt, ist es keine Liebe	Chuck Spezzano
Die Heilung kommt von außerhalb	Daan van Kampenhout
Was die Seele krank macht und was sie heilt	Thomas Schäfer
Jetzt – Die Kraft der Gegenwart	Eckhart Tolle
Antworten auf Fragen des Lebens	Krishnamurti
Mental Healing	Clemens Kuby

Zur Autorin

Sarah Sylvia Hiener hat ursprünglich Biologie und Chemie für das Lehramt an Realschulen studiert und auch 13 Jahre lang unterrichtet. Aber eigene Schicksalsschläge brachten sie dazu, neue Wege zu suchen. Über die Ausbildung zur Heilpraktikerin eröffnete sich ihr die Welt der Homöopathie, die sie bis heute in ihrer Arbeit einsetzt. Und auch ihr Lehrer, Dr. habil. Hans Endres hat sie mit seiner Transpersonalen Psychologie tief geprägt. Später erweiterte sie dieses Wissen mit der kabbalistischen Psychologie. Diese Lehre deckt sich heute mit der Quantenphysik. Beide Bereiche integriert sie in ihre Therapie. In zusätzlichen Kursen erwarb sie praktische Techniken wie Kinesiologie, Traumarbeit, Rückführungsmethoden, systemische Familientherapie, Imagination und Visualisierung. Schließlich absolvierte sie eine einjährige online Coaching Ausbildung bei Bob Proctor. All diese Methoden verband sie zu ihrem ganz eigenen Weg – dem Creation Compass System. Das ermöglicht ihr heute, jeden, der zu ihr kommt, auf eine ganz individuelle, dem Wesen des Patienten entsprechende Art und Weise zu unterstützen und ihn zu seiner eigenen Schöpferkraft zu führen.

Kontakt:

Sarah Sylvia Hiener
Postweg 19
78256 Steisslingen

Tel: 0049-7738-9394974

Webseite: www.schulamith.de
E-Mail: info@schulamith.de

Dieses Buch erschien auch als e-Book unter der
ISBN 978-3-936904-91-8
in den Formaten
Amazon Kindle,
EPUB (andere e-Book-Reader)
und MOBIPOCKET (Smartphones, iPhone und Pads, iPad).

Zu erwerben über

www.amazon.de
und
www.emedien-online.de

Weitere Bücher der Autorin finden Sie auf den nachfolgenden Seiten

Der homöopathische Seelenspiegel Band I

Auf spielerische und unterhaltsame Art möchte die Autorin dem Leser-Laien und Homöopathen gleichermaßen - 20 gängige Arzneimittelbilder näherbringen, z.B. Schlangenmittel, Natrium Muraticum, Sulfur und viele andere. Neben einer einprägsamen Karikatur zu jedem Mittel, legt sie den Schwerpunkt auf die psychischen Symptome in den verschiedenen Lebensphasen und sie integriert ebenso den karmischen Aspekt und das heile Mittelbild. Hilfreich sind auch Hinweise auf Träume, Märchen, Mythen und vieles mehr.

Der homöopathische Seelenspiegel Band II

Band II setzt die bewährte Darstellung der psychischen Aspekte aus Band I fort und präsentiert 20 weitere Mittelbilder, darunter Spinnen und Milchmittel sowie eine Einführung in die Miasmenlehre mit den 4 großen Nosoden Tuberkulin, Luesinum, Medorrhinum und Psorinum.

Der homöopathische Seelenspiegel Band III

In Band III findet der Leser einige Erweiterungen der bewährten Darstellung der vorhergegangenen 2 Bände. Neben den Psychogrammen sind zum Teil Trancereisen, passende Gedichte oder Erfahrungen aus Mittelaufstellungen eingefügt. Und alle Karikaturen zu den 18 Mitteln sind diesmal in Farbe. Es werden auch Mittelbilder dargestellt, deren Psyche wenig bekannt ist, wie Bellis, Opium, Radium bromatum oder Selen.

Berührungen

Eine Reise durch die menschliche Seele - jahrelange Therapieerfahrung künstlerisch umgesetzt in Gedichten und Bildern. Kunst kann uns tiefer berühren als eine nüchterne, wissenschaftliche Abhandlung – und sie kann auch weit mehr in unserer Psyche in Bewegung setzen – ohne zusätzliche Worte.